Zwischen Subversion und Subvention

ZWISCHEN SUBVERSION UND

KULTURINITIATIVEN IN ÖSTERREICH

Herausgegeben von
Beate Scholz und Martin Pichelhofer

unter Mitarbeit von
Wolfgang Freitag

1987 / 88

edition umbruch

Die Drucklegung wurde von folgenden Stellen gefördert:

Bundesministerium für Unterricht, Kunst und Sport
Amt der Vorarlberger Landesregierung
Amt der Salzburger Landesregierung
Amt der Kärntner Landesregierung
Amt der Oberösterreichischen Landesregierung
Amt der Niederösterreichischen Landesregierung
Amt der Burgenländischen Landesregierung
Magistrat der Stadt Innsbruck
Magistrat der Stadt Linz
Magistrat der Stadt Graz

BM UKS

Erstausgabe 1987

Verlegt bei edition umbruch
2340 Mödling b. Wien, Giannonigasse 27/2
Umschlag und Gestaltung: Franz Reinhardt Strobl
Gedruckt auf Umweltschutzpapier 80 g
Herstellung: Druckerei St. Gabriel, 2340 Mödling
Printed in Austria
ISBN 3-900602-04-2

I N H A L T

Seite

V O R W O R T

Die Kulturseiten der Tageszeitungen berichten von glanzvollen Theaterpremieren, von hochsubventionierten Festspielen, von Kunstausstellungen, Wettbewerben, Preisverleihungen in den entrückten Gefilden elitärer Kunst, von unberührbaren Meistern verschiedener künstlerischer Genres, manchmal von Millionengagen, Neubesetzungen, Skandalen und abgrundtiefen Budgetlöchern.

Doch auch abseits der breitgetretenen Pfade der "Hochkultur", des institutionalisierten Kulturbetriebes gedeiht viel Beachtenswertes - die Kultur-"wüste" lebt: in den Großstädten als bunte Szenerie aus Kulturzentren und kleinen Lokalen, in der Provinz mehr an Personen gebunden.

Ziel des Buches ist es, einen Überblick über diese "Kultur von unten" zu geben, über jene Kulturinitiativen, die ein Podium für lebendige, vielgestaltige, aktuelle Kultur schaffen; die meisten der aufgelisteten Gruppen sind daher Veranstalter, das heißt: Sie organisieren Konzerte, Filmvorführungen, Lesungen, Theaterabende - manche fast täglich, manche nur sporadisch, manche im "eigenen Haus", andere im ständigen Kampf um geeignete Aufführungsstätten. Immer mehr Initiativen setzen daneben auch soziale, wirtschaftliche und ökologische Akzente, indem sie etwa Arbeitsplätze schaffen, die wirtschaftliche Belebung einer Region zum Ziel haben, mit Diskussion und Provokation Bewegung in erstarrte Strukturen bringen. Phantasie und Einfallsreichtum sind keine Grenzen gesetzt.

Der Titel "Zwischen Subversion und Subvention" beschreibt das Spannungsfeld, in dem sich ein Großteil dieser Kulturinitiativen befindet, die Gratwanderung zwischen den Tiefen der Mittellosigkeit und des Opportunismus.

Subversion - eine mögliche Strategie, um festgefahrene Strukturen aufzubrechen, um allzu Selbstverständliches, jeder Diskussion Entzogenes in Frage zu stellen. Oder ein Etikett, das eine Initiative erhält, wenn sie sich mit Kulturformen auseinandersetzt, die dem Umfeld fremd, vielleicht sogar bedrohlich scheinen ("Ist denn Jazz überhaupt Kultur?").

Subvention - für einige Kulturinitiativen überlebensnotwendig, für andere erstrebenswertes Mittel zur Verwirklichung ihrer Ziele, für dritte schließlich nur eine Belastung.

***

Die Beschreibungen der etwa 500 Kulturinitiativen sind nach Bundesländern geordnet, innerhalb dieser nach den Kategorien

- "Kulturstätten": Initiativen, die in erster Linie durch den Ort bestimmt sind, also Kulturzentren, Theater, Kinos, Lokale usw.
- "Veranstalter": Kulturinitiativen, die hauptsächlich durch einen Personenkreis definiert sind
- "Jugendzentren", in denen auch Kulturarbeit geleistet wird
- "Zeitschriften".

Jede Kurzdarstellung enthält einen ADRESSENBLOCK mit erstens Name, (Adresse, Telefon) der Initiative, zweitens gegebenenfalls Name, Adresse, Telefon einer Kontaktperson, einen TEXTBLOCK (Entstehungsgeschichte, Tätigkeiten, Ziele, Erfolge usw., schließlich eine optionale PROGRAMMLEISTE, die Auskunft gibt über die Programmschwerpunkte bzw. über eine eventuelle Zeitung oder Zeitschrift (Erklärung der Kürzel siehe unten).

An den Hauptteil (Teil 1) schließt ein nach dem Alphabet geordneter Stichwortteil (Teil 2) an, in dem überregionale Initiativen, und Organisationen aus den Bereichen Kultur und Erwachsenenbildung beschrieben werden. Ferner finden sich hier auch Informationen, die für die praktische Kulturarbeit nützlich sein können: eine Presseliste, wichtige Bestimmungen und Gebühren der Post, AKM, Vereinsgründung usw.

Z E I C H E N E R K L Ä R U N G

Programmschwerpunkte (P):

A	Ausstellungen, Vernissagen	M	Musik:			Mt	Musiktheater
D	Diskussionen		b	Blues		P	Pantomime, Clownerie
F	Film, Video		f	Folk		T	Theater
Fo	Fotografie		j	Jazz		Ta	Tanz
K	Kabarett		k	Klassik		V	Vorträge
L	Lesungen		n	Neue Musik		W	Workshops
			p	Pop, Rock			

Zeitschrift, Zeitung (Z):

Name der Zeitung, Anzahl der Ausgaben pro Jahr

Pz Programmzeitschrift, -zeitung
Lz Literaturzeitschrift

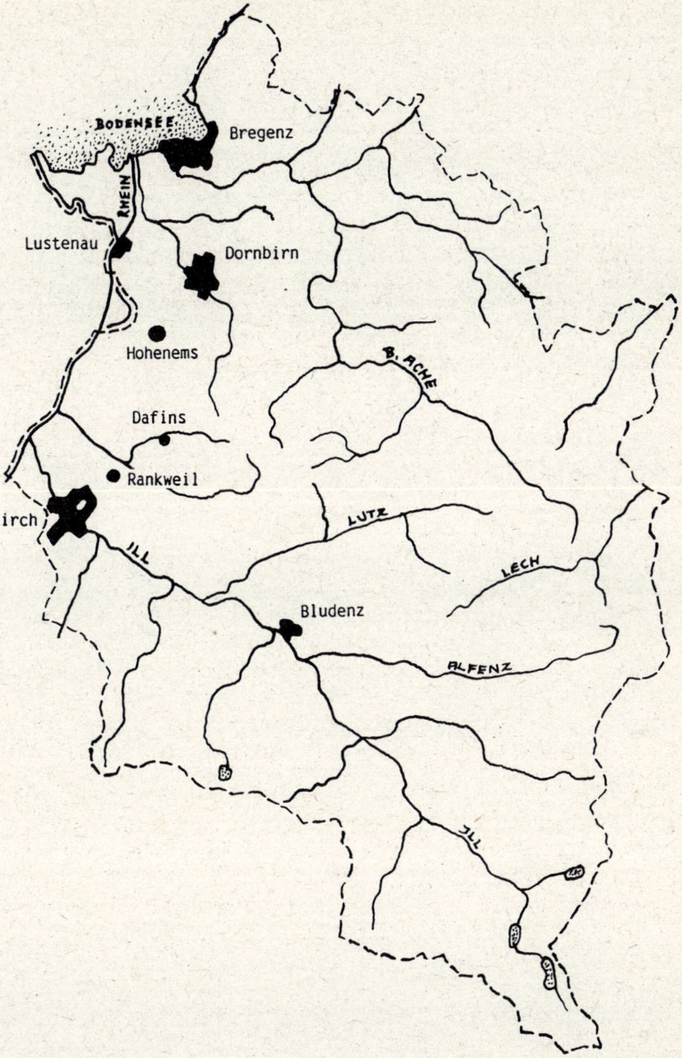
BODENSEE
Bregenz
RHEIN
Lustenau
Dornbirn
Hohenems
B. ACHE
Dafins
Rankweil
Feldkirch
LUTZ
LECH
ILL
Bludenz
ALFENZ
ILL

V O R A R L B E R G

SPIELBODEN

SPIELBODEN
Jahngasse 10
6850 Dornbirn
Tel. 05572/ 61 9 33

1981 gegründetes und 1985/86 ausgebautes Kulturzentrum mit Beisl und verschiedenen Kultur-Räumen, das im Rahmen des Kulturversuchs des BMUKS "Wecken und Animieren" vielfältige Aktivitäten entwickelt hat (Klangmaschinen-Ausstellung, Neue Kinderlieder, Geschichte-Quartett, zahlreiche Gastspiele, aber auch Eigenproduktionen von Theater und Kabarett). Der SPIELBODEN steckt derzeit in einer schweren Existenzkrise, da die erhaltenen Subventionen die steigenden Ausgaben nicht mehr decken. Mit Ende Juli scheidet der letzte Angestellte aus dem Betrieb; falls keine Soforthilfe von Land und Stadt kommt, muß geschlossen werden.

P: T,K,M,V,F

Z: KULTUR (Pz, Mitherausgeber)

theater am saumarkt
feldkirch

THEATER AM SAUMARKT
Mühletorplatz 1
6800 Feldkirch
Tel. 05522/ 22 8 95

Traudl Bertschler

Das 1976 gegründete und vor einigen Jahren mit einem Aufwand von 6 Millionen S umgebaute THEATER AM SAUMARKT spielt eine wichtige Rolle als Zentrum der Kleinkunst im Vorarlberger Raum. Neben Theater umfaßt das Programm auch Kabarett, Pantomime, Clownerie, Kinderprogramme; eine Filmgruppe und eine Literaturgruppe erweitern zusätzlich das Angebot. Das THEATER AM SAUMARKT wird vom KULTURKREIS FELDKIRCH betrieben.

P: T,K,P,F,L

PROBSTEI ST.GEROLD
6700 St. Gerold

Pater Nathanael
Tel. 05550/ 2121

Ein Ort der Begegnung und friedvollen Auseinandersetzung. Pater Nathanael organisiert Meditations- und Kreativwochen, veranstaltet auch Konzerte (Klassik, Jazz), Lesungen, Kleintheater, Ausstellungen. Die Mittel zur Finanzierung werden großteils durch die gutgehende Gastwirtschaft aufgebracht.

P: M(k,j),L,T,A

CINECLUB ZOOM

Dr. Christian Reichart
Moosmahdg. 2b
6922 Wolfurt
Tel. 05574/ 39 3 95

Seit 8 Jahren spielt der CINECLUB ZOOM im Forsterkino in Bregenz jeden Samstagabend (außer in den Ferien) einen Film. Dieser Termin, der ursprünglich wegen des geringen Publikumsinteresses an den Filmclub abgetreten worden war, erfreute sich jedoch alsbald immer größerer Beliebtheit (ca. 100 Zuschauer pro Vorstellung). Die multinationalen Verleiher fordern nunmehr, daß auch am Samstag ihre Filme gespielt werden, dem CINECLUB droht der Verlust seines einzigen Spieltermins.
P: F

FILMKULTURCLUB DORNBIRN

Dr. Norbert Fink
Kastenlangen 8
6850 Dornbirn
Tel. 05572/ 64 29 34

Seit dem Jahre 1979 zeigt der FKC in den Weltlichtspielen Dornbirn "jede Woche einen guten Film". Daneben gibt es einmal jährlich ein Stummfilmfest mit Live-Musikinterpretation, gemeinsame Besuche von Filmfestivals (Berlin, Locarno, Wels,...), Einladungen an Regisseure (bisher u.a. Patzak, Valie Export), Seminare, Videothek, Bibliothek, sowie gemeinsame Veranstaltungen mit anderen Kulturinitiativen (z.B. SPIELBODEN). Kontakt: Jeden Donnerstag um 20 Uhr in den Weltlichtspielen, Schulgasse 2.
P: F Z: FKC-PROGRAMM(Pz, 7)

LITERATURFORUM
c/o Buchhandlung Wohlgenannt
Bahnhofstr. 30
6850 Dornbirn
Tel. 05572/ 66 6 36

Der Verein LITERATURFORUM, ursprünglich im SPIELBODEN beheimatet, ist nur mehr selten dort aktiv, sondern veranstaltet jährlich etwa 3 bis 4 Lesungen in kleinem Rahmen mit eher bekannten Autoren, organisiert darüberhinaus aber auch andere Veranstaltungen wie etwa literarische Kulturfahrten.
P: L

Verein GLOCKENSPIEL
zur Förderung der Persönlichkeit
Kehlerstr. 16
6850 Dornbirn

Gerald Koller
Auf der Egg
6867 Schwarzenberg
Tel. 05512/ 28 1 75

"Der Verein ist auf dem Weg. Wir wollen inhaltlich und formal der Ganzheit Leben Rechnung tragen. Wie mannigfaltig einfach das sein kann, zeigt schon unsere Geschichte: 1981 als Plattform eines Alternativkindergartens und eines Meditationszentrums gegründet; 1982/83 Vermittlung anderer Musik; 1985 Führung einer Wohngemeinschaft für Drogenabhängige. Seit 1986 Führung einer Teestube als Vereinslokal, eines türkisch-österreichischen Jugendprojekts, eines Sozialprojekts, wissenschaftliche Arbeiten im psychologisch - musikethnologisch - soziologischen Raum. In Gründung: Institut für diätetische Lebensformen (IDL). Bei all dem: viel gelernt."

DIXIELAND JAZZCLUB DORNBIRN

Ing. Reinhold Gruber
Schützenstr. 18a
6850 Dornbirn
Tel. 05572/ 65 7 87

1976 gründeten Fans der lokalen Dixieband diesen Jazzclub, der seither regelmäßig Konzerte und Bälle organisiert. In 11 Jahren sind bereits 90 Veranstaltungen durchgeführt worden, darunter auch 3 größere Dixie-Festivals zu Anfang der Achtziger Jahre.
P: M(j)

JAZZCLUB LUSTENAU
Jazzhuus, Rheinstr. 16
6890 Lustenau

Helmut Gassner
Steinackerstr. 2
6890 Lustenau
Tel. 05577/ 7116

Bereits mehr als ein Jahrzehnt versorgt der JAZZCLUB LUSTENAU den Bodenseeraum mit erstklassigen Jazzkonzerten. Im Februar 1987 wurde nun das neue Klublokal im neu adaptierten, ehemaligen Jugendhaus eröffnet. Seitdem gibt es jeden Freitag Jazz und Blues live, teils mit heimischen Gruppen, teils mit Musikern der internationalen Jazzszene.
P: M(j,b)

KULTURINITIATIVE HOHENEMS

Mag. Norbert Häfele
K.-Elisabeth-Str. 24a
6845 Hohenems

Die KULTURINITIATIVE HOHENEMS stellt vor allem ein Podium für klassische Musik dar, im Sommer beschäftigt man sich auch mit Bildhauerei, gelegentlich bleibt Raum für "Modernes" (z.B Peter Ratzenbeck).
P: M(k),A

KULTURKREIS HOHENEMS

Bernhard Babutzky
Kaiser-Josef-Str. 8
6845 Hohenems

Die zweite Hohenemser Initiative, gegründet 1975, zählt mittlerweile 450 Mitglieder. Sie befaßt sich mit kulturellen Bereichen, die in Hohenems zuvor brachgelegen sind: Bildende Kunst, Literatur, Brauchtum, Museums- und Denkmalpflege.

Kulturgruppe Rankweil

KULTURGRUPPE RANKWEIL

Markus Linder
Thomas Lehrer Weg 2
6830 Rankweil

Die 1980 gegründete KULTURGRUPPE RANKWEIL ist vor einiger Zeit zerfallen, wurde dann aber von Markus Linder zur gelegentlichen Durchführung von Rockkonzerten wieder reaktiviert.
P: M(p)

TEESTUBE RANKWEIL
Kreuzlinger Str. 4
6830 Rankweil

Manfred Gantner
Negrelli-Str. 23
6830 Rankweil
Tel. 05522/ 41 8 49

Das "Team für offene Jugendarbeit der Katholischen Jugend Rankweil" öffnet jeden Freitag abend die Pforten der TEESTUBE mit Vorträgen, Diskussionen, Konzerten u.ä. für ein eher kleines Publikum von Jugendlichen (meist 20 - 30 Besucher).
P: V,D,M,L

SIMPLICISSIMUS
Dafins
6832 Zwischenwasser

Dr. Günther Frick
Tel. 05522/ 42 4 70

SIMPLICISSMUS heißt ein umgebautes Gasthaus, in dem jeden Samstag Rock-, Jazz- oder Blueskonzerte stattfinden. Die ursprüngliche Zielsetzung, ein Podium für junge Talente aus dem lokalen Umfeld bereitzustellen, hat sich als nicht ausreichend bzw. nur teilweise tragfähig erwiesen.
P: M(j,p,b)

MUSIKKREIS FELDKIRCH

Prof. Walfried J. Kraher
Carinag. 2
6800 Feldkirch

Ziel und Zweck des Vereins ist seit 1952 die Pflege Neuer Musik und die Förderung von Vorarlberger Komponisten. Seit 1973 werden in Zusammenarbeit mit dem ORF und mit finanzieller Unterstützung von Stadt, Land und Bund jedes Frühjahr "kleine Festwochen" unter dem Titel FORUM FELDKIRCH - MUSIK DES 20. JAHRHUNDERTS veranstaltet.
P: M(n,j)

STAND MONTAFON
Gerichtsweg 8, Postfach 6
6780 Schruns

Mag. Bernd H. Becher
Burghalde 4
6800 Feldkirch-Tosters
Tel. 05522/ 26 80 73

Gegründet vor zehn Jahren, um anspruchsvolle klassische Konzerte im Montafon (von Bludenz bis zur Silvretta) durchzuführen. Mittelpunkt sind die Orgelkonzerte in der kunsthistorisch bedeutsamen Bergkirche von Bartholomäberg mit der klangschönsten Orgel des gesamten Bodenseeraumes. Daneben finden auch Kammer- , Chor-, Solisten- und Orchesterkonzerte in Schruns, Tschagguns, Gaschurn, St. Gallenkirch, Vandans usw. statt. Neben namhaften Künstlern aus aller Welt treten auch junge Nachwuchsinterpreten und heimische Künstler auf, die dem hohen Niveau der Konzertreihen entsprechen.
P: M(k)

Verein DENK-MAL
Postfach 205
6700 Bludenz

Manuela Auer, Franz Bickel
Raiffeisenstr. 48
6700 Bludenz
Tel. 05552/ 63 44 23

Der Verein DENK-MAL, gegründet 1984, will die Bürger von Bludenz und Umgebung dazu zwingen, "ihre Behäbigkeit in Sachen Kultur zu vergessen, eine möglichst breite Diskussion zu den jeweiligen Problemkreisen anzuregen, keine Tabus zu akzeptieren". Vor allem die jährliche Veranstaltungsreihe im Herbst (WEDELWOCHEN, STÖRRISCHER HERBST, KLER-SCHLAMM) führt meist zu heftigen Reaktionen, bei KLER-SCHLAMM (Vortagsreihe über Kirche und Religion) kam es sogar zu strafrechtlichen Ermittlungen (inzwischen eingestellt). Raum- und Geldmangel bedingen derzeit einen eher extensiven Veranstaltungsbetrieb.
P: L,T,V,K,M

MUSIKFORUM BLUDENZ

Hanspeter Frick
Sternbachstr. 11
6700 Bludenz
Tel. 05552/ 65 6 32

"Das MUSIK-FORUM soll einen Allgemeinplatz für die Darbietung jeglicher kreativer Musikäußerungen der Gegenwart schaffen. MUSIK-'FORUM' ist also durchaus gleichzusetzen mit der Bedeutung 'Marktplatz'. So sollen hier Musik(kunst)werke dem Publikum angeboten werden. Es bedarf solche eines Podiums, damit experimentelle Kunst stattfinden kann, als Impuls wiederum, neuen kreativen Schaffens."
P: M(n,j)

JUGENDZENTREN

Jugendhaus BETWEEN
Bahnhofstr. 45
6900 Bregenz
Tel. 05574/ 24 5 31

Entstanden Mitte der Siebziger Jahre aus einer Initiative des Vereins "Zündschnur". Das lebendige und gutbesuchte Jugendhaus führt gelegentlich Musik- oder Theaterveranstaltungen durch.
P: M,T

HOCK

Jugend- und Freizeittreff HOCK
Jahngasse 10/I
6850 Dornbirn
Tel. 05572/ 67 7 96

Jo Bischof

Der HOCK ist nicht bloß ein Haus für die Jugend, sondern versteht sich als Kultur- und Interaktionszentrum für Jugendliche und bietet einmal pro Woche Programm (vor allem in Form von kreativitätsfördernden Workshops - z.B. Pantomime).
P: M,T,W,Feste

Jugendhaus KONKRET
Roseggerstr. 3
6845 Hohenems
Tel. 05576/ 3777

Bernhard Amann

Das 1976 eröffnete KONKRET ist nach GRAF HUGO das zweitälteste noch bestehende Jugendhaus in Vorarlberg. Etwa einmal im Monat gibt es hier auch kulturelle Veranstaltungen. Bernhard Amann ist nicht nur im KONKRET aktiv, sondern derzeit auch Obmann der -> ARGE ÖSTERREICHISCHER JUGENDZENTREN UND INITIATIVGRUPPEN (Teil 2).

JUGENDHAUS GRAF HUGO FELDKIRCH WIDNAU 10

Jugendhaus GRAF HUGO
Widnau 10
6800 Feldkirch
Tel. 05522/ 21 1 41

Leo Veit

GRAF HUGO ist das älteste und größte Jugendzentrum Vorarlbergs (gegründet 1973). Ziel ist unter anderem, eine Freizeiteinrichtung für Jugendliche zu sein, die deren Bedürfnissen und Interessen entspricht und eine Alternative zur konsumorientierten Freizeitindustrie darstellt. Für einige der vielen Aktivitäten stehen Gruppenräume zur Verfügung (Proberäume für Musikgruppen, 2 Fotolabors, Theaterwerkstatt, Druckerei, Werkstatt, Malraum). Das Jugendhaus ist nur selten Kulturveranstalter, da die Infrastruktur des Umfeldes dies nicht erfordert.
P: D,T,W,A,F,M(j,p)

Jugendhaus MUNTERSTEIN
Jellerstr. 16
6700 Bludenz
Tel. 05552/ 62 4 65

Das Bludenzer Jugendhaus ist derzeit geschlossen, sein weiteres Schicksal wird vom Ausgang der Verhandlungen des Trägervereins mit der Gemeinde abhängen.

ZEITSCHRIFTEN

KULTUR Zeitschrift für Kultur und Gesellschaft

KULTUR
Jahng. 10/II Postfach
6850 Dornbirn-Oberdorf

Peter Füßl
Schloßg. 2
6850 Dornbirn
Tel. 05572/ 67 84 52 oder 61 9 33

Die Vorarlberger Programmzeitschrift KULTUR erscheint seit 1986 und wird vom KULTURKREIS FELDKIRCH und vom -> SPIELBODEN DORNBIRN herausgegeben (10mal jährlich/ Abo 150 S). "Hauptzweck ist die Förderung des Bewußtseins für Literatur, Bühne und Filmkunst, Musik und bildende Kunst in allen Erscheinungsformen...(es) wird..(aber) geradezu eine Verpflichtung der Zeitschrift sein, auch liegengelassene kulturpolitische Themen aufzugreifen und sie für eine Auseinandersetzung aufzubereiten..." (KULTUR 1/1986)

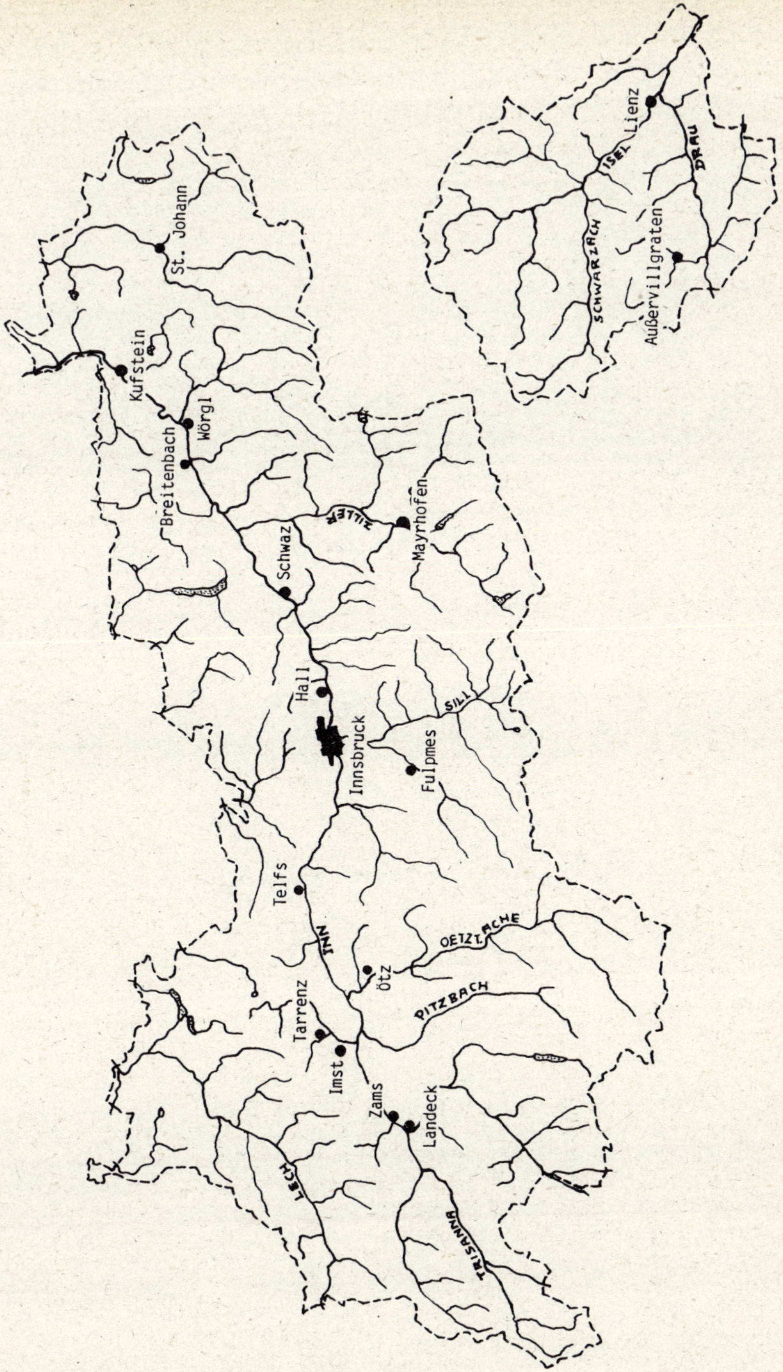
Kufstein
St. Johann
Wörgl
Breitenbach
Schwaz
ZILLER
Mayrhofen
Hall
Innsbruck
SILL
Fulpmes
Telfs
INN
ÖTZ
OETZT. ACHE
PITZBACH
Tarrenz
Imst
Zams
Landeck
LECH
TRISANNA
Lienz
ISEL
DRAU
SCHWARZACH
Außervillgraten

T I R O L

AUTONOMES FRAUENZENTRUM INNSBRUCK
Michael-Gaismair-Str. 8
6020 Innsbruck
Tel. 05222/ 31 56 45

Das Frauenzentrum "wurde von einigen Frauen im Dezember 1983 als Kultur- und Kommunikationsort ins Leben gerufen. Mit dem Zentrum wurde ein Rahmen geschaffen, in dem Frauen sich treffen und selbst organisieren können, ein Ort, an dem Frauen die Entwicklung von Selbstbewußtsein und Selbstverständnis möglich wird...Unser frisch renoviertes Cafe ist ein Ort zum Plaudern, Diskutieren und Zeitung lesen...und ist Mo - Fr von 18 - 24h und Sa von 20 - 24h geöffnet. Wir organisieren Lesungen, Ausstellungen, Videofilme, Diskussionsabende, Performances, Workshops und Feste...Unsere Arbeitsplätze im Frauenzentrum sind von vier auf einen reduziert worden...Die Finanzierungskosten für das Jahr 1987 sind in keinster Weise gedeckt, und die Weiterführung unseres Zentrums mit nur einer angestellten Frau scheint auf längere Frist unmöglich." (TAMTAM 2/1987)
P: L,A,W,D

BOGEN 13
Ing. Etzel-Straße 13
6020 Innsbruck

Eines der ältesten Innsbrucker Szene-Beisln und Musiklokale; in unregelmäßigen Abständen Konzerte.
P: M(j,p,b)

Cafe UTOPIA
Tschamlerstr. 3
6020 Innsbruck
Tel. 05222/ 39 34 27

Das Cafe UTOPIA wurde vor zwei Jahren von 4 Mitgliedern der Alternativen Liste Innsbruck gegründet. Der Umbau einer ehemaligen Fabrikhalle in das mehrgeschoßige, luftige Lokal mit Palmen (von den Bregenzer Festspielen) und Papagei (das Geschenk eines Gastes) wurde selbst geplant und selbst finanziert. Zum Tagescafe (geöffnet tägl. außer So von 10 - 2h30) gehört ein Kellerlokal, in dem Veranstaltungen stattfinden, im gleichen Gebäude sind ein Textilatelier, eine Töpferei und die Siebdruckwerkstatt -> CUNST & CO untergebracht. Zu Beginn verzichtete der Verein Cafe UTOPIA bewußt auf jede Subvention, nach dem großen Open-Air-Festival im Berg Isel Stadion zu Pfingsten 1987 sind die Utopisten von dieser Strategie jedoch abgekommen - das finanzielle Debakel war zu überzeugend. Ab nun will man genauso wie das -> TREIBHAUS um Subventionen ansuchen.
P: T,M(j),K,L

INNSBRUCKER KELLERTHEATER
Adolf-Pichler-Pl. 8
6020 Innsbruck
Tel. 05222/ 20 7 43 oder 20 8 72

Elmar Drexel

Das KELLERTHEATER besteht seit 1979, Gründungsgedanke war, einfach "gutes" Theater zu machen. Gespielt wird täglich um 20 Uhr außer Montag, im Juli und August bleibt geschlossen. Vorgestellt wurden im Laufe der Zeit sowohl Klassiker als auch moderne Autoren. Das KELLERTHEATER wird vom Land Tirol, von der Stadt Innsbruck und vom Bund subventioniert. Angeschlossen ist die "Theaterwerkstatt", aus der immer wieder Talente in das Ensemble übernommen werden.
P: T

TIROLER VOLKSBÜHNE BLAAS
Maria-Theresienstr. 12
6020 Innsbruck

Kurt Blaas
Defreggerstr. 21
6020 Innsbruck

Die VOLKSBÜHNE BLAAS wurde 1966 gegründet. Ziel des Theaters ist die Pflege des guten Volksstückes, wobei neuen Autoren ebenso große Aufmerksamkeit geschenkt wird wie den Größen des Genres (Schönherr, Kranewitter, Brix, Anzengruber). So wurden etwa Felix Mitterers Erstling "Kein Platz für Idioten" und Eva Ebners "Endstation" hier uraufgeführt. Die Bühne wird täglich außer Montag bespielt, im Juni ist geschlossen.
P: T

TREIBHAUS
Angerzellg. 8
6020 Innsbruck
Tel. 05222/ 58 68 74

Ursprünglich als Kulturbeisl in der Pradler Vorstadt beheimatet, ist das TREIBHAUS nunmehr in einem eigens errichteten Neubau im Zentrum untergebracht, in Innsbruck bereits als "Der Turm" bekannt. Konzipiert ist das TREIBHAUS als Kultur- und Kommunikationszentrum mit Cafe, einer kleinen Open-Air-Bühne im Zirkuszelt, einem Theater im Obergeschoß, das rund 400 Zuschauer fassen kann, einer Probebühne und einer Kinderbibliothek im Keller. Das umfangreiche Jahresprogramm umfaßt Veranstaltungen aller Art und ab und zu Großveranstaltungen im Berg-Isel-Stadion (Gianna Nannini, Herbert Grönemeyer).
P: T,K,M(p,j,f),L,D

EREMITAGE
Im Storchenhaus
6130 Schwaz
Tel. 05242/ 5251

Leo Schendl

Cafe, Bar und Restaurationsbetrieb, der seit über 10 Jahren Jazzkonzerte, Lesungen, Theater, Pantomime, Kleinkunst und andere Veranstaltungen auf möglichst hohem internationalen Niveau organisiert.
P: M(j),L,T,P,K

KULTURFABRIK KUFSTEIN
Hofg. 9
6330 Kufstein

Irmgard Mach
Max-Spaun-Str. 1
6330 Kufstein

Die KULTURFABRIK KUFSTEIN sorgt dafür, daß auch nach dem Tod der allseits bekannten WÜHLMÄUSE in Kufstein etwas passiert. Für Veranstaltungen steht ein Raum in einer ehemaligen Schifabrik zur Verfügung, der 250 Zuschauer/-hörer (stehend) faßt. Das gemischte Kulturprogramm (fast jedes Wochenende) zieht ein gemischtes Publikum jüngeren bis mittleren Alters an.
P: M,L,K,A,D

VERANSTALTER

BÜRO DIDEROT
Kunst & Kommunikation
Postfach 15
6027 Innsbruck
Tel. 05222/ 39 20 66

Besteht seit Jänner 1987 mit der Absicht "nach Maßgabe der technischen und finanziellen Mittel möglichst viele unterschiedliche Kulturformen und kulturelle Inhalte zu vermitteln. Dabei soll besonders auf innovative und zu wenig beachtete Tendenzen Bedacht gelegt werden" (aus den Statuten). Als unkonventionelle Underground-Gruppe gibt das BÜRO DIDEROT eine Musikkassettenzeitung heraus, organisiert Konzerte (Punk, New Wave, Ausgeflipptes) und macht mit wenig Geld möglichst viele Aktionen.
P: L,M,A

TONART - Musikverein
Postfach 22
6010 Innsbruck
Tel. 05222/ 28 6 64

Alternativer Musikverein, der Kurse, Seminare und Workshops aus einem breiten Musikspektrum anbietet (Meditationsmusik, Indische Musik, Musik der Völker, Jazz etc.), Proberäume zur Verfügung stellt, Studioaufnahmen vermittelt und, meist gemeinsam mit dem -> BÜRO DIDEROT, Konzerte organisiert.
P: M

TIROLER AUTORENKOLLEKTIV

Hans Ortner
Innstr. 75/3
6020 Innsbruck
Tel. 05222/ 83 82 34

"Wir sind bei der Gründung eines gemeinnützigen Vereins zur Förderung Tiroler Autoren mit dem Arbeitstitel TIROLER AUTORENKOLLEKTIV. Unser Ziel ist die regelmäßige Herausgabe von Anthologien und Werken von unbekannten Autoren, um diese der Öffentlichkeit vorzustellen. Im weiteren ist an die Organisation von Lesungen gedacht und an die Errichtung eines Koordinationsbüros zur Vermittlung von Verlagsadressen, Austausch von Erfahrungen ... " (Flugblatt)
P: L

CINEMATOGRAPH
Museumstr. 31
6020 Innsbruck
Tel. 05222/ 38 5 00

Der "Verein für audiovisuelle Mediengestaltung" OTTO-PREMINGER-INSTITUT (OPI) betreibt den CINEMATOGRAPH als Kino seit 1972. Nach jahrelanger Wanderschaft durch Innsbrucks Bezirke erhielt der CINEMATOGRAPH 1984 seine jetzige Spielstätte im Zentrum. Gezeigt werden all jene Filme, die in den kommerziellen Kinos kaum zu sehen sind: Filmreihen einzelner Regisseure und Länder, themenbezogene Filmreihen, filmhistorische Streifen, Arbeiten heimischer Filmemacher, Kinderfilme, Filme in Originalfassung, kurz Filme, die wesentlicher Teil der heutigen Kinokultur sind.
P: F

CUNST & CO
Tschamlerstr. 3/1
6020 Innsbruck
Tel. 05222/ 39 34 68

"Wir wollen das Medium Siebdruck, welches in unseren Breiten (noch) nicht genügend Beachtung findet, als künstlerisches Ausdrucksmittel fördern und die Verbreitung von Serigrafien ermöglichen. Dazu stellen wir unsere Werkstatt an einem Wochenende jeden Monats zur Verfügung, um interessierten Personen, Initiativen etc. diese reizvolle (archaische) Drucktechnik näherzubringen...Der soziale Effekt bleibt nicht aus, es gibt Arbeit und somit Arbeitsplätze. Sich ständig in prompter Verdinglichung seiner Aufträge befindend, will C & C nicht davon ablassen, jedermann/frau aufzufordern, an den Aktivitäten teilzunehmen, sei es in Form von Workshops oder mittels kreativer Zusammenarbeit im gestaltenden Bereich von Veranstaltungen". (Programmblatt)
P: W

FOTOFORUM INNSBRUCK
Ferdinand Weyrerstraße 9
6020 Innsbruck

In einer ehemaligen Fabrikhalle hat ein Fotograf ein Atelier und Ausstellungsräume eingerichtet, in denen in unregelmäßigen Abständen Fotoausstellungen stattfinden.
P: A

INNSBRUCKER WOCHENEND-GESPRÄCHE

Ingeborg Teuffenbach
Hinterwaldnerstr. 29
6020 Innsbruck

Die INNSBRUCKER WOCHENEND-GESPRÄCHE sind in Anlehnung an die kalifornischen Weekend-Talks entstanden. Sie finden einmal jährlich in Innsbruck statt: Zu einem vorgegebenen literarischen Thema diskutieren Schriftsteller, Filmer, Theatermacher und Produzenten; aktuelle Strömungen werden untersucht, Kontakte geschlossen. Bisher haben 12 WOCHENEND-GESPRÄCHE mit Teilnehmern aus Polen, der Tschechoslowakei, Jugoslawien, Italien, der Schweiz, Frankreich, Deutschland, England, Ungarn und Österreich stattgefunden.
P: D

DER TURMBUND
Müllerstr. 3
6020 Innsbruck

Margit Jordan
Tel. 05222/ 23 8 52
58 38 52 (ab Mai 1988)

DER TURMBUND verfolgt folgende Ziele: Förderung von Kunst und Literatur im allgemeinen, besonders aber des Tiroler Schrifttums und schöpferischer Begabungen durch regelmäßige Zusammenkünfte, öffentliche Veranstaltungen, Aufbau und Betreuung einer eigenen Bibliothek und publizistische Initiativen. Neben Literaturveranstaltungen aller Art werden auch Kulturreisen organisiert; weiters wird ein "Literaturtelefon" (05222/ 1599) betreut: Hier kann man jederzeit Gedichte "abrufen".

P: L,W,V Z: NOVUM (Pz)

ZEITKUNST
Erlerstr. 1
5020 Innsbruck
Tel. 05222/ 32 25 92

Ferdinand Maier

Ferdinand Maier organisiert in seiner Innsbrucker Galerie ZEITKUNST erst seit 1986 Ausstellungen österreichischer und internationaler Künstler; davor war er in Kitzbühel tätig. Neben zahlreichen Ausstellungen finden manchmal auch andere Veranstaltungen statt - immer mit Bezug auf die gezeigten Bilder. Die Galerie erhält bisher keine Subventionen.

P: A,M

JAZZCLUB LANDECK

Guntram Burtscher
Starkenbach 333
6491 Schönwies

Guntram Burtscher, früher beim Jugendclub MOFF aktiv, der inzwischen vom -> INN-TAKT abgelöst wurde, organisiert gemeinsam mit Werner Siegele Jazzkonzerte für das Kulturreferat der Gemeinde: einen JAZZHERBST und Einzelkonzerte im Frühling, wobei auch bekannte Musiker (Lester Bowie, Carla Bley) engagiert werden.

P: M(j)

DIXIELAND JAZZCLUB LANDECK

Karl Weigand
Postfach 20
6500 Landeck
Tel. 05442/ 2281

Der JAZZCLUB besteht seit 1984 sowohl als Veranstaltungsverein als auch als eigene Band, die in Tirol und den angrenzenden Bundesländern sowie in der BRD und der Schweiz auftritt. Der Verein spendet die eingespielten Gagen für junge Musiker, für den Ankauf von Instrumenten für junge Talente und ähnliches. Jedes Jahr im Jänner oder Februar gibt es in Landeck im "Tourotel Wienerwald" ein Dixie-Fest mit Live-Musik. Sobald als möglich will der DIXIELAND JAZZCLUB ein eigenes Lokal in Landeck erwerben.
P: M(j)

ART CLUB IMST

Der als Verein konstituierte ART CLUB IMST organisiert seit Oktober 1984 Veranstaltungen, vor allem Konzerte in Imst und Tarrenz und ist sowohl in Qualität als auch Quantität einer der wichtigsten Veranstalter in Tirol. Da der Verein bereits über genügend Kontakte verfügt und bei weiteren Anfragen überfordert wäre, sei er an dieser Stelle nur der Vollständigkeit halber genannt.

KLEINE WALD-ARENA

Prof. Dr. Hermann Kuprian
"Haus Orpheus"
6464 Tarrenz, Obertarrenz

Maximilianstr. 48/6
6176 Völs/Innsbruck
Tel. 05222/ 30 41 65

Die WALD-ARENA ist ein eigens errichtetes Amphitheater nach griechischem Vorbild mit 150 Sitzplätzen und einem Fassungsraum von 200 Personen. Tarrenz/Obertarrenz liegt bei Imst in ca. 1000 m Seehöhe, sehr romantisch! Veranstaltungen vor allem im Sommer.
P: T,K,M,L,V,D,Tagungen

Kulturverein AUFWIND

Josef Amprosi
Platzleweg 1
6433 Ötz
Tel. 05252/ 6312

1985 von einigen Jugendlichen gegründet mit dem Ziel, für jede Art von Kultur zugänglich zu sein und jedem die Möglichkeit zu bieten, über den Verein Veranstaltungen zu machen bzw. sich vorzustellen. Daneben arbeitet AUFWIND an der Dorferneuerung mit und setzt sich

für das Erhalten alter Bauwerke ein (aus einem alten Turm soll ein Kulturzentrum werden). Etwa 70 Mitglieder, unter anderem der Besitzer der "Galerie zum alten Ötztal".
P: M(f),L,A,Feste

VOLKSSCHAUSPIELE TELFS
Gemeindeamt
6410 Telfs

Die Idee von Kurt Weinzierl und einiger seiner Freunde, im Sommer in die Heimat zu kommen und dort Theater zu spielen, bedurfte einiger Zeit, ehe sie in Hall 1981 erstmals verwirklicht werden konnte. Als 1982 Felix Mitterers "Stigma" ins Programm aufgenommen wurde, legte sich die Gemeinde Hall quer, als Ersatzspielort wurde Telfs gefunden; trotz vehementer Agitation des Pornojägers Martin Humer blieb der erwartete Skandal aus. Unter dem Titel TIROLER VOLKSSCHAUSPIELE wurde die sommerliche Veranstaltungsreihe eine ständige Einrichtung. Nach der Absage der TIROLER VOLKSSCHAUSPIELE wurde sie 1987 unter Beibehaltung der alten Konzeption mit Theateraufführungen und Kleinkunst als Rahmenprogramm weitergeführt, nunmehr allerdings unter der Bezeichnung VOLKSSCHAUSPIELE TELFS.
P: T,K,M(f,j,p)

CAPOTE

Walter Brabetz
Weißenbachg. 1
6410 Telfs
Tel. 05262/ 4514

Der Name sagt kurz und bündig, worum es den Mitgliedern dieses seit 1985 bestehenden Kulturvereins geht: Cabaret (CA) und populäre Musik (PO) in Telfs (TE) vorzustellen. Das Musikprogramm umfaßt im wesentlichen Jazz- und Rockkonzerte, einige davon in größerem Rahmen (z.B. Ludwig Hirsch, Kevin Coyne); allerdings stand für derartige Ereignisse bis zum Frühjahr 1987 kein geeigneter Raum zur Verfügung. Mit der Fertigstellung des Rathaussaales erhofft sich CAPOTE nun bessere Veranstaltungsbedingungen.
P: K,M(p,j,b)

ARGE STUBAI TIROL

Norbert und Christine Muigg
Ebnersteig 33
6166 Fulpmes
Tel. 05225/ 3152

Vom 19.Juli bis 2.August 1987 fanden bereits zum vierten Mal im Stubaital die 'Familienfestwochen', organisiert von der ARGE STUBAI TIROL, statt, die mittlerweile zu einem bekannten Treffpunkt geworden sind: Kinder, Jugendliche und Erwachsene erhalten hier die Gelegenheit, auf natürliche und spielerische Art mit Kultur, Natur und sich selbst in Kontakt zu kommen. "Zahlreiche Einzelveranstaltungen, Werkstätten und Seminare bieten ein Experimentierfeld für neue Ideen und Darbietungsformen, bieten dem Publikum viel Freiraum für Eigenengagement, Mitgestaltung und Verwirklichung eigener Ideen" (Quelle: TAMTAM Nr.2, 1987).
P: V,D,W

GALERIE ST. BARBARA
Herzog-Otto-Str. 4
6060 Hall i.T.
Tel. 05223/ 6706

Maria Crepaz

Die GALERIE ST.BARBARA (Studienzentrum für Neue Musik) ist 1968 als Privatinitiative einiger junger Leute entstanden mit dem Wunsch, in einer verfallenden Stadt geistig zu überleben. Inzwischen ist die Stadt Hall, deren unversehrt erhaltener mittelalterlicher Häuserbestand allgemein gerühmt wird, durch Fassaden- und Revitalisierungsaktionen und durch die unbemerkte Installierung zahlreicher Industriebetriebe am Rande der Gemeinde wohlhabend und "aufstrebend" geworden. Die Kulturarbeit der GALERIE ST. BARBARA hat weit über Tirol hinaus Beachtung gefunden, dennoch ist der übliche ermüdende Kampf um Verständnis - vor allem bei den lokalen Entscheidungsträgern - auch nach 20 Jahren noch nicht ausgestanden. Gleichbleibende Subventionen bei steigenden Ausgaben lassen den Bewegungsspielraum schrumpfen.
P: M(k,n),T,L

UMME DUMME

Hans Aschenwald
Hauptstr. 452
6290 Mayrhofen
Tel. 05285/ 2432

UMME DUMME ist tirolerisch für (rund)herum. Seit drei Jahren spricht sichs herum, was Hans Aschenwald, Andreas Kröll und Roland Brandner in Mayrhofen versuchen. Ihre Aktivitäten sind weit gestreut, Fixpunkte bilden jedes Jahr ein Open-Air-Konzert im Sommer, ein Alternativ-Faschingsball im Winter und im Herbst Kulturwochen mit dem Titel AUFWIND.
P: K,A,L,M

KULTURPAVILLON BREITENBACH

Luggi Ascher
6250 Breitenbach 242
Tel. 05338/ 8334

Der Verein KULTURPAVILLON BREITENBACH bringt seit rund einem Jahr mit einem dichten und breitgefächerten Kulturprogramm Leben ins Tiroler Unterland (ca. 50 Veranstaltungen jährlich in den Gemeinden Breitenbach und Kundl). Das Angebot ist in erster Linie an den Bedürfnissen der einheimischen Bevölkerung ausgerichtet, was sich hier nicht von selbst versteht, wo man doch schon daran gewöhnt ist, daß alles nur für die Fremden und im Namen des Tourismus geschieht. Gemeinde Kundl, Land und Bund schenken dem KULTURPAVILLON jedenfalls einiges Interesse und etwas finanzielle Unterstützung, die Gemeinde Breitenbach jedoch ignoriert ihn bisher.
P: M,T,K,V

FILMINITIATIVE WÖRGL

Fritz Seelig
Peter-Anich-Str. 15a
6300 Wörgl
Tel 05332/ 52 1 21

"Hervorgegangen aus dem 'Nullpunkt', dem kurzlebigen, aber selbst verwalteten und finanzierten Vorläufer des 'Jugendzentrums Wörgl', das nun auch schon Jahre nicht mehr existiert. Der Verein feiert heuer sein 5jähriges Bestehen, irgendwann in nächster Zeit ist die 500ste Einzelvorführung, aber die Kassen sind schon unter den Rand geleert. Also einerseits ein Grund zum Feiern, andererseits werden wir unser laufendes Programm (14-tägig) stark reduzieren oder sogar streichen müssen...Bleiben werden aber die FILM TAGE WÖRGL, die eine Woche lang dichtes Filmangebot bieten und deren erste Ausgabe 1987 ein Erfolg wurde (doppelt so viele Besucher wie alle anderen Veranstaltungen 1986 zusammen!)."
P: F

EIGENART

Fritz Seelig
Peter-Anich-Str. 15a
6300 Wörgl
Tel 05332/ 52 1 21

Als "Verein für Politik und Kultur in Wörgl" im Herbst 1986 gegründet; "Hauptanliegen sind ein Angebot von Kulturveranstaltungen, die sich kritisch-alternativ vom herkömmlich provinziellen Kulturmischmasch abheben, und engagierte Auseinandersetzung mit aktuellen Themen." Gemeinsam mit den SPÖ- und den ÖVP-Frauen gestaltete EIGENART den "Wörgler Frauen Monat", als weiterer Themenschwerpunkt soll "Stadtentwicklung" in nächster Zeit das laufende Programm ergänzen. Auf Subventionen wird bewußt verzichtet, das vorhandene Geld bestimmt die Dichte der Veranstaltungen.
P: M,L,K,D

UMMI GUMMI

Hans Mutschlechner
Innerkoflerstr. 1
9900 Lienz
Tel. 04852/ 35 0 05

Der 1978 gegründete Verein organisiert Veranstaltungen verschiedenster Art. Einzugsgebiet ist ganz Osttirol und der angrenzende Teil des benachbarten Kärnten.

JUGENDZENTREN

Jugendzentrum MK
Sigmund Kripp Haus
Sillg. 8a
6020 Innsbruck
Tel. 05222/ 31 3 11

Vom Jesuitenwerk getragenes, aber in alle Richtungen offenes Jugendzentrum mit zahlreichen Veranstaltungen (etwa 1 pro Woche), Kleinfestivals und Sportaktivitäten, das auch über geeignete Probe- und Veranstaltungsräume verfügt.
P: M(k,j,p),K,L,T

Z6
Andreas-Hofer-Str. 11-13
6020 Innsbruck
Tel. 05222/ 20 8 08

Als Jugenzentrum der katholischen Kirche gegründet, wird das Z6 seit 1974 von einem privaten, parteiunabhängigen Verein getragen. Seit

1983 betreut ein zweiter Verein die verschiedenen Sozialprojekte. Das Z6 verbindet Jugendarbeit und Freizeitangebot mit einer gezielten Unterstützung von arbeitslosen Jugendlichen. In den einzelnen Projekten (Laden, Eltern-Kind-Laden, Vegetarisches Restaurant PHILIPPINE, Z6-Forum, Jugendzentrum) stehen über 30 Arbeitsplätze für junge Arbeitslose zur Verfügung, wobei die Reintegration der Jugendlichen ins "normale" Arbeitsleben im Vordergrund steht.

Jugend- & Kulturzentrum INN-TAKT
Malserstr. 52
6500 Landeck

Alfred Pöllauer

Im Jugendzentrum finden sporadisch Veranstaltungen statt, nähere Informationen sind bis Redaktionsschluß leider nicht eingelangt.

JUGENDRAUM ZAMS

Klaus Oberkofler
Hauptstr. 57
6511 Zams
Tel. 05442/ 4526

Aktiver Jugendtreff mit Hobby- und Veranstaltungsräumen, geleitet vom Hauptschullehrer Klaus Oberkofler, der ein vielfältiges Programm mit Vorträgen, Kulturveranstaltungen, Computerlehrgängen und verschiedenen Kursen organisiert.
P: T,M,V,W,F

JUGENDFORUM TELFS
Kirchstr. 20
6410 Telfs

Dr. Klaus Sonnweber

Das JUGENDFORUM bietet für die Jugendlichen in Telfs ein breite Palette an Veranstaltungen: von Jugendmessen über Ausflüge und Sportwettbewerbe bis hin zu Filmvorführungen, Konzerten, Theateraufführungen alles, was von Interesse ist.
P: F,M,T,P

JUGENDZENTRUM IN DER PÖLZBÜHNE
Am Glockenturm
6130 Schwaz

Am 1.9.1987 übersiedelte der ehemalige JUGENDTREFF SCHWAZ in ein neues Zentrum IN DER PÖLZBÜHNE. Neben eigenen Theaterproduktionen und vereinsinternen Aktivitäten will das Zentrum mit verschiedenen Veranstaltungen vor allem junge Künstler fördern. Di - Sa ab 17h offener Betrieb, am Mo ab 17h für Gruppen.

JUGENDZENTRUM KUFSTEIN
Kienbergstr. 18
6330 Kufstein
Tel. 05372/ 4193

Seit etwa einem Jahr ist das ehemals autonome Jugendzentrum nicht mehr autonom, sondern untersteht in allem, so auch in den Finanzen, der Gemeinde. Daher ist der übliche Veranstaltungsbetrieb (vor allem Konzerte) zur Zeit recht mager.

JUGENDTREFF ST. JOHANN
Paß Thurn-Str. 3a
6380 St. Johann i.T.
Tel. 05352/ 4444 (Do, Fr, Sa)

Erich Pürstl
Angererweg 48
6380 St. Johann i.T.
Tel. 05352/ 30 4 32

1984 als Jugendzentrum der Gemeinde gegründet; der Innenausbau wurde in Eigenregie durchgeführt. Der JUGENDTREFF ist auch kultureller Mittelpunkt: Hier finden regelmäßig Musik- und Kleinkunstveranstaltungen statt, einmal pro Woche zeigt DAS ANDERE KINO einen Film, zehnmal pro Jahr erscheint die hauseigene Zeitung EIN DRUCK WERK. Offene Jugendarbeit und -beratung ist mit einem Halbtagsangestellten allerdings nur in Ansätzen möglich; auch sonst gibt es genug Probleme: Ein Gerichtsfahren mit einem benachbarten Hotel wegen Lärmbelästigung, mangelnde finanzielle und moralische Unterstützung durch die Gemeinde.
P: M,K,T,P,F   Z: EIN DRUCK WERK (10)

ZEITSCHRIFTEN

INN - Zeitschrift für Literatur
Postfach 328
6010 Innsbruck
Tel. 05222/ 30 38 19

Irmgard Hierdeis/Sigurd P.Scheichl

Die Zeitschrift erscheint seit 1984 dreimal jährlich und widmet sich neuer und neuester Literatur in Tirol, die so auch ihren Weg über die Landesgrenzen hinaus finden soll.

TAMTAM
Veranstaltungszeitung für Tirol

Karin und Werner Fürst
Höttinger Gasse 1
6020 Innsbruck
Tel. 05222/ 84 9 14

Im Frühjahr 1987 gegründete Zeitung, die nicht nur einen Überblick über kulturelle Veranstaltungen in ganz Tirol geben will, sondern in diversen Beiträgen zu Politik, Kunst, Kultur, "Szene", Musik usw. in kritischer Weise Stellung bezieht.

MICHAEL GAISMAIR KALENDER
Postfach 66
6026 Innsbruck

Kalender, Jahrbuch, Lesebuch und Nachschlagewerk für jeden kulturbeflissenen, kritischen, aufmüpfigen oder sonstwie anderen Tiroler (den gibts!). Erscheint jährlich, wie es sich für einen anständigen Kalender gehört.

STATTZEITUNG
Mariahilfstr. 48
6020 Innsbruck
Tel. 05222/ 84 1 14

Alternative Stadtzeitung, die in unregelmäßigen Abständen erscheint, ab Herbst sind wieder wöchentliche Ausgaben geplant.

FŒHN

Zeitschrift FOEHN
Pechestr. 4
6020 Innsbruck
Tel. 05222/ 39 16 33

Markus Wilhelm

"1984 gegründete, unabhängige und überparteiliche Zeitschrift, die vierteljährlich mit einem Umfang von 40 - 72 Seiten erscheint. Schwerpunkte: die antiösterreichische österreichische Politik (Analysen verschiedener Wirtschaftsbereiche, die Ausrüstung der Niedergedrückten mit den Argumenten, die ihnen zustehen). Gegen die Kulturpfründekultur, gegen die alten und neuen Faschisten (bürgerlichen Anarchisten) z.B. in der Literatur, für ein Verständnis von Kunst als Mittel zur Organisation der Wirklichkeit."

THURNTALER

Johann Trojer
9931 Außervillgraten 170a
Tel. 04843/ 5256

Halbjährlich erscheinende Kulturzeitschrift, die vor allem auf regionale Gegebenheiten und Probleme eingeht, Literatur genauso bringt wie Fotografie, kritsche Aufsätze oder Zeitgeschichtliches.

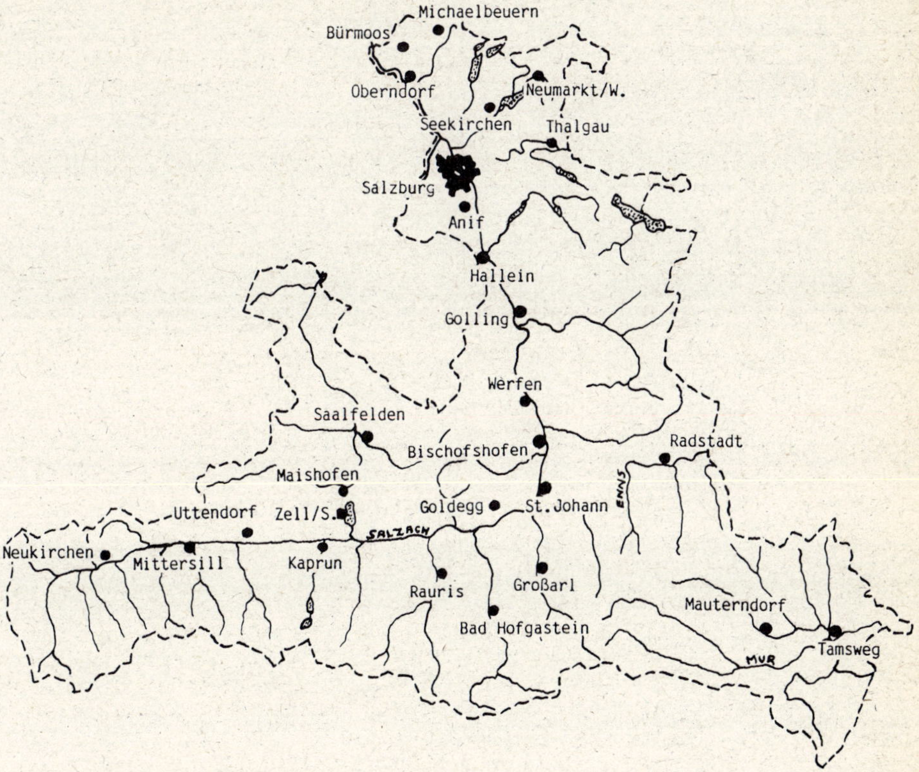
Michaelbeuern
Bürmoos
Oberndorf
Neumarkt/W.
Seekirchen
Thalgau
Salzburg
Anif
Hallein
Golling
Werfen
Saalfelden
Bischofshofen
Radstadt
Maishofen
ENNS
Uttendorf
Zell/S.
Goldegg
St.Johann
SALZACH
Neukirchen
Mittersill
Kaprun
Rauris
Großarl
Mauterndorf
Bad Hofgastein
Tamsweg
MUR

SALZBURG

ELISABETHBÜHNE
Plainstr. 42
5020 Salzburg
Tel. 0662/ 50 6 46

George Ourth/Cordula Schurich

Wurde bereits 1958 in der Salzburger Elisabethvorstadt gegründet, spielt mit einem festen Schauspielerensemble (ca. 30) und bildet seinen Nachwuchs selbst aus. Pro Jahr werden 8 - 9 Stücke inszeniert (rund 200 Vorstellungen); daneben finden auch Gastspiele im Ausland statt. Die ELISABETHBÜHNE versucht der Salzburger Theaterszene Meinung entgegenzusetzen. Vielfach prämiert.
P: T,jährlich INTERNATIONALES JAZZFESTIVAL SALZBURG

FRAUENKULTURZENTRUM
Haydnstr. 6
5020 Salzburg
Tel. 0662/ 71 6 39

Renate Giel

"Begonnen hat alles mit dem Traum vom Raum, wo künstlerisch engagierte Frauen ihre Werke präsentieren können. Unseren Traum haben wir realisiert: seit Oktober 1985 gibt es ein Frauenkulturzentrum, das sich mittlerweile zu einem Zentrum für alle Fraueninitiativen Salzburgs aufgeschwungen hat." Im Sommer Veranstaltung der SALZBURGER FRAUENSOMMERUNI.

GALERIETHEATER
Hubert-Sattler-Gasse 3
5020 Salzburg
(Eingang Wintergarten)
Tel. 0662/ 74 4 39

Eines der wenigen Kinder- und Jugendtheater Österreichs, Heimstatt der Gruppe LÖWENZAHN. Unter Leitung von Myrto Dimitriadou hat sich das kleine Ensemble trotz großer Geld- und Raumnöte in den letzten Jahren ein beachtliches Aufführungsniveau erarbeiten können. Neben Eigenproduktionen sind auch Gastspiele aus dem In- und Ausland mit Abendveranstaltungen "für Erwachsene" zu sehen, daneben finden Konzerte, Feste und Lesungen statt.
P: T,P,A,W,M,L

Verein GEGENLICHT
Griesgasse 19
5020 Salzburg
Tel. 0662/ 84 38 762

Hervorgegangen aus einem Publizistik-Seminar an der Uni, begann GEGENLICHT mit eigenständigen Ton-Dia-Shows, die ab 1979 anstelle der üblichen Wochenschau im -> KINO gezeigt wurden. In der Folge Beginn der Videoarbeit, zunächst in Zusammenarbeit mit der -> MEDIENWERKSTATT in Wien. 1981 Bezug von Büro-, Veranstaltungs- und Produktionsräumen im ehemaligen Stadtwerkehaus in der Griesgasse, wo seitdem Beisl und Produktion nebeneinander bestehen.
P: F,M(j)

DAS KINO
Giselakai 11
5020 Salzburg
Tel. 0662/ 73 1 00

Michael Bilic

1978 nach dem Vorbild des Frankfurter Kommunalen Kinos gegründet, um jene engagierten, kritischen, außergewöhnlichen Flime zu zeigen, die man im durchschnittlichen Kinorepertoire nicht zu sehen bekommt, schon gar nicht in Österreich. DAS KINO soll aber auch Kulturstätte und Kommunikationsraum sein, Diskussionen und Veranstaltungen zum Thema Film bereichern das tägliche Kinoprogramm, die Räume werden Gruppen auf Wunsch zur Verfügung gestellt.
P: F,D,V

Kulturzentrum KLEINES THEATER
Schallmoser Hauptstr. 50
5020 Salzburg
Tel. 0662/ 72 1 54

Claus Tröger (Leiter)

Am 10.Juni 1987 feierte das Ensemble APPLE STAR sein zehnjähriges Bestehen. Einige junge Leute, die es satt hatten, ständig nur auf Konsum ausgerichtetes Theater vorgesetzt zu bekommen, formierten sich 1977 zu einer kleinen Gruppe mit dem großem Ziel, Theater selbst zu machen. Schwerpunkte: kritische Theaterstücke der Gegenwart aus dem deutschen und anglo-amerikanischem Sprachraum, daneben Unterhaltungsstücke und Komödien. Seit 1984 hat die Gruppe in Schallmoos ein eigenes Theater, das fast schon zum Kulturzentrum geworden ist: Neben dem Zuschauerraum (ein Kellergewölbe) gibt es ein Theater-Beisl, eine Theater-Galerie und ein Vorstadt-Variete.
P: T,K,L,Ta,V
Z: KLEINES THEATER BÜHNENZEITUNG (Pz, 11)

KULTURGELÄNDE NONNTAL
Mühlbacherhofweg 5
5020 Salzburg
Tel. 0662/ 84 98 85

Seit Mitte der siebziger Jahre hatten die Salzburger Initiativgruppen und Jugendlichen ein Kultur- und Kommunikationszentrum für ihre Arbeit gefordert. 1976 wurde der Petersbrunnhof, die damalige Spielstätte der -> SZENE besetzt, nach kurzer Zeit aber geräumt. Ab 1981 versuchten die Gruppen, ein leerstehendes Brauereigelände im Stadtteil Riedenburg zu "erobern", scheiterten aber am Widerstand der Anrainer und an den hohen Umbaukosten. Mittlerweile hatten die meisten der Zentrums-Aktivisten eigene Räumlichkeiten(-> GEGENLICHT, -> GALERIETHEATER,-> KLEINES THEATER), der Rest einigte sich mit der Stadt 1985 darauf, ein leerstehendes HTL-Gebäude als Zentrum zu akzeptieren. Seither erfolgte allmählich der Ausbau: Das Beisl ist seit Frühjahr 1987 in Betrieb, ebenso Büroräume für diverse Aktivgruppen, seit kurzem auch die Proben- und Veranstaltungsräume.

LE PARAPLUIE
Salzburger Puppentheater
Elisabethstr. 53 a
5020 Salzburg
Tel. 0662/ 53 5 74

Von Herbert und Eva Just aufgebaut und bisher aus Privatmitteln finanziert, seit 1985 in einer festen Spielstätte untergebracht. Wöchentlich gibt es 6 - 10 Vorstellungen für Kinder und Erwachsene sowie Gastspiele, gelegentlich auch Lesungen.
P: T,L

PETERSBRUNNHOF
Petersbrunnstraße
5020 Salzburg

Malerischer Stadel im Bezirk Nonntal, der in den siebziger Jahren von der SZENE DER JUGEND genutzt wurde und zu einem Veranstaltungszentrum adaptiert werden sollte. Nunmehr bespielt die -> SZENE das ehemalige Stadtkino, der PETERSBRUNNHOF soll aber jetzt doch umgebaut und in Hinkunft vom "Verein Kulturwerkstätte" genutzt werden.

Cafe CAPPUCCINO
Hauptstr. 37-38
5550 Radstadt
Tel. 06452/ 295

Toni Winter
Tel. 06452/ 6389

Das Cafe, mit "alternativen" und sozial engagierten Absichten gegründet, ist nicht nur Galerie und Veranstaltungslokal, sondern verfügt auch über einen Naturkostladen mit allen gängigen Alternativprodukten. Die Ausstellungen und monatlichen Veranstaltungen sind immer schwieriger durchzuführen, da CAPPUCCINO ohne Subventionen arbeitet und die Verluste bei Kulturveranstaltungen vom Betriebsertrag abgehen. Hauptsaison ist im Sommer und von Februar - April. Geöffnet Mo - Sa 10 - 23h, So,Fei 13 - 23h
P: A,M,L,T,V

GALERIE im Gasthof Gambswirt
Hauptplatz 7
5580 Tamsweg
Tel. 06474/ 337

Kurt Maier

Veranstaltungslokal in einem Gasthof, das zur Zeit allerdings umgebaut und neu gestaltet wird. Eine Fortsetzung des Kulturprogramms mit Musik und Ausstellungen ist etwa ab Herbst 1987 geplant.

Kulturzentrum ECHO
Vorstadl/Ritzenseestr.
5760 Saalfelden

Gerhard Eder

Von Gerhard Eder, dem Initiator des -> JAZZCLUBS SAALFELDEN neu gegründetes Kulturzentrum mit Cafe und Galerie und umfassendem Veranstaltungsbetrieb. Eröffnet wird am 1.10.1987.
P: M,T,A,K...

VERANSTALTER

ARGE AKTION SPIELBUS
Schumacherstr. 20
5020 Salzburg

Heimo Bauer

Die älteste Trägerorganisation für "mobile Animation" in Salzburg. Gegründet 1979, strebt die Verbesserung der Spielangebote vor allem im Salzburger Stadtteil Lehen an. Gespielt wird von Mai - Oktober mit jeweils 30 - 50 Kindern/Tag; etwa 10 Mitarbeiter.

ASPEKTE SALZBURG
Lasserstr. 6
5020 Salzburg
Tel. 0662/ 88 15 47

Gegründet 1977. Ziel dieses Festivals Neuer Musik ist, über die internationale Entwicklung in der Gegenwartsmusik zu informieren und ein größeres Publikum anzusprechen. Der Verein ASPEKTE SALZBURG organisiert jährlich ein Festival, an dem international bekannte Interpreten und Komponisten teilnehmen. Im ASPEKTE-Club kann man Kontakt zu den Musikern finden. Während des Jahres werden einzelne Konzerte mit neuer und außereuropäischer Musik veranstaltet.
P: M(n)

Kulturvereinigung IM FLUSS
Franz-Josef-Straße 6
5020 Salzburg

Hannes Grösel

"Für uns ist spannend, wieviel Utopie wir da, wo wir gerade leben, verwirklichen können...IM FLUSS muß naturbedingt immer Anfang sein - wer aufgibt, wird abgetrieben...Der Fluß scheint Zeit zu haben - mit dieser Zeit wollen wir eine künstlerische Vision verwirklichen..." (aus dem Programm 87). Happenings und kulturelle Darbietungen auf der Salzach, als WASSERSZENE Zusammenarbeit mit der -> SZENE.
P: A,L,M,T,Happening

LESELAMPE
Kaigasse 27/I
5020 Salzburg
Tel. 0662/ 84 30 924

Mag. Helene Hofmann

Das Salzburger Literaturforum LESELAMPE, das seit 20 Jahren besteht, veranstaltet jährlich etwa 25 Lesungen mit Autoren aus dem gesamten deutschen Sprachraum, mit bereits bekannten (Walser, Grass, Canetti) ebenso wie mit jungen, unbekannten. Um die Autoren "länger präsent" zu haben, wurde die Literaturzeitung SALZ gegründet.
P: L Z: SALZ (Lz, 4)

MEDIENAGENTUR
Auerspergstr. 42
5020 Salzburg
Tel. 0662/ 76 4 50

Hans Klein

Besteht seit März 1982, stellt anderen Gruppen die für eine Produktion von Videofilmen und Ton-Dia-Shows notwendigen Geräte mit dem dazugehörigen Know-How zur Verfügung, hält Kurse und Seminare ab und organisiert Video-Tage. Mit den Geräten der MEDIENAGENTUR wurden unter anderem gedreht: "Wackersdorf retour", "Nicaragua Vive" und andere Videodokumentationen (z.B. über arbeitslose Jugendliche in Liverpool und über die Zigeunerverfolgung).
P: W

SALZBURGER KULTURVEREINIGUNG
Waagplatz 1a
5020 Salzburg
Tel. 0662/ 84 53 46

Dr. Heinz Klier

Dr. Klier ist Leiter des Kulturamtes der Stadt Salzburg und der Trakl-Gedenkstätte, dem Sitz der KULTURVEREINIGUNG. Ihre Aktivitäten umfassen die Gestaltung von Konzert- und Theaterreihen, Organisation der SALZBURGER KULTURTAGE, Straßentheater u.a.
P: M(k),T,L

SZENE
Waagplatz 1a
5020 Salzburg
Tel. 0662/ 84 34 48

Michael Stolhofer
Dr. Sieglinde Trunkenpolz

1970 als Alternative zum Festspielrummel und als Plattform für junge Salzburger Talente unter dem Namen SZENE DER JUGEND gegründet, ist die SZENE mittlerweile selbst zu einem der größten Festivalveranstalter Österreichs geworden. Jeweils im Frühjahr und während der Sommermonate werden bei uns weitgehend unbekannte ausländische Gruppen, aber auch inländische Produktionen präsentiert. Die Vorstellungen finden im ehemaligen, aus den 50er Jahren stammenden Stadtkinosaal, im Sommer auch unter freiem Himmel statt. Seit 1987 wird die SZENE nicht nur von Stadt, Land und Bund subventioniert, sondern auch von einem Privatsponsor mit jährlich 2 Mill. S unterstützt, der wohl größte Betrag, der bisher in Österreich von privater Seite für Kultur aufgewendet worden ist.
P: T,Ta

WALDORFSCHULVEREIN
Bayerhamerstr. 35
5020 Salzburg
Tel. 0662/ 76 3 18

Sonja Reisenberger

Waldorfschule mit den nach Rudolf Steiner üblichen Unterrichtsinhalten (Handwerk, musische Fächer, Eurythmie etc.), in der auch immer wieder Musik- und Theaterveranstaltungen stattfinden.
P: M,T

KULTUR-INITIATIVE FLACHGAU
Georg-Rendl-Weg 28
5111 Bürmoos

Gertrud Hitzenbichler/Ulli Haibach
Tel. 06274/ 77 1 35

Die KULTUR-INITIATIVE FLACHGAU besteht seit 1982 und möchte Ergänzungen zum vorhandenen Kulturprogramm im nördlichen Flachgau bieten, in dem ein traditionelles Kulturverständnis vorherrscht und die Möglichkeiten der Freizeitgestaltung vor allem für Jugendliche und junge Leute recht beschränkt sind. Neben diversen Gastveranstaltungen werden Kurse (Tai-Chi, Töpfern, Geburtsvorbereitung...) und spezielle Kinderprogramme angeboten. KIF arbeitet ohne Subventionen, kann daher nur niedrige Gagen zahlen. Es besteht eine intensive Zusammenarbeit mit anderen in Politik und Umweltschutz tätigen Vereinen der Umgebung, um die kulturellen, politischen und wirtschaftlichen Bedingungen im Umfeld zu beleuchten und eventuell zu verbessern. Probleme gibt es nach 5 Jahren Arbeit vor allem mit der Annahme durch die Einheimischen.
P: M(k,j,f),W Z: IATZ (seit 1986)

KULTURFÖRDERUNGSVEREIN ST. GEORGEN

Gregor Pieringer
Obereching 188
5110 Oberndorf
Tel. 06272/ 8146

Schon längere Zeit bestehender Verein, der seit etwa 2 Jahren unter dem neuen Obmann Gregor Pieringer vielfältige Aktivitäten entfaltet. In einem alten Holzhaus wurde ein Heimatmuseum eingerichtet, finden Seminare zu verschiedenen Themen (Philosophie, Medizin, Psychologie, Meditation etc.) und auch anderes, vom Theater bis zum Heimatabend statt. Die etwa 40 Veranstaltungen im Jahr sollen ein Programm für alle bieten.
P: T,M,L,V,A

Kulturverein Michaelbeuern

KULTURVEREIN MICHAELBEUERN

Prof. Ingo Reiffenstein
Dorfbeuern 27
5152 Michaelbeuern
Tel. 06274/ 8353

Besteht seit 1986 mit dem Ziel, "auch andere Schichten" für Kultur zu gewinnen, was sich als genauso schwierig erweist wie der Versuch, Michaelbeuern mit dem renovierten Stift zu einem kulturellen Mittelpunkt des Flachgaus werden zu lassen. Bisher gab es etwa 10, vor allem musikalische, Veranstaltungen.
P: M(k,j),V,A

NEUMARKTER KULTURVEREINIGUNG

Ludwig Gishammer
Breinberg 10
5202 Neumarkt
Tel. 06216/ 68 6 12

1980 von Lehrern gegründeter Kulturverein, der Jugendlichen in der Schulstadt Neumarkt, 25 km von Salzburg entfernt, Freizeitmöglichkeiten abseits des Gasthausbesuches bieten will. Über das Schuljahr verteilt finden etwa 70 Veranstaltungen statt (5 davon als -> GALERIE IN DER SCHULE). Eine Schwerpunktwoche mit wechselnden Inhalten (Frieden, Umwelt, Atomkraft...), alternatives Reisen und Vorträge zu aktuellen Themen ergänzen das Programm.
P: M(j,f,p),T,F,V,A,D

GALERIE IN DER SCHULE

Angela Kögler-Wollhofen
Kapellenstraße 4
5302 Henndorf
Tel. 06214/ 6382

Als Teil der Veranstaltungen der -> NEUMARKTER KULTURVEREINIGUNG finden jährlich etwa 5 Ausstellungen in der HBLA für Frauenberufe statt. Ziel ist, den Schülern bildende Kunst anhand von Beispielen nahezubringen. Die meisten der ausgestellten Werke stammen dabei von Künstlern aus dem Bekanntenkreis von Frau Kögler, die selbst Kunsterzieherin ist.
P: A

KULTURKREIS WALLERSEE

Frau Halser
5201 Seekirchen
Tel. 06212/ 30 8 12 od. 3090

Gemeindeeigener Verein, der in Zusammenarbeit mit dem Bildungswerk Ausstellungen und Kulturtage organisiert. Zur Zeit nicht aktiv.

KULTURKREIS WARTENFELS

Helga Eiterer
Mondseerstraße 96
5303 Thalgau
Tel. 06235/ 354

Der ehemals an das Bildungswerk angeschlossene, nunmehr eigenständige KULTURKREIS wird vor allem von Lehrern getragen und hat sich das Ziel gesetzt, all jene ausgefallenen, kleinen Dinge zu präsentieren, die jenseits der Hochkultur liegen.

KULTURKREIS ANIF

Franz Breinich
Niederalm 121
5081 Anif
Tel. 06246/ 2937

Privater Verein, der 1978 mit dem Ziel gegründet wurde, örtliche Talente zu fördern und das lokale Kulturgeschehen zu bereichern. Neben 6 - 8 Ausstellungen pro Jahr, Vorträgen, Theater und Konzerten auch Volkstanz und diverse Kurse (Hinterglasmalerei, Keramik, Bauernmalerei etc.)
P: A,V,T,K,W

CLUB HALLINUM

Reinhold Moser
Schöndorferplatz 5
5400 Hallein
Tel. 06245/ 2208 od. 3024

Überparteilicher Verein, der sich seit 1975 bemüht, die Halleiner Altstadt - eine der besterhaltenen in Europa - wiederzubeleben und deren historische Bedeutung ihren Bewohnern bewußt zu machen. Zu

den zahlreichen Aktivitäten gehören Wettbewerbe, Vorträge, die Aufarbeitung von Haus-Chroniken, die Herausgabe eines detaillierten historischen Stadtführers, das Herstellen von Gedenktafeln, die Wiederentdeckung traditioneller Bräuche und die Belebung der Innenhöfe mit Veranstaltungen. CLUB HALLINUM will vor allem Einheimische ansprechen.
P: V,M

Galerie PRO ARTE
Molnarplatz
5400 Hallein

Prof. Bernhard Prähauser
Tel. 06483/ 258

In der kleinen Galerie in Hallein, der eine Werkstätte angeschlossen ist, werden jährlich 3 - 4 Ausstellungen mit Werken in- und ausländischer Künstler präsentiert. Prof. Prähauser, selbst Bildhauer, findet aufgrund eigenen Schaffens allerdings wenig Zeit für die notwendige Organisationsarbeit.

KULTURFORUM HALLEIN

Prof. Herbert Struber
5411 Oberalm 289a

Das KULTURFORUM organisiert seit 2 Jahren das "Stadtfest Hallein" mit unterschiedlichen Schwerpunkten (1987 Puppentheater) und Veranstaltungen in der ganzen Stadt.
P: T,L,M(k),V,A,

KUNSTKREIS TENNENGAU

Josef Zenzmaier
Georgenberg 10
5440 Golling
Tel. 06244/ 6406

Der vom Bildhauer Josef Zenzmaier 1981 ins Leben gerufene KUNSTKREIS TENNENGAU, als kritisches Forum für umweltpolitische und architektonische Fragen für die Halleiner Bürger gedacht, beschränkt sich nach frustrierenden Erfahrungen mit dem allgemeinen Desinteresse auf die Förderung junger Talente aus der Region. Ehemalige Aktivitäten wie Vorträge, Diskussionen und Veranstaltungen sind mit Ausanahme gelegentlicher Ausstellungen einstweilen eingestellt.
P: A

KULTURVEREIN GOLLING

Cornelius Neulinger
5440 Golling Nr. 93
Tel. 06244/ 7186

Cornelius Neulinger organisiert jedes Jahr ein Open-Air-Festival, jeweils an einem Wochenende im Juli, zu dem er bekannte Gruppen nach Golling einlädt.
P: M(j,p)

KULTURVEREIN ST. BARBARA
WERFEN, PFARRWERFEN

Alexandra Weinberger
Imlau 28, Schäferlehen
5452 Pfarrwerfen
Tel. 06468/ 7137

Entstanden ist der Verein vor 9 Jahren als "Kultur im Betrieb" in einer Walzengießerei in Tenneck, um ein sinnvolles Freizeitangebot für Jugendliche zu schaffen. Das "Selbermachen" stand dabei im Vordergrund und wurde durch Veranstaltungen von außen ergänzt. Mittlerweile haben sich die Aktivitäten in das renovierte Kuenburggewölbe nach Werfen verlegt, wo laufend Ausstellungen stattfinden (über Mode, Arbeitswelt im Pongau, Handwerk), aber auch diverse Kurse, vom Land organisierte Malertage und andere Kulturveranstaltungen. Der Verein leistet viel Basisarbeit im Ort (etwa den Aufbau einer Bücherei) und ist mit der einheimischen Bevölkerung eng verbunden.
P: A,M,V,W

Pongowe

Kulturverein PONGOWE

Johann Gantschnigg
Gasteinerstraße 56
5500 Bischofshofen
Tel. 06462/ 2066

Von der Marktgemeinde initiierter Kulturverein mit monatlichen Veranstaltungen in diversen Räumlichkeiten der Stadt. Sängertreffen der heimischen Chöre und Vorträge über Stadtgeschichte gehören genauso zum Programm wie Gastspiele des Landestheaters.
P: A,M(k),T,W,V

Filmclub VENTIL
5500 Bischofshofen

Andrea Göschl

Ehemals eigenständiger Filmclub, der von -> PONGOWE übernommen wurde, aber weiterhin sein Programm selbst bestimmen kann.
P: F

PONGAUER
KULTUR-
VEREINIGUNG
»spectrum«

SPECTRUM
Pongauer Kulturvereinigung

Mag. Annemarie Zierlinger
Sparkassenstr. 19
5600 St. Johann
Tel. 06412/ 65 9 02

Der Name des 1977 gegründeten Vereins soll die Bandbreite an Veranstaltungen signalisieren: Gebracht wird all das, was für die Region "notwendig" ist, wozu auch brisante Themen wie die Lage türkischer Gastarbeiter oder die Geschichte des Nationalsozialismus in der Gegend gehören. Das stark gemischte Publikum kommt aus St. Johann und Umgebung, die Nachbereitung des Gebotenen am Wirtshaustisch gehört zum Programm.
P: L,M,V,D Z: TREFFPUNKT (Kz, 4)

KULTURVEREIN GOLDEGG

Cyriak Schwaighofer
Oberhof 18
5622 Goldegg
Tel. 06415/ 8504

Das Schloß Goldegg hat sich seit der Gründung des Kulturvereins immer mehr zu einem regionalen Zentrum für Veranstaltungen verschiedenster Art entwickelt. Der Kulturbegriff erstreckt sich hier von "Bau-Kultur" bis zur "Volkskultur" in Lied und Musik. Jeder Abend soll bereichern und die bessere Alternative zum Patschenkino sein.
P: V,M,T,K,W Z: BEGEGNUNG (Pz, 4)

Kulturverein DIE ERLE
Rupert Rohrmoser
Au 73
5611 Großarl
Tel. 06414/ 514

1979 gegründeter Kulturverein, der das traditionelle Brauchtum der Region fördert und präsentiert (Bauern- und Hinterglasmalerei, Nähkurse). Mit dem geringen Budget sind nur Veranstaltungen möglich, die beim Publikum "ankommen".
P: A,W

HEIMATSTUBE BAD HOFGASTEIN

Sepp Viehauser
Gadaunerstraße 22
5630 Bad Hofgastein
Tel. 06432/ 6775

Der Bildhauer Sepp Viehauser entfaltete nach seiner Heimkehr nach Bad Hofgastein (1970) eine Vielzahl kultureller Aktivitäten (Bildhauersymposien, Musik, etc). Im Laufe der Zeit haben sich jedoch die Ansprüche an "Kultur am Land" soweit geändert, daß derzeit eine Ruhepause seiner Tätigkeit eingetreten ist.

KULTURVEREIN RAURIS

Dorothea Granegger
Am Markt 49
5661 Rauris
Tel. 06544/ 334

Veranstaltet einmal im Jahr die Rauriser Literaturtage, bei denen auch Literaturpreise vergeben werden, Kulturtage, Malertage und Konzerte in der Kirche. Der Verein besteht seit rund 20 Jahren.
P: L,A,M(k)

Kulturverein DAS ZENTRUM

Dr. Peter Peyrer-Heimstätt
Schernbergstr. 57
5550 Radstadt
Tel. 06452/ 7150

Dr. Peyrer-Heimstätt, Notar und Hobbymusiker, lebt seit 20 Jahren als "Zuagraster" in Radstadt. 1981 war er Mitbegründer des von Seiten der Landesregierung stark unterstützten Kulturvereins DAS ZENTRUM, der im ehemaligen Refektorium des renovierten Kapuzinerklosters einen stimmungsvollen Rahmen für verschiedenste Veranstaltungen gefunden hat. Der Verein, der sich nicht zur Alternativszene zählt, hat dennoch in Radstadt - Aufstellungsort eines Jahn-Denkmals, dessen Inschrift unter anderem von "Rassenreinheit" kündet - ab und zu auch Schwierigkeiten, zuletzt etwa bei einer Veranstaltung zum Thema "Zeitzeugen".
P: T,M(k),A,L,Symposien

LUNGAUER KULTURVEREINIGUNG

Wernfried Gappmayer
5570 Mauterndorf
Tel. 06472/ 7425

Vor mehr als 15 Jahren von Professoren des Tamsweger Gymnasiums gegründet, weil es für die Schüler fast unmöglich war, zu Veranstaltungen nach Salzburg zu fahren. Nach einer provisorischen Übergangszeit im Kinosaal in Tamsweg finden die etwa 60 Veranstaltungen pro Jahr seit 1981 auf Burg Mauterndorf statt, die mit Unterstützung des Landes als Kulturzentrum adaptiert wurde. Ab 1987 wird auch die "Schule des Sehens", eine von Oskar Kokoschka ehemals in Salzburg gegründete Malschule, in Mauterndorf organisiert.
P: T,F,M,L,A,V,W

KULTURKREIS MAISHOFEN

Josef Lenz
Kirchham 123
5751 Maishofen
Tel. 06542/ 8271

Seit 12 Jahren organisiert der KULTURKREIS im Sommer ein bunt gemischtes Kulturprogramm, um den Gästen neben dem heimischen Brauchtum auch "gehobenere" Kultur - etwa Theater - zu bieten.
P: T,M(k),L,A

JAZZCLUB SAALFELDEN

Gerhard Eder
Lofererstr. 30
5760 Saalfelden
Tel. 06582/ 2320

Seit mehr als 10 Jahren organisiert Gerhard Eder am letzten August-/ersten Septemberwochenende in Saalfelden eines der größten Jazzfestivals Österreichs, das vor allem Fans des neuen und experimentellen Jazz anlockt. Am 1.10.1987 wird zudem das Kulturzentrum -> ECHO in Saalfelden eröffnet, das neben dem täglichen Cafebetrieb Veranstaltungen rund ums Jahr bringen wird.
P: M(j)

GALERIE ZELL AM SEE

Prof. Herbert und Erni Gadenstätter
Schillerstr. 26
5700 Zell am See
Tel. 06542/ 2665

Die Galerie besteht seit 16 Jahren mit der Motivation, Kunst auf einem möglichst hohen Niveau zu präsentieren. Neben den Ausstellungen von vorwiegend österreichischen Künstlern gibt es kunstdidaktische Veranstaltungen aller Art.
P: A,F,V,L

KULTURVEREIN
TAURISKA
KAPRUN

Kulturverein TAURISKA

Astrid Hofer
5710 Kaprun 682
Tel. 06547/ 85 23 13

Nach Renovierung der Burg Kaprun wurde nach einer sinnvollen Nutzung der historisch bedeutsamen Stätte gesucht und daher im März 1987 ein Kulturverein gegründet, der die Burg zu einem kulturellen Zentrum des Pinzgaus machen soll.
P: T,M,V,A

Kulturverein NAGUNA

Andrea Lechner
5723 Uttendorf 207
Tel. 06563/ 339

NAGUNA ist tiefstes Pinzgauerisch und bedeutet "Na da schau her!" - ein programmatischer Titel für den im Frühjahr 1985 entstandenen Kulturverein, der im Jahr etwa 10 Veranstaltungen verschiedenster Art organisiert. Andrea Lechner, Mitbegründerin und Hauptorganisatorin von NAGUNA ist Lehrerin und Mitglied bei den Jungen Sozialisten.
P: V,M,L,T,K

SPIEGELUNGEN

Gernot Reiter
Gasthaus Essiger
Zellerstr. 53
5730 Mittersill
Tel. 06562/ 328

Seit Herbst 1986 organisiert Gernot Reiter Kulturveranstaltungen verschiedenster Art - meist im elterlichen Gasthaus Essiger. Um zumindest bescheidene Subventionen zu erhalten und um "seriöser" auftreten zu können, wurde der Verein SPIEGELUNGEN gegründet. Schwierigkeiten gibt es einstweilen noch mit dem Pinzgauer Publikum, das sich neuen Angeboten gegenüber zurückhaltend zeigt, doch Gernot Reiter macht unverdrossen weiter.
P: M,T,K

KULTURVEREIN HOLLERSBACH

VD Rudolf Langer
Volksschule
5731 Hollersbach
Tel. 06562/ 8106

Aus dem Bildungswerk entstandener und von der Gemeinde getragener Kulturverein, der vor allem die traditionelle Dorfkultur pflegt (Trachten, Tanz, Singen etc.).

M2 - KULTUREXPRESS

Charly Rabanser
5741 Neukirchen
Tel. 06565/ 6115

Entstanden ist der Kulturverein M2 - KULTUREXPRESS im April 1987 aus der Theatergruppe Neukirchen mit dem Ziel, Kultur auf dem Land zu fördern, vor allem Zeitgenössisches und Modernes. Vom 19. - 27.9.87 gemeinsam mit dem -> ZUKUNFTSKOLLEGIUM NATIONALPARK HOHE TAUERN Organisation der Lyrikwerkstatt "Wasserzeichen". Erfahrung: Es ist hart - im Gebirge!!
P: T,Ta,L,A,Feste

ZUKUNFTSKOLLEGIUM NATIONALPARK
HOHE TAUERN

Alfred Zindes
5741 Neukirchen
Tel. 06565/ 6256

Das ZUKUNFTSKOLLEGIUM besteht seit 1985 mit dem Ziel, ein Bindeglied zwischen der Idee "Nationalpark" und der Bevölkerung zu sein. Damals wurde ein alter Stadl von Stadt, Land und Alpenverein renoviert und dient jetzt als Ausstellungssaal und Zentrum für etwa 100 Veranstaltungen im Jahr.
P: A,L,M,Ton-Dia-Shows

JUGENDZENTREN

JUGENDZENTRUM LEHEN

JUGENDZENTRUM LEHEN
Schumacherstr. 20
5020 Salzburg
Tel. 0662/ 34 2 16

Norbert Krammer

1983 eröffnet, ist das JZ LEHEN nicht nur eines der größten seiner Art in Österreich, sondern zugleich auch das Modellprojekt eines soziokulturellen Stadtteilzentrums, das den Jugendlichen im dichtverbauten Gebiet Anregungen und den nötigen Raum zu selbstgestalteter Freizeit bietet. Cafe, Disco, Dunkelkammer, Teestube. Fotolabor, Spielecke etc. werden von den Jugendlichen selbst verwaltet.

Jugendzentrum IGLU
Haydnstr. 4
5020 Salzburg

Besteht seit 1975 mit offenem Betrieb von Montag bis Freitag. An den Wochenenden gibt es sporadisch Veranstaltungen.

Jugendzentrum MARK
Neutorstr. 16
5020 Salzburg
Tel. 0662/ 84 37 87

Neben zentrumsinternen kulturellen Aktivitäten (Fotoclub, Videogruppe, Schauspiel- und Musikworkshops) gibt es ein Beisl und ein Sozialprojekt mit einer Gruppe von arbeitslosen Jugendlichen. Die Gruppe übernimmt Auftragsarbeiten (Ausstattung von Festen, Parties etc.) und stellt selbst Waren her, die in einem - dem Zentrum angeschlossenen - Dritte-Welt-Laden verkauft werden.
P: W

ZAKK
Zentrum für Kunst und Kommunikation
Schopperstr. 18
5020 Salzburg-Itzling
Tel. 0662/ 53 1 88

Jugendprojekt der Kinderfreunde im Stadtteil Itzling, das vorerst bis 1988 gesichert ist. Neben internen Aktivitäten (Disco, Feste) sind Konzerte und eine Kinderolympiade geplant. Den Jugendlichen stehen im SPÖ-eigenen Haus ein großer Veranstaltungssaal und ein täglich von 17 - 20h geöffnetes Beisl zur Verfügung.
P: M

JUGENDKULTURINITIATIVE
TAMSWEG
Postfach J.K.I.T.
5580 Tamsweg
Tel. 06474/ 6789

Rupert Indinger
Dechantsiedlung 490
5580 Tamsweg

Seit Oktober 1986 gibt es einen Treffpunkt der J.K.I.T., der als Beisl, Veranstaltungsort und Kommunikationszentrum dient: das TREP. Hauptaugenmerk wird im TREP auf die sinnvolle Freizeitbeschäftigung und auf die Förderung junger Künstler und Nachwuchsmusiker gelegt. Der derzeit einzige Mitarbeiter ist im Rahmen eines Trainingsleiterkurses angestellt, angestrebt wird die Anstellung eines hauptamtlich Beschäftigten. Zusammenarbeit mit der -> LUNGAUER KULTURVEREINIGUNG, der AKTION FILM (-> 2. Teil) und der Theatergruppe MOKRIT, die vor allem selbsterarbeitete Kinder- und Jugendstücke zur Aufführung bringt. Zuletzt auch Organisation des 3. Lungauer Open-Air-Festivals.
P: M,T,W

ZEITSCHRIFTEN

IMPULS

IMPULS
Salzburger Veranstaltungs-
und Kulturmagazin
Dreifaltigkeitsgasse 3/III
5020 Salzburg
Tel. 0662/ 76 01 95

Barbara Jungwirth(Chefredakteurin)

Seit Herbst 1986 monatlich erscheinende Programmzeitschrift mit ausführlichen Artikeln zum Salzburger Kulturgeschehen in bunter Mischung (Bildende Kunst, Avantgarde, Fotografie, Theater, Reise etc.)

NOEMA. Kunst + Kritik
5021 Salzburg
Postfach 59
Tel. 0662/ 51 83 02 od. 52 6 31

Alexander Pühringer (Herausgeber)

Erscheint seit 1984 und beschäftigt sich vorwiegend mit der Kunst des 20. Jahrhunderts. Interdisziplinär werden die Hauptbereiche Musik, Theater, Bildende Kunst und Literatur zueinander in Beziehung gebracht. NOEMA will vor allem junge und noch unbekannte Künstler mit Erstveröffentlichungen fördern.

'SALZ'
salzburger literaturzeitung

SALZ-Salzburger Literaturzeitung
Kaigasse 27/I
5020 Salzburg
Tel. 0662/ 84 30 942

Mag. Helene Hofmann (Redaktion)

Vom Salzburger Literaturforum -> LESELAMPE herausgegebene, vierteljährlich erscheinende Literaturzeitschrift, die neben Salzburger Autoren Gegenwartsliteratur aus dem gesamten deutschsprachigen Raum vorstellt. Sie bringt Vorabdrucke, Erstveröffentlichungen, Essays, literarische Aufsätze und Illustrationen von Malern und Grafikern. Eine der auflagenstärksten Literaturzeitungen Österreichs.

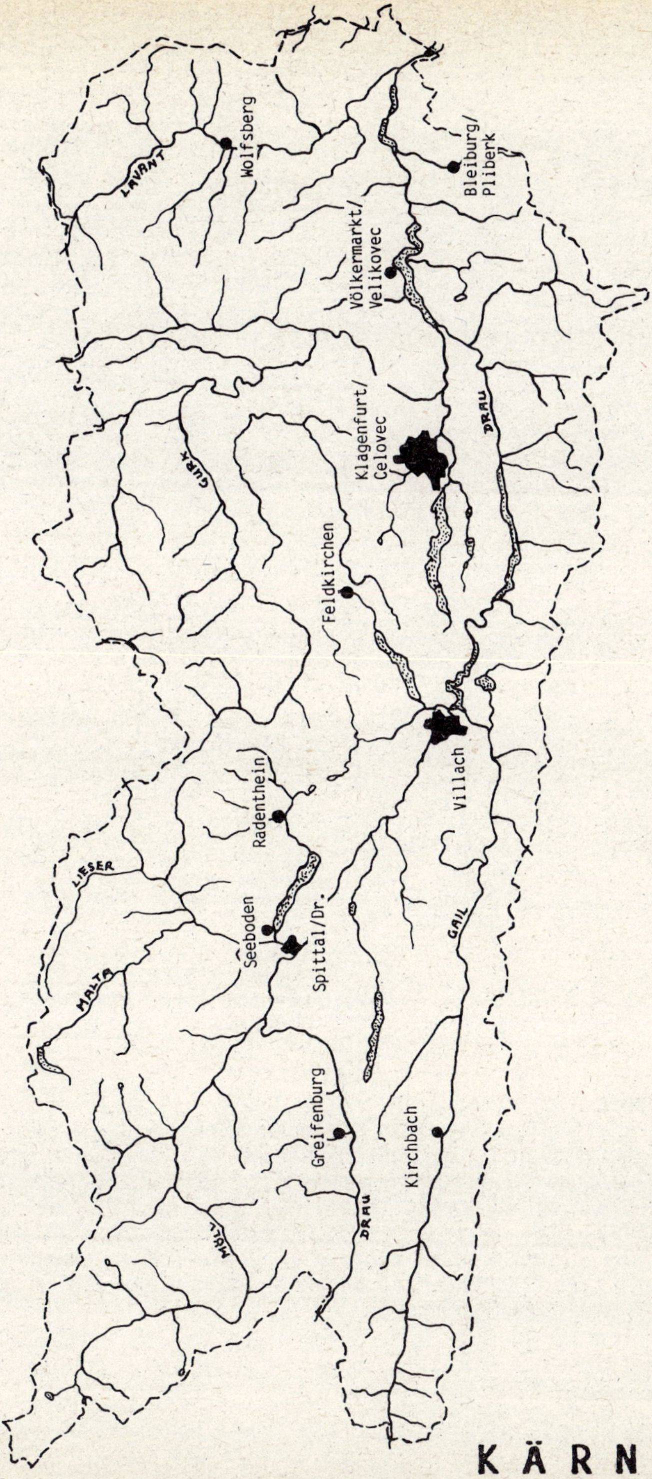
Wolfsberg
LAVANT
Bleiburg/
Pliberk
Völkermarkt/
Velikovec
Klagenfurt/
Celovec
DRAU
GURK
Feldkirchen
Villach
Radenthein
LIESER
Seeboden
Spittal/Dr.
MALTA
GAIL
Greifenburg
Kirchbach
MÖLL
DRAU

KÄRNTEN

BELLADONNA
Verein zur Förderung von Kommunikation, Frauenkultur u. Beratung
Villacherring 21/2
9020 Klagenfurt
Tel. 0463/ 51 12 48

BELLADONNA - die Tollkirsche, BELLADONNA - die schöne Frau; ein Platz, wo Frauen gemeinsam oder alleine suchen, was sie wollen. Der Aufgabenbereich ist so groß wie die Zielgruppe und wird sich immer wieder ändern. Schwerpunkte sind: Kommunikation und Kultur mit dem Anliegen, eine Plattform für Frauen zu schaffen; Selbsterfahrung (Theater, Tanz, Stimme u.a.); Beratung (Geburtsvorbereitung u.ä.).
P: L,A,V,D,Feste

Cafe BEI UNS
Hof der "Goldenen Gans"
Alter Platz 31/Herrengasse 1
9020 Klagenfurt
Tel. 0463/ 54 5 02

Stehbeisl beim Landhaus im Hof der "Goldenen Gans"; Veranstaltungsort des Vereins -> INNENHOFKULTUR.

Kulturbeisl BIERJOKL/
Kulturna taberna PRI JOKLNU
10.-Oktober-Str. 21
9020 Klagenfurt

Erst 40 Jahre nach Kriegsende und 30 Jahre nach Unterzeichnung des Staatsvertrages wurde 1985 in Klagenfurt das erste zweisprachige Lokal eröffnet. Vier junge Leute mieteten das älteste Gasthaus der Stadt zunächst auf 3 Jahre und renovierten die Räumlichkeiten mit Eigenmitteln und einem Kredit. Konzipiert ist der BIERJOKL als Kulturbeisl, das etwa einmal pro Woche ein Programm mit Musikern, Literaten oder Liedermachern anbietet, Ausstellungen organisiert und vor allem junge, unbekannte Kärntner Künstler und slowenische Gruppen unterstützt und fördert.
P: M,T,K,L,A

Jazz- & Blueskeller KAMOT
Bahnhofstr.5
9020 Klagenfurt
Tel. 0463/ 42 7 24

Heinz Grötschnig
Weichselhofstr. 7
9020 Klagenfurt

Im JAZZ- & BLUESKELLER KAMOT veranstaltet der "Jazzclub Klagenfurt" jährlich rund 40 Konzerte.
P: M(j,b)

UNICUM
Universität f.Bildungswissensch.
9020 Klagenfurt

Gerhard Pilgram

Nach finanziellen Schwierigkeiten des Vorgängers "Uni-Club" wurde UNICUM als neuer Verein gegründet, der nunmehr enger an die Universität gebunden ist. Noch im Versuchs- und Anfangsstadium, gilt es zunächst, die für den Umbau der Veranstaltungsräume notwendigen Mittel aufzutreiben.

JAZZCAFE RADENTHEIN
Burgstallweg 2
9545 Radenthein
Tel. 04246/ 3218 (18-2 h)

Raimund Kaschutnig
Tel. 04246/ 2298

Besteht seit 1983 als eigenständiges Lokal, das immer wieder Veranstaltungen jeder Art organisiert. Das größte Problem ist, genügend Publikum zu mobilisieren. Im Sommer, wenn alles sich an sonnigen Stränden aalt, gibt es daher auch kein Programm.
P: M,T,K

STUDIOBÜHNE VILLACH
Kirchensteig 5
9500 Villach
Tel. 04242/ 31 0 61

Dr. Alfred Meschnigg

Von 1969, dem Jahr der Gründung, bis 1976 bespielte die STUDIOBÜHNE verschiedene Säle in Villach. 1976 wurde sie als eine der ersten Bühnen Österreichs in das Kleinbühnenkonzept des Bundes aufgenommen und verfügt seitdem über ein Kellertheater mit Probebühne. Als einziges Theater mit festem Haus neben dem Landestheater versucht die STUDIOBÜHNE das Bedürfnis nach modernem, zeitgenössischem Theater und aktueller Literatur in Kärnten zu erfüllen. Um die Kosten möglichst gering zu halten und um die für eine Kleinbühne notwendige Beweglichkeit zu wahren, gibt es kein ständiges Ensemble, sondern Produktionsgemeinschaften für jeweils eine Aufführungsserie.
P: T

DIE LÜCKE
Freihausg. 3
9500 Villach
Tel. 04242/ 28 1 44

Peter Janoch

Künstlertreff im Keller, 1985 von Peter Janoch und seiner Frau gegründet und seither als Zweipersonenbetrieb geführt. DIE LÜCKE will ihrem Namen gerecht werden und kulturelle Bedürfnislücken in Villach abdecken, ohne "Kulturstreß" zu erzeugen. Persönliche Atmosphäre steht im Vordergrund. Geöffnet 18 - 24h, So 20 - 24h, Sa geschlossen, ebenso im Sommer von Anfang Juli bis Mitte August.

CAFE SCHWARZ-WEISS
Münzgasse 2
9100 Völkermarkt
Tel. 04232/ 3510

Heinrich Schwarz

Das Szene-Cafe mit Sitzmöglichkeiten in Innenhof und Vorgarten veranstaltet gelegentlich Ausstellungen und Konzerte, vor allem im Sommer. Geöffnet ist täglich außer So von 18 - 2h im Sommer, sonst von 17 - 2h.
P: M(p,j),A

Jazzcafe SONDERBAR
Schleifen 31
9400 Wolfsberg
Tel. 04352/ 51 9 47

Gottfried Toniutti

In diesem 1985 eröffneten Cafe finden regelmäßig Konzerte statt, derzeit etwa einmal im Monat. Wenn (Hard-) Rock gespielt wird, ist das Lokal meist restlos überfüllt, bei Jazzkonzerten oder anderen Veranstaltungen (einmal gab es Kabarett), geht's gemütlicher zu.
P: M(p,j)

VERANSTALTER

Verein ARCADE

Brigitta Friedrich
Khevenhüllerstr. 3/7
9020 Klagenfurt
Tel. 0463/ 54 3 30

Verein zur Förderung kultureller Veranstaltungen mit dem Schwerpunkt Musik, bisher 1982, 1984 (mit der "Volksoper" von Dieter Kaufmann), 1985, 1986 und 1987 in Zusammenarbeit mit dem Musikensemble Hortus Musicus und dem -> K & K EXPERIMENTALSTUDIO. Vor allem Neue Musik und zeitgenössische Oper stehen auf dem Programm.
P: M(n),Mt

arge Kulturrr!

ARGE KULTUR
c/o BIERJOKL
10.-Oktober-Str. 21
9020 Klagenfurt

Einige Klagenfurter Kulturinitiaven (u.a. -> BIERJOKL, -> UNICUM, -> KAMOT, KLAGENFURTER ENSEMBLE, -> ALTERNATIVKINO, -> BELLADONNA) haben sich zur ARGE KULTUR zusammengeschlossen, um Veranstaltungstermine besser zu koordinieren und gemeinsam anzukündigen.

Folkclub HARLEKIN

Michael Kohlweis
Maximilianstr. 2/4
9020 Klagenfurt
Tel. 0463/ 23 01 13

Vor ca. einem Jahr haben sich einige Freunde zur Gründung des Folkclubs zusammengefunden. Um Folkmusic einer breiten Öffentlichkeit zugänglich zu machen, veranstaltet der Club nicht nur Konzerte, sondern organisiert regelmäßig Clubabende, Workshops, Seminare, verbilligte Fahrten zu Konzerten, fördert junge Talente und wirkt beim "Klagenfurter Musikfrühling" mit.
P: M(f,b,),W

Verein INNENHOFKULTUR
Herrengasse 1
9020 Klagenfurt
Tel. 0463/ 54 5 02

Raimund M.Spöck (Obmann)
Korngasse 57
A-9020 Klagenfurt

Der Verein hat sich aus der Kulturarbeit des -> Cafe BEI UNS seit 1983 entwickelt. Zum Ziel setzt er sich die kulturelle Belebung der alten Baulichkeiten der Stadt, speziell die Nutzung des Innenhofes des ältesten Gebäudes von Klagenfurt, der "Goldenen Gans". Jeweils im Sommer findet ein dreitägiges Kulturfest statt.
P: A,M,T Z: INNENHOFKULTURZEITUNG (Pz, 1)

INSTITUT ZUR FÖRDERUNG VON
LITERATUR UND KOMMUNIKATION/
LITERATURCAFE KLAGENFURT

Del Vedernjak
Podjuna 40
9242 Globasnitz
Tel. 04230/ 314

Als LITERATURCAFE Organisation von Lesungen in Klagenfurt, bis 1986 Organisation des KÄRNTNER FRÜHLINGS, ehemals eines der größten literarischen Avantgardefestivals Österreichs. Zur Zeit Überdenken der weiteren Strategie.

KRŠČANSKA KULTURNA ZVEZA
CHRISTLICHER KULTURVERBAND
Viktinger Ring 26
9020 Klagenfurt
Tel. 0463/ 51 25 28-23 oder 24

Nužej Tolmajer, Franc Tomažič

Der CHRISTLICHE KULTURVERBAND wurde als selbständige Dachorganisation der christlich orientierten örtlichen Kulturvereine 1953 gegründet. Die Existenz zweier Kulturverbände ist eine Folge der weltanschaulich-politischen Differenzierung innerhalb der slowenischen Volksgruppe. Der CHRISTLICHE KULTURVERBAND steht den knapp 40 Mitgliedsvereinen als Service-, Beratungs- und Koordinationsstelle zur Verfügung, unterstützt die Bewahrung tradierter und die Entwicklung neuer Kulturformen und tritt schließlich auch selbst als Veranstalter auf, zum Teil gemeinsam mit dem -> SLOWENISCHEN KULTURVERBAND.
P: M,L,T,V,W

KONTAKT-LINSE 87
KONTAKTNA-LEČA 87

KONTAKTLINSE
Bundesgymnasium für Slowenen
Prof. Janezic-Platz 1
9020 Klagenfurt

"'...die KONTAKTLINSE ist ein Jugendkulturfestival, das von deutsch- sowie slowenischsprachigen Schülern gestaltet wird. Unser Hauptanliegen gilt der Intensivierung der Begegnung zwischen den beiden Volksgruppen. Über gesellschaftspolitische Differenzen hinweg möchten wir Barrieren, möchten wir Vorurteile abbauen...' - All diese Phrasen bleiben mir langsam im Hals stecken, ich beiß mir daran die Zähne aus...Ich glaube nicht mehr daran...Warum gibt es diese Veranstaltung dann noch?...Vielleicht weil es einfach notwendig ist, daß die KONTAKTLINSE weiterbesteht, vielleicht aber auch aus dem Bedürfnis heraus, eine Woche lang abseits aller politischen Phrasendrescherei eine Atmosphäre entstehen zu lassen, die es ermöglicht, unbeschwert neue Leute kennenzulernen, in ihre Problemwelt einzudringen, sie ein wenig besser zu verstehen."(Progr. KONTAKTLINSE 87)
P: L,T,M,K,F,W

NEUES ALTERNATIVKINO
Postfach 387
9010 Klagenfurt

Horst Dieter Sihler
Tel. 04288/ 2296

Sihler, jahrelang als Filmjournalist bei allen wichtigen internationalen Festivals , begann in den Siebzigerjahren als einer der ersten mit alternativer Filmarbeit in Österreich. Mit seinem ALTERNATIVKINO seit 1986 im kommerziellen Wulfenia Kino Center untergebracht, ist Sihler für seine 20 - 30 Filme im Monat immer noch auf der Suche nach einem geeigneten Raum, der allen gegenteiligen Erfahrungen zum Trotz auch finanzierbar ist.
P: F

NEUES MUSIKFORUM VIKTRING
Stift-Viktring-Str. 25
9073 Klagenfurt-Viktring
Tel. 0463/ 28 14 69

Erwin Kropfitsch

Schon vor 13 Jahren war das ehemalige Zisterzienserstift Schauplatz des MUSIKFORUMS, eines damals berühmten Festivals für Neue Musik, bei dem Gulda, Schiff und viele andere auftraten. Als NEUES MUSIKFORUM wiederbelebt, will sich die Veranstaltung ab 1987 für alle Formen Neuer Musik öffnen, Werkstätten für junge Musiker und Konzerte, z.B. Jazzkonzerte im Arkadenhof anbieten.
P: M(j,n)

SLOVENSKA PROSVETNA ZVEZA/
SLOWENISCHER KULTURVERBAND
Tarviserstr. 16
9020 Klagenfurt
Tel. 0463/ 51 43 00 - 20

Dr. Janko Malle

Der Verband wurde 1908 gegründet und erhielt 1933 seinen heutigen Namen. Derzeit setzt er sich aus 32 lokalen Vereinen und mehreren Gesangs- und Laientheatergruppen zusammen. Die wichtigsten Aufgaben sind: Pflege, Erhaltung und Entwicklung der eigenständigen slowenischen Kultur, Hilfe bei der Realisierung der zugesicherten nationalen Rechte. Zusätzlich zu diversen Serviceleistungen sollen jene Bedürfnisse unter der slowenischen Minderheit gefördert werden, die den Menschen befähigen, seine Lage zu erkennen und - wenn nötig - zu verändern. Neben der Unterstützung von Chören, Ensembles, Theatergruppen etc. werden gemeinsam mit dem -> CHRISTLICHEN KULTURVERBAND die jährlichen KÄRNTNER KULTURTAGE organisiert, darüberhinaus Dichterlesungen, Schriftstellertagungen der Minderheit, Seminare, Filmabende.
P: T,M,L,K,A,F

KIRCHBACHER DORFTAGE
Hannes Berger
Gemeinde Kirchbach
9632 Kirchbach 105
Tel. 04284/ 228

Dr. Willi Rainer
Erwachsenenbildungszentrum
9020 Klagenfurt

"Bereits zum 6. Mal finden heuer in Kirchbach vom 1. - 13. September 1987 die Kirchbacher Dorftage statt. Diese haben sich in den vergangenen Jahren zum kulturellen Großereignis im Gailtal entwickelt. Waren es am Anfang noch zaghafte Versuche, regionales Kulturgut und heimatliches Brauchtum darzustellen, so ist man seit zwei Jahren bereits darüber hinausgegangen. 1986 nahmen über 160 Interessierte (aus der BRD, Südtirol, Österreich) am Internationalen Dialekt-Treffen teil." (Programm 87) Zum Programm gehören Arbeitstage, Kreativwerkstätten, Vorträge, Seminare, etc.
P: V,W

KULTURFENSTER GREIFENBURG

Sepp Sattlegger
9761 Greifenburg 221
Tel. 04712/ 8131-31

Die Flügel des Kulturfensters sind seit 1984 für allerlei Musikalisches - von Folk über Blues bis zu Jazz - geöffnet; zwischendurch gibt's Kabarett, Theater, Lesungen und und und
P: M(f,b,j),K,T,L

KULTURSIGNALE SPITTAL

Heinrich Kupper
Edlingerstr. 42
9800 Spittal

Ziel dieser Initiative, die seit 1984 besteht, ist die Verbesserung des Angebots auf dem Kleinkunstsektor. Die vergleichsweise gute finanzielle Absicherung durch Subventionsträger und Sponsoren erlaubt eine kontinuierliche Tätigkeit mit dichtem Programm (ca. 70 Veranstaltungen seit der Gründung). Große Anziehungskraft im Kärntner Raum hat das PORCIA FOLKFESTIVAL, das immer am letzten Wochenende vor Schulschluß stattfindet.
P: M(f,j),K,T Z: KULTURSIGNALE (Pz, 5-6)

MUSIKAGITATION
SEEBODEN - SOMMEREGG

c/o Kurverwaltung Seeboden
9871 Seeboden/Millstätter See
Tel. 04762/ 81 2 10-0

Diese sommerliche Veranstaltungsreihe auf der Burg Sommeregg, die 1987 zum vierten Mal stattfand, vermittelt in lockerer Atmosphäre Musik aus verschiedenen Epochen. Daneben werden unter dem Titel JUGENDAGITATION junge Künstler präsentiert, die AKTIONELLA bringt Konzerte mit Zwölftonmusik.
P: M(k,j,n)

GRUPPE 508
FILMSTUDIO VILLACH

Dipl. Ing. Peter Resch
Baptist-Türk-Str. 11
9500 Villach
Tel. 04242/ 32 3 83

Die GRUPPE 508 vergibt den "Literaturpreis der Stadt Villach"; darüberhinaus organisiert sie zweimal pro Woche in Zusammenarbeit mit dem Villacher Stadtkinocenter, das den Raum zur Verfügung stellt, "alternative" Filmvorführungen.
P: F,L

SPECTRUM

SPECTRUM
Internationale Theaterwoche
c/o Villacher Kartenbüro
Freihausgasse 3
9500 Villach
Tel. 04242/ 27 3 41

Dr. Alfred Meschnigg
9201 Krumpendorf

Seit 1973 waren an die 200 Ensembles und Solo-Künstler aus dem In- und Ausland Gast dieser Internationalen Theaterwoche. Als Ergänzung zum bestehenden Theaterangebot in Kärnten wird versucht, ein Programm zu gestalten, das Strömungen und Schwerpunkte der Gegenwartskunst aufzeigt. Findet alle 2 Jahre statt.
P: T

K & K EXPERIMENTALSTUDIO

Gunda König & Dieter Kaufmann
E.-Schwartz-Weg 4
9560 Feldkirchen
Tel. 04276/ 2603

Ein Musiktheater-Ensemble, das Neue Musik (Elektroakustische Musik, Grafische Musik, Musikalische Hörspiele ...) in Theater- und Media-Mischformen mit Hilfe der technischen Möglichkeiten unserer Zeit zur Aufführung bringt. Seit seiner Gründung 1975 Aufführungen in fast allen europäischen Ländern und in Amerika, Auftritte bei renommierten Festivals ebenso wie Animationsarbeit. Die Produktionen (nach Kompositionen von Liberda, Schwertsik, von Einem, Kaufmann u.a.) entstehen größtenteils als team-work-in-progress und verändern im Laufe der Aufführungen noch häufig ihre Form.
P: M(n),M Z: KLATSCH - K&K Blattl (Pz, 4)

OFFENE GRUPPE KULTUR

Gunda König - Kaufmann
E.-Schwartz-Weg 4
9560 Feldkirchen
Tel. 04276/ 2603

Die 1979 gebildete OFFENE GRUPPE KULTUR organisiert unterschiedlichste Kulturveranstaltungen und setzt sich auch mit aktuellen Themen von lokaler wie auch überregionaler Bedeutung auseinander. Während in den alljährlichen GALERIEFESTWOCHEN Malerei, Graphik und Skulpturen renommierter Künstler präsentiert werden, bleibt die im Foyer der Musikschule eingerichtete MUSIKSCHULGALERIE im lokalen Rahmen. "Unser Interesse gilt der heimischen Bevölkerung,

unser Ziel ist, einen Beitrag zu leisten zu Toleranz und Aufgeschlossenheit und somit zur Humanisierung der Gesellschaft."
P: L,K,T,M,A

KULTURKREIS VÖLKERMARKT
Postfach 76
9100 Völkermarkt

Dr. Peter Ring
Tel. 04232/ 2916

Besteht seit 1978, und organisiert etwa 4 Veranstaltungen monatlich, die durch Mitgliedsbeiträge, Eintrittsgelder und durch Unterstützung der Gemeinde finanziert werden.
P: M,L,F,D

KULTURINITIATIVE BLEIBURG

Arthur Ottowitz
Schloßgasse 7
9150 Bleiburg
Tel. 04235/ 2084

Gegründet 1983 von jungen musikbegeisterten Bleiburgern. Bisher etwa 50 Veranstaltungen aller Art mit Hauptschwerpunkt Jazz (z.B. Carla Bley, Don Cherry, Egberto Gismonti, Albert Mangelsdorff u.a.). Höhepunkt ist das alljährlich im Juli stattfindende MUSIKFEST BLEIBURG. "Da Bleiburg sich im zweisprachigen Gebiet Südkärntens befindet, ist es für einen Kulturverein unmöglich, sich der daraus resultierenden Problematik nicht zu stellen. So versucht die KIB, ein Bindeglied zwischen den beiden Volksgruppen zu sein, um zu besserem Zusammenleben und gegenseitigem Verständnis beizutragen."
P: M(j,k,f,p),K,A,L,F

MUSIKSZENE WOLFSBERG

Diethard Theuermann
Reding 90
9400 Wolfsberg
Tel. 04352/ 30 7 22 oder 2381-56

MUSIKSZENE WOLFSBERG ist zum einen ein Zusammenschluß von Musikern, der andere Veranstalter unterstützt und so die Möglichkeiten der Präsentation für lokale Gruppen verbessert, zum anderen veranstaltet die MUSIKSZENE selbst jährlich etwa 10 Konzerte, und arbeitet darüberhinaus mit der örtlichen Sparkasse zusammen, die auch Großveranstaltungen durchführt.
P: M(j,p,b)

WOLFSBERGER LITERATURSTAMMTISCH

Jörg Stefflitsch
Gries 121
9400 Wolfsberg

Gegründet 1986 mit dem Ziel, Literatur als eine von vielen Kommunikationsformen zu sehen und die Mundart bzw. das ländliche Kulturgut zu erhalten. Neben internen monatlichen Treffen werden Lesungen bei Vernissagen und in Schulen organisiert, seit 1987 Literaturwochen.
P: L Z: IMPULSE (Lz, 6)

JUGENDZENTREN

JUGENDFORUM MOZARTHOF
St.Veiter Str.
9020 Klagenfurt
Tel. 0463/ 537-499

Jugendzentrum der Stadt Klagenfurt; vor allem im Winter Konzerte und Filmvorführungen.
P: M,F

Jugendheim SIEBENHÜGEL
Siebenhügelstr. 64
9020 Klagenfurt
Tel. 0463/ 22 6 18

Jugendzentrum der Pfarre St. Josef mit Foto- und Folkgruppe, fallweise Konzerte und Theateraufführungen.
P: M,T

kath. stud. Jugend
JUGEND KSJ ZENTRUM
Benediktinerplatz 10

KSJ-SCHÜLERZENTRUM
Benediktinerplatz 10
9020 Klagenfurt
Tel. 04222/ 51 18 07

Manfred Siebenhofer

Offenes Jugendzentrum der Katholischen Schülerjugend, geöffnet Mo-Fr 15 - 21h mit zahlreichen zentrumsinternen Veranstaltungen (Diskussionen, Workshops, Gruppenarbeit, Filmvorführungen etc.) um Umwelt-, gesellschaftspolitische und religiöse Themen. Jeweils im Mai "Tage der Jungen Klagenfurter Kultur" mit Schülerveranstaltungen.
P: F,W

ZEITSCHRIFTEN

CELOVSKI ZVON
Hermagoras/ Mohorjeva
Viktringer Ring 26
9020 Klagenfurt
Tel. 0463/ 56 5 15

Die christlich orientierte slowenische Kulturzeitschrift CELOVSKI ZVON ("Klagenfurter Glocke") - hrsg. beim ältesten Kärntner Verlag "Hermagoras" (gegründet 1851) - besteht seit 1983 und soll alle Slowenen in Kärnten, der Republik Slowenien, der Provinz Friaul und in aller Welt ansprechen. Der Herausgeber, Dr. Vospernik, ist Direktor am Bundesgymnasium für Slowenen in Klagenfurt.

MLADJE

Jani Oswald (Hrg.)
Pouthong. 18
1150 Wien

MLADJE ist eine überparteiliche slowenische Zeitschrift für Literatur, gesellschaftliche Fragen und Kunst. Im literarischen Teil der Zeitschrift kommen vor allem slowenische Autoren aus Kärnten zu Wort. Darüber hinaus Kontakt mit anderen österreichischen Autoren und solchen aus der Republik Slowenien.

KLADIVO
Benediktinerplatz 5/1
9020 Klagenfurt/Celovec

Slowenisch-deutsche Monatszeitschrift, gegründet 1970, vor allem mit politischen und kulturellen Beiträgen im Hinblick auf die Zweisprachigkeit und die besondere Geschichte Kärntens.

SISYPHUS - Verein für
Kulturarbeit

Mag. Karin Zedlacher
Tarviserstr. 106
9020 Klagenfurt
Tel. 0463/ 26 14 39

Die Österreichische Literaturillustrierte SISYPHUS erscheint viermal jährlich. Ab Herbst 1987 soll es einen SISYPHUS-Autorenverlag geben, an dessen Organisation, Finanzierung und Programm zur Zeit gearbeitet wird.

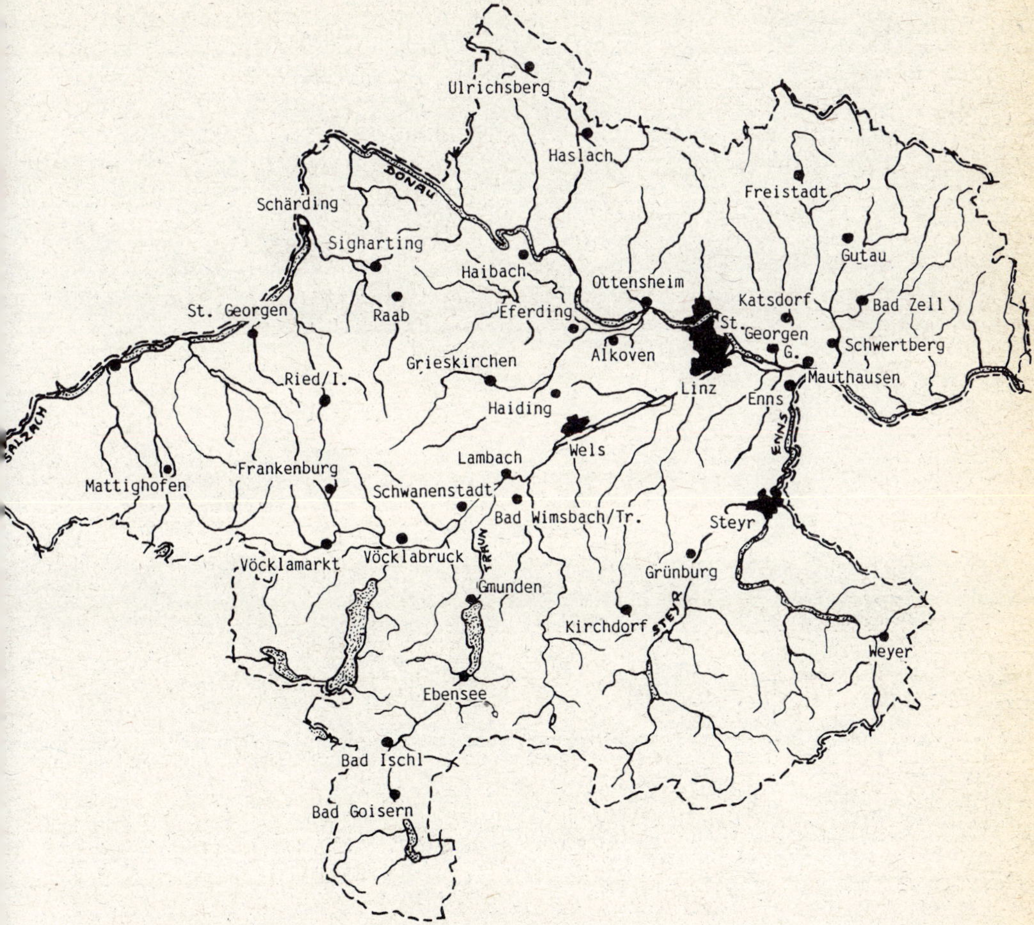

OBERÖSTERREICH

KUPF (KULTURPLATTFORM)

Franz Prieler
Willing 17
4671 Neukirchen
Tel. 07245/ 7218

In Oberösterreich gibt es einen für Österreich in diesem Ausmaß noch einmaligen Zusammenschluß von Kulturinitiativen - die KUPF (KULTURPLATTFORM). Sie wurde 1983 auf Betreiben von Kurt Nöhmayer und Franz Prieler gegründet und umfaßt bereits mehr als 30 Mitgliedsvereine. Ziele des Zusammenschlusses sind vor allem verstärkter Informationsaustausch und gemeinsames Auftreten gegenüber öffentlichen Stellen, um eine finanzielle Besserstellung zu erreichen. Die KUPF erhält mittlerweile beträchtliche Mittel vom Land Oberösterreich, die unter den Mitgliedern aufgeteilt werden. Obmann ist derzeit Franz Prieler (-> O_2).

KULTURSTÄTTEN

ALTE WELT
Hauptplatz 4
4020 Linz
Tel. 0732/ 27 00 53

Die ALTE WELT, im Zentrum von Linz gelegen, ist eines der wenigen Lokale der Landeshauptstadt, das neben dem Beislbetrieb auch regelmäßig an den Wochenenden für Live-Musik sorgt.
P: M(j,p)

FRAUENZENTRUM
Hauptplatz 15
4020 Linz
Tel. 0732/ 27 87 404

"Seit Beginn der 70er Jahre gibt es in Linz eine autonome Frauenbewegung, die nach schwierigen Wanderjahren nun ein Zentrum am Hauptplatz gefunden hat. Unsere einschneidenste Aktivität war sicherlich (zusammen mit anderen Linzer Feministinnen) die Besetzung eines leerstehenden Studentenheimes im November 1980. Da unser Verein das geforderte Haus nicht bekam, erklärten wir kurzerhand unser Lokal zum LINZER AUTONOMEN FRAUENZENTRUM. Das Frauencafe ist Mo von 18 - 22h geöffnet. Mo, Di, Mi, Do kostenlose Rechtsauskunft, ebenso Beratung für vergewaltigte und mißhandelte Frauen."
P: D,F

LINZER KELLERTHEATER
Hauptplatz 21
4020 Linz
Tel. 0732/ 42 5 43

Walter Fröller
Hanuschstr. 86
4020 Linz
Tel. 0732/ 47 1 80

Während der Saison finden Theatervorstellungen im Kellerlokal auf dem Linzer Hauptplatz statt, im Sommer im Hof des Linzer Landhauses. In letzter Zeit nur geringe Aktivität.
P: T

POSTHOF
Zeitkultur am Hafen

POSTHOF - Zeitkultur am Hafen
Posthofstr. 43
4020 Linz
Tel. 0732/ 27 05 48

Werner Ponesch/ Christian Strasser

"Die POSTHOF-Kulturarbeit basiert auf 5 Grundpfeilern:
1) Förderung der Linzer Kulturszene und Entwicklung eines lokalen kulturellen Selbstwertgefühls (Linz-Kultur);
2) Erschließung von in Linz bisher vernachlässigten Kulturbereichen;
3) Linz an internationale Trends und Entwicklungen anzunabeln;
4) Der POSTHOF soll aktivierend und innovierend wirken;
5) Soziale Preisgestaltung, obwohl auf Wirtschaftlichkeit geachtet wird."

P: M(p,f,j),K,T,Ta,P,W, Festivals
Z: MODERNE POST

STADTWERKSTATT
Urfahrer Friedhofstr. 6
4020 Linz
Tel. 0732/ 23 18 003

Markus Binder/Thomas Lehner

Die STADTWERKSTATT wurde 1979 von Studenten der Linzer Kunsthochschule als Stadtteilprojekt gegründet, 1980 erfolgte die Übersiedlung in die Friedhofstraße 6. Seither adaptiert man das Haus als Veranstaltungslokal mit Ateliers und Wohnungen und kämpft gleichzeitig gegen den geplanten Abbruch und um eine adäquate Finanzierung der geleisteten Arbeit. Geplant als Modellprojekt, das Arbeit, Leben, Wohnen und Kultur vereinen will, steht immer noch die Überlebensfrage im Vordergrund. Trotz alledem gibt es viele Veranstaltungen und Aktionen.
P: M,T,D

SPIELSTATT JUNGE BÜHNE
Hart 246
4060 Leonding
Tel. 0732/ 56 2 17

Stefan Kurowski
Heysestr. 4
4020 Linz
Tel. 0732/ 66 26 41

Vor acht Jahren aus einer Amateurtheatergruppe entstanden, arbeitet die Gruppe seit vier Jahren in einem eigenen kleinen Theater am Linzer Stadtrand. Pro Saison werden 3 - 4 Stücke erarbeitet und 2 - 3 Gastspielblöcke veranstaltet. "Wir wollen 'anderes Theater' machen und zeigen, Kreativität, Spontaneität, Kritikfähigkeit etc. fördern. Ja, und dann wollen wir die Kulturpolitik ändern!"
P: T,K Z: THEATERBRIEF (Pz)

LOCAL-BÜHNE FREISTADT
Salzgasse 25
4240 Freistadt
Tel. 07942/ 2061

Wolfgang Steininger
Lindenstr. 5
4240 Freistadt
Tel. 07942/ 33 4 25

Entstanden im September 1984, ist die LOCAL-BÜHNE die einzige Kulturinitiative Österreichs in einer Kleinstadt, die täglich Programm bietet. Neben Veranstaltungen aus fast allen Bereichen finden pro Jahr 10 Filmfestivals und eine Open-Air-Veranstaltung statt. Täglicher Beislbetrieb.
P: F,K,M,A,D

Kulturverein KANAL
Josefstal 21
4311 Schwertberg

Nach der Auflösung der Initiative STASCHLOAG hat sich aus deren Umfeld der nunmehrige Kulturverein KANAL gebildet, unter dessen Mitgliedern Arbeiter wie auch Intellektuelle zu finden sind und der ein ehemaliges Fabriksgelände bei Schwertberg für seine Zwecke adaptiert hat (Saal für etwa 400 Personen, Klubraum, Seminarraum; geplant sind eine Werkstatt und ein Theatersaal). Am Wochenende regelmäßiger Klubbetrieb; das Kulturprogramm umfaßt vorwiegend Kon-

zerte, weiters gab es bereits Tanzworkshops, Videovorführungen usw.
P: M(j,p,k),F,Ta

Roßmarkt

ROSSMARKT
Haus für Kultur und Kommunikation
Roßmarkt 1
4710 Grieskirchen
Tel. 07248/ 4097

Günther Stockinger
Stifterstr. 34
4710 Grieskrichen
Tel. 07248/ 3005

Ehemaliges Wirtshaus mit Gastgarten im Zentrum Grießkirchens. 1980 Gründung des Vereins "Roßmarkt 1" mit zahlreichen kulturellen Aktivitäten in allen Sparten und 40 - 60 Veranstaltungen/Jahr in den kleinen, feinen Räumen; seit 1986 neue Organisationsstruktur mit neuen Leuten und Ideen, Erweiterung des Programms außer Haus.
P: M(j),K,A,T,L,D,W,Feste Z: Wandzeitung des Vereins (12)

ALTER SCHLACHTHOF
Dragonerstr. 22
4600 Wels
Tel. 07242/ 87 2 84

Der ehemalige Schlachthof, der vor drei Jahren vom Magistrat der Stadt Wels aufgekauft und als Veranstaltungszentrum adaptiert wurde, wird als Betriebsverein geführt und steht allen Gruppen von Wels und Umgebung für Veranstaltungen zur Verfügung. In der großen Haupthalle (50x20x5m) finden vor allem Konzerte statt.

Mandela
VEGETAR. VOLLWERTKÜCHE

MANDELA Schloßtaverne
Walchen 3
4870 Vöcklamarkt
Tel. 07682/ 6505

Marianne Imanirad
Silvia Weinberger

Ein vegetarisches Restaurant, das neben Vollwertkost auch ein reichhaltiges Veranstaltungsmenü anbietet: Konzerte am Wochenende (Jazz, Rock, Folk, Liedermacher), zwischendurch Ausstellungen, Lesungen, Filme, Vorträge, Workshops im Schloßpavillon.
P: M(j,p,f),A,L,F,V,W

DER KELLER

Hannes Heide
A.-Hofer-Str. 1
4820 Bad Ischl

Der Bad Ischler "Verein für Jugend, Kultur und Kommunikation" verfügte bis Ende vorigen Jahres über eigene Räumlichkeiten, in denen auch Platz für Kleinkunst war (vor allem Kabarett, Musik von Rock bis Klassik). Nun hat jedoch der Vermieter den Pachtvertrag nicht verlängert, ein anderer Unterschlupf für ein selbstverwaltetes Jugend- und Kulturzentrum ist bisher nicht gefunden worden. Der Kulturbetrieb läuft daher momentan eher extensiv.

KINO-KULTURVEREIN
Schulgasse 6
4802 Ebensee
Tel. 06133/ 81 3 72

Konrad Wallinger
Tel. 06133/ 7557 od. 7508

Enstanden 1985 aus 2 Kulturinitiativen, um zeitgenössische Kultur jeder Art im regionalen Bereich zu beleben. Nach Übernahme des örtlichen Kinos, das als Kommunikationszentrum genutzt wird, bemüht man sich um ein Programm für jeden Geschmack.
P: jede Form zeitgenössischer Kultur

Kulturgasthof KNAPP AM ECK
Wehrgrabengasse 11
4400 Steyr
Tel. 07252/ 66 2 69

Otto Klement

Gasthaus, geöffnet von 11 - 14h und von 17 - 24h, (gleich neben dem "Museum der Arbeitswelt"), das seit September 1985 etwa zweimal im Monat Kleinkunstveranstaltungen durchführt.
P: T,K

VERANSTALTER

JAZZCLUB LINZ

Robert Urmann
Wankmüllerstr. 74
4020 Linz
Tel. 0732/ 42 85 53

Der 1957 von Prof. Schollum gegründete JAZZCLUB hat von Beginn an in Zusammenarbeit mit der Volkshochschule Vorträge über Jazz angeboten und Jazzkonzerte in verschiedenen Linzer Lokalen organisiert. Unter Robert Urmann wird diese Tradition seit vielen Jahren fortgesetzt. Urmann organisiert für das Jugendreferat im Kulturamt, für den -> POSTHOF und für die "Aktion Stadtteilbelebung" bis zu 12 Konzerte pro Monat und arbeitet mitunter mit der Hochschülerschaft zusammen.
P: M(j) Z: PERSPEKTIVEN IM JAZZ (12)

LINZER FRÜHLING
Dornacherstr. 15/606
4040 Linz
Tel. 0732/ 24 71 10

Kurt Mittendorfer
Linke Brückenstr. 35
4040 Linz

1985 aus dem Bedürfnis schreibender Menschen heraus gegründet, auch für andere Schreibende Möglichkeiten zu bieten, ihre "Produkte" vorzustellen. Die Initiativgruppe besteht aus wenigen Mitgliedern, die teils getrennt, teils gemeinsam Projekte verwirklichen und vor allem der "Literatur einen Platz erkämpfen" möchten. Die eigene Tätigkeit (Literatur, aber auch Musik, darstellende und bildende Kunst) wird ergänzt durch Veranstaltungen für "ähnlich denkende" Kulturaktivisten: Lesungen einmal im Monat, im September das SPÄTSOMMERFEST.
P: L

JAZZATELIER ULRICHSBERG

Alois Fischer Jun.
4161 Ulrichsberg
Tel. 07288/ 22 1 90 od. 6163

Existiert seit 1974 als selbstverwalteter Club mit bisher ca. 250 Gastveranstaltungen, aber auch Eigenproduktionen. Seit 1986 wird das Musikfestival ULRICHSBERGER KALEIDOPHON organisiert, das in Jahresintervallen stattfinden soll. Allerdings läßt die Marktgemeinde Ulrichsberg derzeit das Quartier des JAZZATELIERS schleifen und zeigt sich relativ wenig kooperationsbereit, sodaß die Zukunft ungewiß ist.
P: M(j,n),A,F,L Z: JAZZ IN ULRICHSBERG (12)

VEROM - Verein zur eigenständigen
Regionalentwicklung im
Oberen Mühlviertel
Spitalg. 4
4170 Haslach

Brigitte Menne
Ohnerstorf 11
4152 Sarleinsbach
Tel. 07283/ 670

Mitgliedsverein der ÖAR (-> Teil 2), der sich um eine ganzheitliche, eigenständige Entwicklung des Oberen Mühlviertels bemüht. Brigitte Menne leistet im Rahmen eines Pilotprojekts (Kulturelle Regionalberatung -> ARGE REGION KULTUR/Teil 2) die Kulturarbeit für den Regionalverein, dabei entstehen einzelne Projekte meist direkt aus dem Leben der Betroffenen: Diskussionen zu aktuellen Themen, das SAURÜSSELFEST, das Seminar ERDSEGEN (über Agri-Kultur) usw. Der VEROM gibt gemeinsam mit -> FREI die Regionalzeitung -> SAURÜSSEL heraus.
P: D,W   Z: SAURÜSSEL (4)

FILMFORUM HASLACH
Marktplatz 11
4170 Haslach/M.
Tel. 07289/ 71 2 29

Mag. Heinz Hehenberger
Tel. 07289/ 71 0 06

Einmal im Monat werden in Zusammenarbeit mit der Arbeiterkammer und der in Haslach sehr aktiven Volkshochschule Filmvorführungen im Marktkino organisiert - jeweils mittwochs, am spielfreien Tag des im übrigen kommerziell ausgerichteten Kinos.
P: F

GRANIT - Arge Kultur Ottensheim

Christian Thanhäuser
4100 Ottensheim
Tel. 07234/ 2254

GRANIT wurde im Februar 1984 gegründet, ist Mitglied des Oberösterreichischen Volksbildungswerkes und hat die Zielsetzung, kulturelle Veranstaltungen durchzuführen, wobei das Hauptaugenmerk zeitgenössischen Formen der Kultur, vor allem der Literatur gilt. Aber auch Jazzkonzerte, Kabarett u.a. werden von GRANIT organisiert. Die etwa 25 Veranstaltungen pro Jahr finden im Gasthof "Grüner Baum" statt.
P: M(j),L,A,K,T

MÜHLVIERTLER KÜNSTLERGILDE (MKG)
Landeskulturzentrum Ursulinenhof
Landstr. 31
4020 Linz
Tel. 0732/ 27 47 275

Peter Ratzenböck (Schriftführer)

Die MKG ist eine gemeinnützige Vereinigung von Künstlern und Kunstfreunden und wurde 1955 von einigen Malern in Freistadt gegründet. Heute ist ihr Sitz Linz und zu den Mitgliedern zählen auch Literaten, Musiker und Wissenschaftler. Ziel ist die Förderung der Gegenwartskunst und die Verbesserung des Kunstverständnisses in der Öffentlichkeit. Bisher gab es etwa 150 Ausstellungen im In- und Ausland und 75 Veranstaltungen in Linz und Oberösterreich.

P: A,L,M, Z: MÜHLVIERTLER KULTURZEITSCHRIFT (4)

FREI - Verein zur Förderung
regionaler Eigeninitiativen
im unteren Mühlviertel
Niederlebing 7
4320 Perg
Tel. 07262/ 7460

Veronika Lengauer
Weinberg 7
4292 Kefermarkt
Tel. 07947/ 216

Plattform für Leute und Initiativgruppen, denen die Entwicklung der Region Unteres Mühlviertel in kultureller, sozialer, ökologischer, wirtschaftlicher und politischer Hinsicht ein Bedürfnis ist; Ziel ist die Animation zu gemeinschaftlicher Selbsthilfe, anstatt auf Lösungen von außen zu warten oder zu resignieren, und die Förderung des Erfahrungsaustausches zwischen Projekten und Gruppen. Dazu dienen "Offene Treffen" (Stammtischrunden, Vereinswochenenden) genauso wie Bildungsveranstaltungen zu aktuellen Themen (Tschernobyl, Alternativenergie etc.).

P: V,D,W Z: Mitherausgabe -> SAURÜSSEL.

MÜHLVIERTLER ERFAHRUNGEN
Verein für Radtouristik
Pfarrg. 16
4240 Freistadt
Tel. 07942/ 4295

Fritz Fellner

Ziel ist das Bekanntmachen des Mühlviertels und die Förderung des Radfahrens: Neben der kulturellen, historischen, sozialen und naturkundlichen Vereinsarbeit soll vor allem diese "sanfte", umweltverträgliche und gesundheitsfördernde Art des Reisens propagiert werden. Zum Programm gehören geführte Touren durch das Mühlviertel, Exkursionsfahrten mit Fachleuten, Diavorträge, Kurse, die Einrichtung einer Spezialbibliothek und eines Archivs zum Thema "Radfahren und Mühlviertel" etc.
P: W,D,V

TRIBÜNE ST. GEORGEN/GUSEN

Erich Wahl
Lungitzerstr. 265
4222 St. Georgen/Gusen
Tel. 07237/ 3016

Dieser Kulturverein (mit 160 Mitgliedern und 25 aktiven Organisatoren) besteht seit April 1986 mit dem Ziel, ein fortschrittliches Kulturangebot in St.Georgen und Gusen zu schaffen. Neben 10 - 12 Veranstaltungen pro Jahr gibt es einen Filmclub, Seminare und Kurse (über Töpferei und Malen, über Literatur und Musik) und eine Großveranstaltung. In nächster Zukunft soll ein eigenes Gebäude angemietet werden; ab 1988 ist die Herausgabe einer Zeitschrift geplant.
P: K,T,L,M(j,f,p,k),V,W

FILMKLUB KATSDORF

Dr. Norbert Dattinger
4223 Katsdorf 79
Tel. 07235/ 8516

Norbert Dattinger, dessen Vater das Gemeindekino im 500 Einwohner zählenden Katsdorf führt, betreibt seit 1985 gemeinsam mit einer kleinen Gruppe von Filmfreunden den FILMKLUB, der jeden ersten Dienstag im Monat das Programm des Kinos gestaltet. Das Kernpublikum von etwa 30 Personen kommt überwiegend aus Katsdorf.
P: F

JAZZCLUB KATSDORF

Franz Prandstätter
Bach 14
4223 Katsdorf
Tel. 07235/ 8044

Das kleine Katsdorf hat nicht nur einen -> FILMKLUB, sondern auch einen JAZZCLUB vorzuweisen, der zwar seit 1985 erst zwei Konzerte und eine Lesung abgehalten hat, zukünftig aber etwa vierteljährlich Programm machen möchte. Veranstaltungsort ist ein Hotel, das den Saal und Zimmer für auswärtige Besucher gratis zur Verfügung stellt.
P: M(j),L,K

KULTURKREIS MAUTHAUSEN

Roswitha Valis
Bernascheksiedlung 24
4310 Mauthausen
Tel. 07238/ 30 3 83

Der KULTURKREIS MAUTHAUSEN will mit seinem breitgestreuten Programm alle Alters- und Berufsschichten ansprechen. Seit 1983 tätig, konstituierte sich die parteiunabhängige Initiative Anfang 1987 als Verein, wodurch einige Politiker unterschiedlicher Couleurs zur Beteiligung angeregt wurden. Veranstaltungsort ist entweder Schloß Pragstein oder ein Restaurant in Mauthausen (das ehemalige Volksheim).
P: M(k,j),K,L,T

KULTURINITIATIVE BAD ZELL

Josef Bauernberger
Eichenweg 8
4283 Bad Zell
Tel. 0732/ 23 96 17

Jugendliche aus Bad Zell haben vor etwa 6 Jahren damit begonnen, ein für sie interessantes Kulturangebot im Ort zu organisieren. Heute hat der Verein etwa 30 Mitglieder und führt etwa 6 - 10 Veranstaltungen jährlich durch.
P: M(j,b,p),K,L

CULTURCAFE BRAUNAU

Hans-Peter Diebus
Lerchenfeldstr. 45
5280 Braunau
Tel. 07722/ 5307

Das CULTURCAFE BRAUNAU agiert als Personenkomitee und veranstaltet in Zusammenarbeit mit dem Kulturreferat monatlich Veranstaltungen im Foyer des Stadttheaters. Der Veranstaltungsort gab der Aktion auch den Namen: Ursprünglich war auch die Einrichtung eines Cafes im Theaterfoyer geplant.
P: M,T,K,L

HEUSCHRECK

Peter Gandler
Teichstatt 10
5211 Friedburg
Tel. 06218/ 2573

HEUSCHRECK besteht bereits seit Beginn der Achtzigerjahre und wurde gegründet, um dem traditionellen Kulturangebot in Mattighofen Alternativen entgegenzusetzen. Mittlerweile sind 14 Personen aktiv mit dem Verein beschäftigt; die Veranstaltungen (8 - 10) finden vor allem im Frühjahr und Herbst statt. Je nach Bedarf stehen im Ort drei verschiedene Räume zur Verfügung, ein großer Saal, der bis zu 400 Personen faßt, die Schulaula und ein kleines Gasthaus.
P: T,M,L,K

TREFFPUNKT GEORGIA

Johann Oblinger
4982 St. Georgen 10

"Irgendwann im Jahre 1980 hatten wir, ca. 25 Jugendliche aus dem 600 Einwohner zählenden St.Georgen bei Obernberg, das Bedürfnis, in die kulturellen Aktivitäten im Dorf einzugreifen. Neben Veranstaltungen, die wir als Alternative zum bestehenden Kulturangebot bieten, sehen wir unsere Aufgabe auch in politischer Informations- und Aufklärungsarbeit. Allzuoft sind wir dabei konfrontiert mit einer Mauer des Unverständnisses und der Ablehnung durch die Dorfbevölkerung."
P: M,F,K,V,Feste,Flohmärkte Z: "TROTZ ALLEDEM" (8)

kulimu
frankenburger
kulturinitiative

KULIMU

Michael Neudorfer
Friedhofweg 9
4873 Frankenburg a.H.
Tel. 07683/ 8532

Im Sommer 1986 fanden sich einige Unzufriedene zusammen, denen das kulturelle Angebot in Frankenburg und Umgebung zu dürftig und zu einseitig konservativ war. Im Oktober darauf wurde KULIMU (KUnst, LIteratur, MUsik) mit dem Ziel gegründet, die individuelle Auseinandersetzung mit möglichst vielen Bereichen der Gegenwartskultur zu fördern. Dazu sollen Veranstaltungen aller Art, aber auch eigenständige Aktivitäten dienen. Diese Bestrebungen tragen schon erste Früchte: eine eigene Kabarettgruppe, Autoren und bildende Künstler, die sich langsam an die Öffentlichkeit wagen. Zudem zählte der Verein nach acht Monaten seines Bestehens schon 100 Mitglieder. Gute Erfahrungen hat man mit Schwerpunktsetzungen gemacht ("Literarischer Frühling", "Jazzherbst" etc.).
P: L,T,M(j/k),K,A,W,D,V,F Z: KULINEWS (2)

KULTUR- UND JUGENDZENTRUMSVEREIN RIED

Hermann Wimmer
Ponneredt 35
4910 Neuhofen
Tel. 07752/ 6614

1981 entstand die Idee, das Wildfellnerhaus in Ried als Jugendzentrum zu adaptieren. Um in den Verhandlungen geschlossener auftreten zu können, wurden 1983 zwei Initiativen zum JUGENDZENTRUMS- UND KULTURVEREIN RIED verbunden. Für die Renovierung des Hauses wären rund 1,4 Mio S notwendig gewesen; das Land OÖ stellte zwar 750.000 S zur Verfügung, die Stadt Ried ergänzte diese Summe jedoch nicht, sodaß das Projekt scheiterte. Daher gibt es auch keinen kontinuierlichen Kulturbetrieb; immerhin kommt aber doch etwa alle 2 Monate eine Veranstaltung zustande.
P: M,T

KULTURPROJEKT SAUWALD

Thomas Munninger
4092 Esternberg 40
Tel. 07714/ 6030

Gegründet 1985. "Wir wenden uns in erster Linie an junge Leute und diejenigen, die sich so fühlen. Unsere Absicht ist die Anregung der individuellen Kreativität und die Schaffung von Gelegenheiten, sich zu treffen. Wir bekennen uns zu Kunst und Kultur, die den Menschen Mut machen sollen. Wir bieten auch jungen Kunstschaffenden ein Podium und bemühen uns in unserem Kulturangebot um Vielfalt."
P: M(j,f,b),K,L,A,V,T

SIGHARTINGER KULTURSCHLÖSSL

Christine Feichtner
Laufenbach 12
4775 Taufkirchen
Tel. 07766/ 8391

Ein renoviertes, ungenütztes Schloß + einige Leute, die Kulturveranstaltungen organisieren wollen, ergeben in Summe das SIEGHARTINGER KULTURSCHLÖSSL: Seit 1984 organisiert diese Initiative in der wärmeren Jahreszeit (März bis November) vor allem Konzerte (Klassik, Folk, Jazz), vereinzelt auch Ausstellungen, Kabarett und Theater. Das KULTURSCHLÖSSL will sowohl unbekannte, ortsansässige Gruppen und Künstler als auch schon arrivierte präsentieren.
P: M(j,f,k),A,K,T

FILMCLUB RAAB

FILM-KULTURCLUB RAAB

Rudolf Wötzlmayr
Großprambach 6
4760 Raab
Tel. 07762/ 2843

Besteht seit 1978: "Die Idee zum FILM-KULTURCLUB entstand ursprünglich daraus, eine Alternative zum herkömmlichen Kinoeintopf herzustellen, was uns inzwischen auch recht gut gelungen ist." Seit 3 Jahren finden auch andere Veranstaltungen (Jazzkonzerte, Kabarett) statt. Die Zusammenarbeit mit der Gemeinde läßt zu wünschen übrig: Die Förderung ist gleich "nulllll". Nach 6 INNVIERTLER OPEN AIR Festivals folgte 1987 erstmals ein internationales JAZZFESTIVAL.
P:F,M(j,p),K

VEREIN FÜR JUGENDKULTUR

Ernst Weber
4760 Raab 51
Tel. 07766/ 2857

Neben dem -> FILM-KULTURCLUB ist in Raab auch noch Platz für den VEREIN FÜR JUGENDKULTUR, der sogar über ein eigenes Vereinslokal verfügt: In "Reinis Cafe" finden regelmäßig kleine Konzerte und Kabarettabende statt. Der VEREIN FÜR JUGENDKULTUR war auch Mitorganisator des diesjährigen INNVIERTLER JAZZFESTIVALS (-> FILM-KULTURCLUB RAAB).
P: M,K

KULTURVEREIN HAIBACH
GEGENLICHT

Kulturverein Haibach - GEGENLICHT

Josef Ecker
4083 Haibach 90 od.
Altenbergerstr. 35/28
4040 Linz
Tel. 0732/ 23 01 404

Einige Aktivisten dieses Kulturvereins trachten seit nunmehr 5 Jahren, mit der Abwicklung eines abwechslungsreichen Veranstaltungsprogrammes in ihrem kleinen Ort (1.200 Einwohner) das in der Region herrschende kulturelle Vakuum zu füllen, nach dem Motto: "Kultur sollte kein Privileg der Stadtbevölkerung sein!"
P: K,M(j,f,p),A

KIV - KULTURINITIATIVE EFERDING

Heinz Grandl
Schlosserg. 7
4070 Eferding
Tel. 07272/ 75 7 63

Die KIV besteht seit Dezember 1982 als Plattform für alternative Kunstdarbietungen, Diskussionen, Aktionen und dient auch der Förderung von in der Region ansässigen Kunstschaffenden. Ungefähr in Monatsabständen werden Veranstaltungen organisiert, im Sommer ein großes Open-Air-Festival.
P: M,D,V,T,K,A

Kulturinitiative ATELIERBÜHNE

Gabriele Stelzhammer
Hartheim 24
4072 Alkoven
Tel. 07274/ 373

Vor zwei Jahren bildete sich in Alkoven eine Theatergruppe, die kritische zeitbezogene Stücke erarbeitet und diese im nahegelegenen Schloß Hartheim zur Aufführung bringt. Mit dem öffentlichen Auftreten sind viele neue Kontakte entstanden, die die Gruppe insofern nützt, als sie nun zuweilen auch andere Veranstaltungen durchführt.
P: K,P,V

AKTION HAIDING
Schloß
4631 Haiding
Tel. 07249/ 6418

Friedrich Achleitner

Seit 18 Jahren werden in Privatinitiative auf dem revitalisierten alten Schloß Kulturveranstaltungen organisiert, die bewußt gegen jede Form "blasierter" Hochkultur gerichtet sind. Die Schaffung einer persönlichen Atmosphäre, in der Kontakte zwischen Künstlern und Publikum ermöglicht werden, sind ein Hauptanliegen der Veranstalter.
P: A,T,L,M,D

WELSER KULTURINITIATIVE
Dragonerstr. 22
4600 Wels
Tel. 07242/ 87 2 84

Wolfgang Wasserbauer
Eferdingerstr. 40
4600 Wels
Tel. 07242/ 87 0 20

Entstanden aus der Unzufriedenheit mit dem "städtischen" Kulturangebot, bringt die WELSER KULTURINITIATIVE vielfältige Veranstaltungen mit einer starken Hinwendung zum Bereich "Neue Musik" im Spannungsfeld zwischen Komposition und Improvisation. Ziel ist, diese Strömungen einem breiteren Publikumskreis zugänglich zu machen. Vereinzelt finden auch Großveranstaltungen statt (im November 1986 etwa ein Abend mit 7 Musikgruppen rund um das "Vienna Art Orchestra"), für Dezember 1987 ist ein Festival mit Jazz und Neuer Musik geplant.
P: M(j),A,L,T Z: VORSICHT KULTUR (Pz)

IMPULSE WELS
Dragonerstr. 22
4600 Wels

Michael Vöger
Eferdingerstr. 14
4600 Wels

Die IMPULSE bestehen seit rund 4 Jahren und wurden von jungen Welsern gegründet. Im -> ALTEN SCHLACHTHOF und in anderen Veranstaltungsorten in Wels (z.B.in der Stadthalle) werden seitdem etwa 15 Veranstaltungen im Jahr organisiert. Der Verein bringt vorwiegend bekanntere Musik- und Kabarettgruppen.
P: M(p,j),K

1-TOPF
Dragonerstr. 22
4600 Wels

Christian Pucher
Saag 6
4650 Edt bei Lambach
Tel. 07245/ 8483

Der 1-TOPF, gegründet 1979, organisiert für junge Leute in Wels rund 30 Veranstaltungen pro Jahr, überwiegend Theatervorstellungen, die zumeist im -> ALTEN SCHLACHTHOF stattfinden.
P: T,K

ARG-LIST

Wolfgang Lanzinger
Herleinstr. 27
4600 Wels
Tel. 07242/ 88 1 61

ARG-LIST, aus einem Sonderprogramm der Diskussionsrunde "Welser Literaturstammtisch" hervorgegangen, ist derzeit in Umstrukturierung begriffen: Gemeinsam mit der "Gruppe 84", einem Kreis junger Autoren, die eine Literaturzeitung herausgegeben haben, soll ein neues Projekt mit den Schwerpunkten "Förderung junger, unbekannter Autoren" und "literarische Avantgarde" erarbeitet werden. Umfang und Form des Projekts sind vorerst noch unbekannt.
P: L

ÖSTERREICHISCHE FILMTAGE WELS

Österreichisches Film Büro
Columbusgasse 2
1100 Wien

"Die ÖSTERREICHISCHEN FILMTAGE sind eine umfassende Werkschau zur jährlichen Standortbestimmung des österreichischen Filmschaffens. Eine gleichberechtigte Präsentation der verschiedenen filmischen Ausdrucksformen soll einen möglichst vollständigen Überblick über die Produktion ... geben: Spielfilme, Dokumentarfilme, Avantgarde- und Experimentalfilme, Videoproduktionen und eine Auswahl von Fernseh-Produktionen (sind)... zu sehen." (Programm 1986)
-> ÖSTERREICHISCHES FILMBÜRO (Wien)
P: F

O_2

Franz Prieler
Willing 17
4671 Neukirchen
Tel. 07245/ 7218

Seit 1973 sorgt diese Gruppe für kontinuierliche Frischluftzufuhr im Raum Lambach: einerseits als Kulturveranstalter, dessen Programmgestaltung offen ist für alle Sparten und Formen der Kunst und Kultur, andererseits durch Aktionen, die den Kontakt zwischen Kulturschaffenden und der Bevölkerung intensivieren (z.B. LITERARISCHE LANDPARTIE - eine Wirtshauswanderung mit Lesungen) und schließlich zu eigenen Aktivitäten animieren. Beispiele dafür sind die Kabarettgruppe gleichen Namens und die Soloprogramme von Franz Prieler, der derzeit auch Obmann der -> KUPF ist.
P: L,M,K,T,V,A

ALMEGGER KULTURVEREIN
Schloß Almegg
4654 Bad Wimsbach/Tr.
Tel. 07245/ 4110

Dr. Norbert Baron Handel
Edda Rosska

Der ALMEGGER KULTURVEREIN führt seit 1973 kulturelle Veranstaltungen auf Burg Almegg durch. Die Saison wird jedes Jahr Mitte Mai durch einen Kräuter-, Bio- und Bauernmarkt eröffnet und am Wochenende nach Allerheiligen mit dem "Martinimarkt" abgeschlossen. Der Reinerlös dient der 1972 begonnene Restaurierung der Burganlage und der Finanzierung der Veranstaltungen.
P: M,V,A,W,Feste

NEUER FILMCLUB SCHWANENSTADT
Puchnerstr. 8
4690 Schwanenstadt
Tel. 07673/ 3619

Heinz Müller

Besteht seit 5 Jahren und erfreut sich, besonders seit der Aufstockung auf 8 Filme/Semester eines stark ansteigenden Publikumsinteresses. Der Vorstand (=Programmgremium) besteht aus 5 Personen. Ziel des NEUEN FILMCLUBS ist es, zu zeigen, daß Kino nicht nur "Blut und Unterhosen" bedeutet, durch Filme Meinungsbildung zu provozieren und aktuelle Themen aufzuarbeiten.
P: F

DER BOGEN
Ennsberg 19
4690 Schwanenstadt
Tel. 07674/ 30 5 25

Margit Brecher

Seit circa 10 Jahren wurschtelt DER BOGEN (Namensgeber: der "Bogen Papier") dahin. Er versteht sich als Kontrapunkt zur aufgemascherlten Hochkultur, als Vertreter der Gegenkultur, als Sprungbrett für Neulinge, Plattform für Kommunikation innerhalb der Szene und und und ...
P:M(j),T,K,Feste

CONFRONTATION
Offener Kreis für Kultur
in Vöcklabruck

Eduard C.Heinisch
Prinz Eugen-Str. 4
4840 Vöcklabruck

Der 1973 gegründete Kulturkreis fand mit seinem auf Literatur ausgerichteten Programm in der damals noch bescheidenen Kulturszene der Bezirkshauptstadt rasch regen Zuspruch und erregte alsbald überregionale Aufmerksamkeit. Gleichzeitig inspirierte er aber auch eine umfangreiche Konkurrenz, die die von ihm bezweckte Integration der Generationen und Weltanschauungen nicht mehr als wesentliches Ziel anerkannte. Die Folge war eine Aufsplitterung des Publikums, ein allgemeiner Niveauverlust und vor allem ein "verstaatlichter" bzw. "verstädterter" Kulturbetrieb. Der eigene Erfolg gräbt der CONFRONTATION nunmehr das Wasser ab.
P: L,V

KULTURVEREIN VÖCKLABRUCK

Franz Reiter
Bahnhofstr. 12
4840 Vöcklabruck
Tel. 07672/ 58 2 13

Bereits zum zweiten Mal veranstaltete der KULTURVEREIN VÖCKLABRUCK 1987 die "Austria Jazz Tage", bei denen ausschließlich Jazz aus Österreich geboten wird. Darüber hinaus finden während des Schuljahres in Monatsabständen verschiedene Veranstaltungen statt. Eigene Räume sind nicht vorhanden - eines der größten Probleme des Vereins; zur Zeit wird darüber mit der Gemeinde verhandelt.
P: M(j),T,K,L

Kulturinitiative 08/16

Michael Kienesberger
Krottenseestr. 26
4810 Gmunden
Tel. 07612/ 7810

"Entstanden aus der Peinlichkeit eines chaotischen Altstadtfestes..., verursacht aus der Betroffenheit über die Verhunzung kultureller Werte" versuchte die Kulturinitiative 08/16, kulturelle Akzente in Gmunden zu setzen: durch Filmvorführungen, Jazzkonzerte, Lesungen, Vorträge. Die meisten Aktivitäten sind inzwischen leider erlahmt, ein Teil der Aktivisten hat sich verlaufen; übriggeblieben ist lediglich das Filmangebot.
P: F

JAZZPOINT CHARI
Gasthaus Charivari
Bahnhofstr. 29
4810 Gmunden
Tel. 07612/ 67 5 93

Hannes Strasser

JAZZPOINT CHARI, gegründet im Frühjahr 1987, ist in erster Linie ein Jazzclub, veranstaltet selbst Jazzkonzerte, kleinere im Gasthaussaal, 2 - 3 größere pro Jahr im Stadttheater, organisiert Fahrten zu Jazzfestivals, besorgt Platten. JAZZPOINT CHARI berücksichtigt aber auch andere Formen der Kultur, von Kabarett bis zu Ausstellungen und plant weiters die Herausgabe einer Programmzeitschrift.
P: M(j,p),K,L,A

JAZZ-FREUNDE BAD ISCHL
Postfach 171
4820 Bad Ischl

Josef Kranabitl
Dürrenbachweg 14
4820 Bad Ischl
Tel. 06132/ 77 55

Wurde als Verein vor 8 Jahren mit dem Bestreben gegründet, gute Kultur im Salzkammergut zu machen. Veranstaltungen (Live-Konzerte, Filme zum Thema Jazz, auch Kabarett) sollen auch die Bewohner von Bad Ischl zu eigenständigem Spielen ermutigen. Neben jungen Künstlern aus der Region treten auch international anerkannte Ensembles auf.
P: M(j),F,K

GUK - GOISERN UMWELT & KULTUR

Mag. Robert Schenner
Sophienbrückenstr. 173
4822 Bad Goisern
Tel. 06135/ 8835

GUK ist eine lose Gruppierung, die sich mit örtlichen Umweltproblemen beschäftigt und auch kulturelle Impulse in Form von Kleinveranstaltungen setzt. Die Gemeinde stellte für diesen Zweck ein altes Gasthaus zur Verfügung; der adaptierte Saal faßt etwa 100 Zuschauer und bietet Raum für Lesungen, Ausstellungen, Vorträge, Kabarett und Konzerte - von bodenständiger Volksmusik über Klassik bis zu Jazz.
P: M(f,k,j),K,L,A,V

AKKU
Färberg. 5
4400 Steyr
Tel. 07252/ 22 81 15

Mag. Manfred Derflinger
Blümelhuberstr. 14
4400 Steyr
Tel. 07252/ 62 6 93

AKKU besteht seit März 85. Die Gruppe hat ein eigenes Lokal gemietet (Platz für 100 Zuseher/-hörer) und organisiert dort wöchentlich Veranstaltungen, deren breites Spektrum von Theater und Pantomime bis hin zu Jazzkonzerten reicht. AKKU verfügt auch über eine Amateurtheatergruppe, die jährlich etwa drei Produktionen herausbringt.
P: M(j),K,T,P,F,A

JUNGES STEYR

Mag. Gerhard Klausberger
Stelzhammerstr. 51
4400 Steyr
Tel. 07252/ 24 4 57

Der Verein JUNGES STEYR wurde 1976/77 von Studenten und angehenden Lehrern gegründet und ist vor allem auf literarische Veranstaltungen spezialisiert. Turrini, Zenker, Manfred Maurer, Erick Hackl und viele andere haben bereits in Steyr gelesen. 1980 wurde anläßlich der 1000-Jahr-Feier der Stadt ein Literaturwettbewerb durchgeführt, der seitdem jährlich wiederholt wird. Gemeinsam mit dem -> Kulturgasthof KNAPP AM ECK, dem -> AKKU und dem Jugendreferat der Stadt werden seit 2 Jahren Kabarett-Tage organisiert. Der Verein verfügt über kein eigenes Haus, sondern ist stets auf dem Marsch durch Steyrer Gasthäuser.
P: L,T,K

KULTURINITIATIVE STEYRTAL
Grünburg

Organisierte bisher etwa 4 bis 5 Veranstaltungen jährlich (Konzerte mit lokalen Jazz- und Popgruppen, darunter ein Open-Air-Festival, Ausstellungen). Derzeit keine Aktivitäten.

KULTURINITIATIVE WEYER

Franz Schürkhuber
Anger 46
3335 Weyer

Eine kleine Gruppe von Künstlern, die vor allem in den Bereichen Malerei, Bildhauerei und Literatur tätig sind, hat sich zur KULTURINITIATIVE WEYER zusammengeschlossen, um die Ergebnisse ihrer Arbeit gemeinsam zu präsentieren (meist im Eggerer Schlößl). Das Programm wird abgerundet durch gelegentliche Seminare (z.B. Gestalten & Formen) und andere Aktionen zum Thema Kunst.
P: A,W,L

VEREIN DER MÄRCHENFREUNDE

Helmut Olesko
Sternkräuterhof
4452 Ternberg
Tel. 07256/ 8850

Der Verein wurde Anfang 1986 gegründet um SAGA 87 vorzubereiten, das 1.ÖSTERREICHISCHE MÄRCHENFESTIVAL, das vom 26.Juni bis 5.Juli in der Region Pyhrn-Eisenwurzen stattfand. Ziel und Zweck war, das Erzählen von Märchen wieder populär zu machen. Herzstück der Veranstaltung: Erzählabende mit Märchen aus aller Welt. Drumherum gab es einen mittelalterlichen Markt, ein Ritterlager und ähnliches mehr. An eine Wiederholung ist gedacht, doch müssen zunächst finanzielle und organisatorische Probleme geklärt werden.

JUGENDZENTREN

KULTURZENTRUM HOF
LUDLG. 16
4020 LINZ
TEL.: 27 48 63

JUGEND- & KULTURZENTRUM HOF
Ludlgasse 16
4020 Linz
Tel. 0732/ 27 48 63

1985 wurde nach einer personellen und konzeptionellen Umstrukturierung im früheren JUGENDZENTRUM HOF der Einsatz auf dem kulturellen Sektor wesentlich verstärkt. Von Mai 1985 bis Mai 1987 fanden hier etwa 60 Veranstaltungen statt, ferner stehen Räumlichkeiten für verschiedene Gruppen zur Verfügung (Musikgruppen, Jazztanzgruppe, Fotoklub usw.). Das JUGEND- & KULTURZENTRUM HOF wird vom Jugendzentrum-Förderungsverein (der Jungen ÖVP) betrieben, der derzeit 10 Jugendzentren und -clubs in Oberösterreich betreut.
P: M(b,j,f,k),K,A,D,T

KAPU
Kapuzinerstr. 36
4020 Linz
Tel. 0732/ 27 96 60

Jugendzentrum der Jungen Generation der SPÖ Linz, das immer wieder Veranstaltungen durchführt, vor allem Konzerte mit "Underground"-

Musik und Filmvorführungen in Zusammenarbeit mit der VHS. Geöffnet ist das Zentrum täglich von 19 - etwa 22h.
P: M(p,j),F,K,P

JUGENDZENTRUM FREISTADT
Schloßhof
4240 Freistadt

Im neuen Jugendzentrum in Freistadt wird kaum Kultur präsentiert, da der Bedarf an Kulturveranstaltungen durch das Angebot der -> LOCAL-BÜHNE weitgehend gedeckt wird. Großer Wert wird jedoch darauf gelegt, die Jugendlichen selbst zu kreativer Tätigkeit anzuregen (z.B. Herstellung von Videoclips, Fotodokumentationen, Proberaum für Musikgruppen, Ausstellungsbesuche).

JUGENDZENTRUM MAUTHAUSEN
Kirchenberg 128
4310 Mauthausen
Tel. 07238/ 2032

Jugendzentrum der Jungen ÖVP, besteht seit 5 Jahren, seit 1983 im Clubbetrieb geführt. Sporadisch kleinere Kulturveranstaltungen.

Jugendzentrum BLEIFREI
4293 Gutau
Tel. 07946/ 772

Alfred Sacher

Das BLEIFREI ist derzeit das einzige autonome Jugendzentrum in Oberösterreich. Es wird von der Gemeinde durch Übernahme der Betriebskosten (Strom, Gas, Miete) unterstützt und erhält vom Land eine kleine Subvention. Durch effektiven Mitteleinsatz gelingt es, ein abwechslungsreiches Kulturprogramm zu gestalten (mindestens alle zwei Wochen eine Veranstaltung). Geöffnet Mi, Fr, Sa, So 17 - 22h.
P: M(j,p,b),K,F,V,L

JUGENDZENTRUM ENNS
Neugablonz 8a
4470 Enns
Tel. 07223/ 2680

Das JUGENDZENTRUM ENNS, getragen von der Jungen ÖVP, verlagerte seine Schwerpunkte in den 9 Jahren des Bestehens von Freizeitgestaltung und Geselligkeit auf Kultur und Beratung. Das Veranstaltungsprogramm umfaßt Auftritte von Nachwuchsmusikern, Kabarett und Lesungen, allerdings in längeren zeitlichen Abständen.
P: M,K,L

JUGENDZENTRUM KIRCHDORF
Kalvarienbergstr. 2
4560 Kirchdorf
Tel. 07582/ 2901

Wird vom Jugendzentrum-Förderungsverein betrieben und bietet dem sehr jungen Publikum - hauptsächlich Schülern (Kirchdorf ist eine wichtige Schulstadt) - 4 bis 8 Kulturveranstaltungen pro Jahr.
P: M,K,F

ZEITSCHRIFTEN

Der Saurüssel

DER SAURÜSSEL
Mühlviertler Landbote
Spitalgasse 4
4171 Haslach

Vierteljährliche Zeitschrift, hrsg. von den Vereinen zur eigenständigen Regionalentwicklung im Oberen und Unteren Mühlviertel mit verschiedenen Beiträgen zu Kultur, Politik, Gesellschaft etc. immer mit besonderem Bezug auf das Mühlviertel. Sehr engagiert.

LANDSTRICH
Eine Kulturzeitschrift
Linzer Str. 294
4780 Schärding

Vom KULTURVEREIN LANDSTRICH herausgegebene Zeitschrift "für den österreichisch-bayrischen Raum"; jährlich ein Heft zu einem Schwerpunktthema (Widerstand, Amerika etc.) mit Beiträgen aus ganz Österreich und aus Bayern.

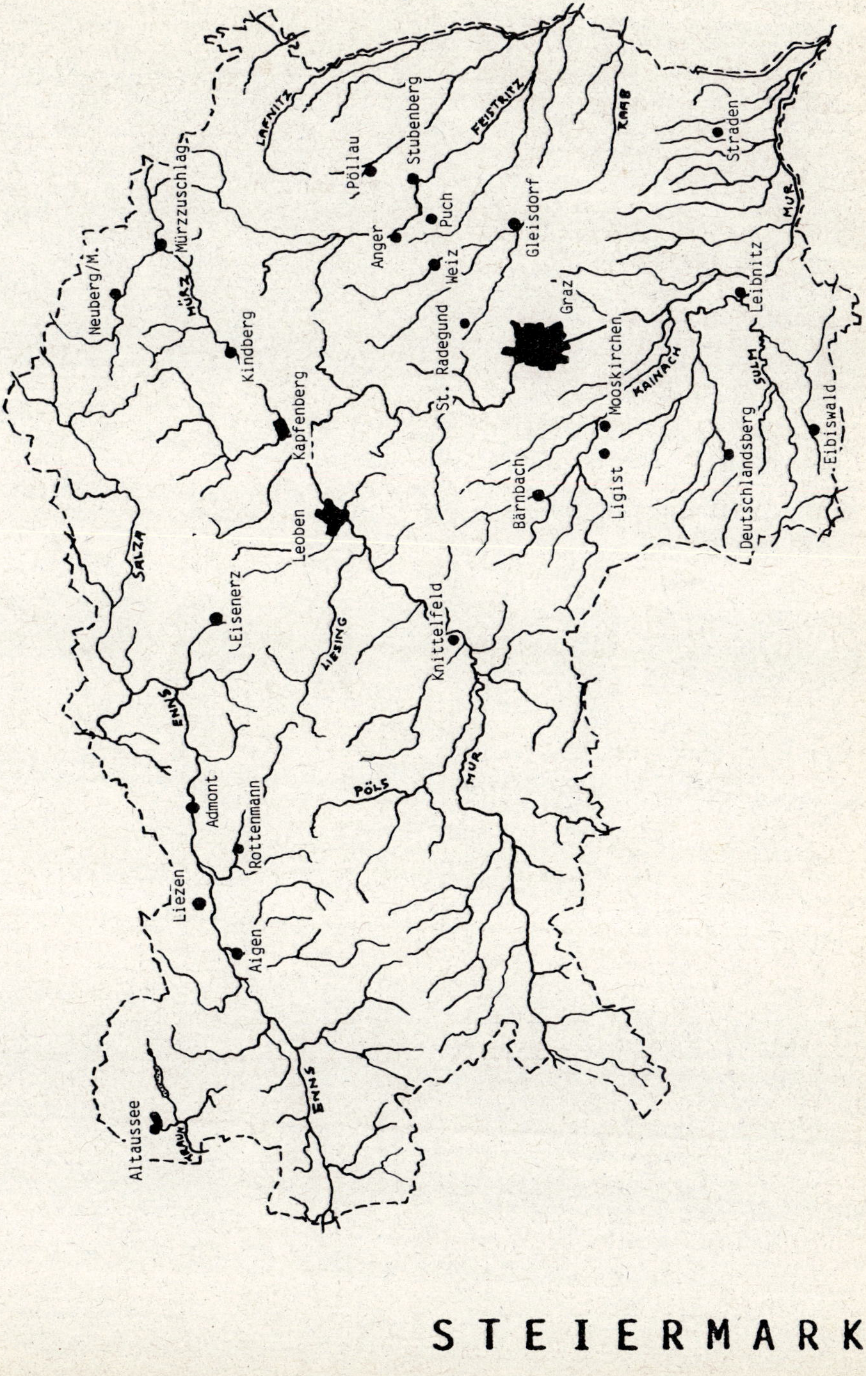
LAFNITZ
FEISTRITZ
RAAB
Pöllau
Stubenberg
Puch
Anger
Gleisdorf
Weiz
Straden
MUR
Mürzzuschlag
Neuberg/M.
MÜRZ
Kindberg
St. Radegund
Graz
Leibnitz
Kapfenberg
Mooskirchen
KAINACH
SULM
Eibiswald
Deutschlandsberg
Ligist
Bärnbach
Leoben
SALZA
Eisenerz
LIESING
Knittelfeld
ENNS
PÖLS
MUR
Admont
Rottenmann
Liezen
Aigen
ENNS
Altaussee
TRAUN

STEIERMARK

Die Grazer Kultur- und Lokalszene ist eine der lebendigsten und fluktuierendsten in Österreich. Neue Beisln und Veranstaltungslokale schießen aus dem Boden und sind in ständiger Veränderung begriffen. Selbst in Graz ansässige Personen konnten uns oft nicht mit genauen Angaben weiterhelfen. Manche der unten stehenden Kulturorte mögen daher weniger oder mehr aktiv sein als angegeben.

DIE BRÜCKE
Grabenstr. 39a
8010 Graz
Tel. 0316/ 67 22 48

DIE BRÜCKE ist ein Begegnungszentrum für Körperbehinderte und Nicht-Behinderte. "Neben dem Hauptzweck, dem Vertiefen des Verständnisses zwischen Behinderten und Nicht-Behinderten, werden vor allem auch kulturelle Veranstaltungen geboten, die Behinderten eine Teilnahme am kulturellen Leben ermöglichen, da im normalen Kulturbetrieb die baulichen Barrieren oft unüberwindlich sind." Das Kulturprogramm (mindestens einmal wöchentlich) wird von Michael Tobisch (-> AG 3) zusammengestellt.
P: M(f,j,b),L,P

Fraueninitiative FABRIK
Plüddemanng. 47a
8010 Graz
Tel. 0316/ 41 1 79

Veronika Fritsch
Hans-Brandstetter-G. 25
8010 Graz
Tel. 0316/ 44 44 23

Entstanden aus politischen Frauen- und Selbsterfahrungsgruppen; mit 1.3.1987 Übernahme der "Fabrik": Träger ist der Verein "Frauen für Kultur und Kommunikation" mit zwei Sozialarbeiterinnen, einer Musikerin, einer Pädagogin, einer Kindergärtnerin, zwei Tischlerinnen (selbstverwaltete Tischlerei geplant!), einer Buchhalterin und einer Frau, die das kinder- und frauenfreundliche Cafe führt. Neben Kulturveranstaltungen arbeitsmarktpolitische und Sozial-Beratung für Frauen und Mädchen. Im September 1987 wurde der ALTWEIBERSOMMER, ein Frauenkulturfestival, organisiert.
P: A,T,L,M,V,W

GRÜNE SPINNE
Glacisstr. 43 a
8010 Graz
Tel. 0316/ 36 63 83 od. 37 6 76

Heinz Reicher

Lokal mit Kulturbetrieb, geöffnet tägl. von 20 - 4h mit dem Hauptziel, "den Studenten der in unserer unmittelbaren Umgebung liegenden Musikhochschule (Jazzabteilung) Auftrittsmöglichkeiten zu bieten. Weiters wollen wir den Grazern ein geregeltes Jazzprogramm mit in- und ausländischen Künstlern präsentieren. Ansonsten gibt es auch viele Kleinkunstveranstaltungen. Im Frühjahr und Herbst jeweils ein Jazz- bzw. Kleinkunstfestival."
P: M(j) Z: "SPINNE INFO" (12)

JAZZ
Mondscheing. 9
8010 Graz
Tel. 0316/ 70 23 16

Gabi & Andi

Ein erst im Juni 1987 eröffnetes Lokal mit 2 Bühnen und einem Fassungsvermögen von etwa 200 Personen. Ab Herbst soll es mehrmals pro Woche Jazzkonzerte geben, am Sonntag vormittag Jazz-Frühschoppen, ein fixer Wochentag wird für Jam-Sessions reserviert. Geöffnet 19 - 2h.
P: M(j)

KIZ
KINO IM AUGARTEN
Friedrichg. 24
8010 Graz
Tel. 0316/ 71 1 86

Nikos Grigoriadis

Programmkino, Mediencafe, Veranstaltungen zu aktuellen Themen, Spielmöglichkeit für Kinder mit der Spielesammlung (So) und Kinderfilme (So).
P: F,D

KLEEBLATT
Leonhardstr. 3
8010 Graz

Zur Zeit wird das KLEEBLATT zu einem Kulturzentrum umgebaut, es soll im Herbst/Winter 1987 wiedereröffnet werden. Geplant ist ein Tagescafe mit Lesestube und ein Kellerlokal von etwa 200 m², wo Veranstaltungen, vor allem der -> ARBEITSPLATTFORM LITERATUR stattfinden sollen.

KULTURHAUSKELLER
Elisabethstr. 30
8010 Graz
Tel. 0316/ 38 10 58

In dem großen Kellerlokal finden immer wieder Konzerte, vor allem von Jazz-Gruppen statt. Geöffnet ist täglich von 19 - 2h, im August werden Ferien gemacht.
P: M(j)

KULTURZENTRUM BEI DEN MINORITEN
Mariahilferplatz 3/1/49
8020 Graz
0316/ 91 31 70

Harald Seuter

Ein von der Kirche betriebenes Kulturzentrum, das seit 1975 besteht und ein umfangreiches, vielfältiges Kulturprogramm anbietet. Für Ausstellungen, Kurse und Veranstaltungen stehen verschiedene Räumlichkeiten zur Verfügung. Als Höhepunkt des Programms kann die Veranstaltungsreihe FOLK IM MINORITENGARTEN (jeden Sommer im Juli und August) gelten.
P: M(f,b),W,D,L,A,T Z: MINORITEN ZEITUNG (Pz, 11)

Ludothek LUDOVICO
Mesnerg. 4
8010 Graz
Tel. 0316/ 7031-3174

Vom Landesjugendreferat der Steiermärkischen Landesregierung gemeinsam mit der -> PÄDAGOGISCHEN AKTION eingerichtete Spiel-Bibliothek. Geöffnet Mo - Fr nachmittags, Sa vormittags; fünf Spielberater helfen bei der Auswahl.
Z: LUDOVICO Spielzeitung (4)

M 59
Münzgrabenstr. 59
8010 Graz

Katholisches Studentenhaus, in dem vor allem die Konzerte von -> GAMSBART stattfinden.

RINCON ANDINO
Alte Poststr. 118
8020 Graz
Tel. 0316/ 56 3 42

Das lateinamerikanische Lokal, dessen Besitzer auch das -> RINCON ANDINO in Wien betreibt, bietet während des Jahres jeden Freitag und Samstag Live-Musik, im Sommer alle 2 - 3 Wochen. Geöffnet ist jeden Tag von 18 - 2h.
P: M

ROYAL GARDEN JAZZ CLUB
Bürgerg. 4
8010 Graz

Jazz-Lokal auf Club-Basis. Die Räumlichkeiten werden nicht nur für gelegentliche Konzerte genützt, sondern dienen auch der clubeigenen Gruppe als Probelokal.
P: M(j)

SAHARA CULTUR CLUB
Prankerg. 37
8010 Graz
Tel. 0316/ 95 04 23

Der ehemalige "Club Links" ist heute ein von Arabern geführtes Lokal: Gegen 15 S Eintritt (=Mitgliedschaft) kann billig gegessen und getrunken werden. Zweck ist nicht nur, eine Anlaufstelle für arabische Gast-Studenten und Gast-Arbeiter in Graz zu sein, sondern auch ein vielfältiges Kulturprogramm zu bieten, wobei vor allem die Wünsche und Bedürfnisse der Gäste erfüllt werden sollen. Die Brücke zur arabischen Kultur wird mit der Einrichtung, der Küche und der Wasserpfeife geschlagen.
P: M,F,D,T

DIE SCHERBE
Stiegergasse
8020 Graz

Ein neues Lokal, in dem Lesungen und Kleinkunstveranstaltungen stattfinden und dessen genauer Standort für die Herausgeber nicht zu eruieren war. Wir hoffen, der Leser hat mehr Glück.
P: L,K

TEATRO
Neubaug. 6
8020 Graz
Tel. 0316/ 91 60 27

In dem großen Veranstaltungssaal des TEATRO finden in unregelmäßigen Abständen Konzerte und gelegentlich Kabarettvorstellungen statt.
P: M,K

THEATERCAFE
Mandellstr. 11
8010 Graz
Tel. 0316/ 75 3 65

Im THEATERCAFE, der wichtigsten Grazer Anlaufstelle für Kabarett und Kleinkunst (Heimstätte des Kabarett Gimpel), organisiert der Verein HIN & WIDER regelmäßig Vorstellungen steirischer, österreichischer und aller anderen Klein-Künstler und Kabarettgruppen, aber auch Ausstellungen, Konzerte und Lesungen.
P: K,T,A,M,L

THEATER IM KELLER
Münzgrabenstraße 35
8010 Graz
Tel. 0316/ 76 88 45

Gottfried Fiala

Kleines Kellertheater mit fixem Ensemble, das pro Jahr etwa 6 Eigenproduktionen zeigt. Im Bemühen um die Förderung von Werken österreichischer Autoren wurde 1986 ein Autorenwettbewerb ausgeschrieben; die beiden preisgekrönten Werke sind inzwischen schon vom TIK uraufgeführt worden. Ab und zu gibt es auch Kabarett-Gastspiele.
P: T,K

Jazz-Cafe TRIANGEL
Einspinnerg. 7
8010 Graz
Tel. 0316/ 72 3 74

Lokal mit gelegentlichen Jazz-Konzerten, geöffnet von 19 - 4h.
P: M(j)

BILDUNGSHAUS RETZHOF
8430 Leibnitz
Tel. 03452/ 27 88-0

RETZHOF ist zwar von der Konstruktion her ein ganz gewöhnliches Bildungshaus, verdient jedoch besondere Beachtung wegen seiner Programmgestaltung, die neben dem laufenden Seminar- und Kursbetrieb auch kulturelle Veranstaltungen aller Art einschließt. Zum Fixpunkt ist bereits das RETZHOFER FOLK-FESTIVAL (im Juni) geworden, das 1987 bereits zum sechsten mal stattfand.
P: M(f,j),A,T

LUNATIC
Dr. Theodor-Körner-G. 9
Knittelfeld
Tel. 03512/ 6844

Ein "Cafe & Pub", Schauplatz gelegentlicher Konzerte und Ausstellungen. Da die Bedingungen im Lokal selbst für andere Aktivitäten nicht sehr günstig sind (Geräuschkulisse), soll im derzeit noch ungenützten Keller eine Kleinkunstbühne für ungefähr 150 Zuschauer gebaut werden. Das LUNATIC ist auch Veranstaltungslokal von -> MSM.
P: M,A

VERANSTALTER

ARBEITSPLATTFORM LITERATUR

Joseph Rath
Statteggerstr. 58
8045 Graz
Tel. 0316/ 66 37 92

Die ARBEITSPLATTFORM LITERATUR besteht seit Herbst 1986, führt monatlich Lesungen durch und hat bis jetzt zwei Großveranstaltungen mit Literatur und Musik organisiert, eine davon in den Kasematten am Schloßberg. Ziel der ARBEITSPLATTFORM ist die Förderung junger Grazer Autoren. Geplant ist - sobald es die finanzielle Lage erlaubt - die Gründung der Zeitschrift ZARG, in der vierteljährlich Grazer Autoren zu Tagesthemen Stellung nehmen sollen.
P: L

AUTONOMES FRAUENZENTRUM

Martina Breig
Ballhausg. 1
8010 Graz
Tel. 0316/ 72 79 15

Das AUTONOME FRAUENZENTRUM in Graz ist noch nicht Realität, weil der gleichnamige Verein bisher keine geeignete Lokalität gefunden hat. Das einmal pro Woche angesetzte FRAUENCAFE, in dessen Rahmen ab und zu auch Theateraufführungen ablaufen, und alle anderen Aktivitäten müssen daher an verschiedenen Schau- und Hörplätzen in Graz stattfinden.
P: D,T

EVA & CO
Rottalg. 4
8010 Graz

Eva Ursprung
Anton-Kleinoscheg-Str. 28
8052 Graz
Tel. 0316/ 53 85 73

Seit Anfang 1986 besteht die Künstlerinnengemeinschaft EVA & CO; die Aktivitäten ihrer Mitglieder decken alle wichtigen Kunstsparten ab. Ziele der Vereinigung sind unter anderem die Verbesserung der Situation von Künstlerinnen auf sozialem und künstlerischem Gebiet, Bewußtseinsbildung sowie aktive Anteilnahme am kulturpolitischen Geschehen. Um 5 Jahre älter als der Verein selbst ist die gleichnamige feministische Kulturzeitschrift, die einen Eindruck von der Vielfalt und Komplexität weiblicher Kunstproduktion liefert.
P: A,L,W Z: EVA & CO (4)

FORUM STADTPARK
Stadtpark 1
8010 Graz
Tel. 0316/ 77 7 34 od. 75 3 69

Das FORUM STADTPARK besteht bereits seit 1958 und war eine der ersten avantgardistischen Kulturorganisationen in Österreich. Das FORUM organisiert Lesungen, Vorträge, Ausstellungen, Filmvorführungen und ist als Veranstalter des Festivals STEIRISCHER HERBST auch der breiten Öffentlichkeit bekannt.
P: L,A,T,M,F,V Z: MANUSKRIPTE (Lz, 4), BLIMP (Film)

GAMSBART

Heimo Steps
Karmeliterplatz 5
8010 Graz
0316/ 46 22 05

In Anlehnung an das Wiener -> METROPOL wurde der GAMSBART 1984 mit Unterstützung der Steirischen Volkspartei gegründet. Heimo Steps, Jazzexperte und seit 1975 als Veranstalter in Graz aktiv, organisiert pro Jahr etwa 40 Konzerte (vor allem im -> M 59), Lesungen, Theater- und Kabarettaufführungen. Zudem wurden bisher 4 Platten produziert, werden Demokassetten für Grazer Gruppen hergestellt. Spezialisiert ist der GAMSBART auf Jazz.

P: M(j),L,T,K Z: GAMSBARTPOST (Pz)

INITIATIVE GEGEN DIE DUMMHEIT
Postfach 700
8011 Graz

Jörg-Martin Willnauer
Kollonitschstr. 10
8010 Graz
Tel. 0316/ 35 47 02

"Die INITIATIVE GEGEN DIE DUMMHEIT (IGGDD) entstand Anno Dummini 1983, als Woytila Österreich zum 1. Mal heimsuchte. Aufgrund der anhaltenden Blütezeit, die die österreichische Dummheit seither erlebt, avancierte die IGGDD zur einzigen absolut krisensicheren Organisation der Skandalrepublik. Die IGGDD kennt weder Arbeitslosigkeit noch Kurzarbeit; jedes Mitglied ist rund um Globus & Uhr beschäftigt. Ziel der Vereinigung ist die Bekämpfung der Dummheit in allen Lebenslagen. Jeder Österreicher ist Mitglied bzw. Gegner dieser Organisation. Nach offiziellen Schätzungen ergibt sich z.Z. ein Mitgliederstand von zwei Personen (Du & Ich). Ehrenamtlicher Präsident auf Überlebenszeit: J.-M. Willnauer (Exil-Piefke, Kabarettist und praktizierender Heide)."

Z: BRAINSTORM(Zentralorkan der IGGDD, 4)

KULT-UHRTURM
Grazer Kulturinitiative

Dr. Herwig Kaiser
Theodor-Körner-Str. 47
8010 Graz
Tel. 0316/ 62 76 62

Der KULT-UHRTURM besteht als Verein und lockerer Zusammenschluß von 5 bis 6 Aktiven seit 1986 und hat bisher zweimal in Zusammenarbeit mit dem Landesjugendreferat und der -> STEIRISCHEN KULTURINITIATIVE die "Theatertage der Jugend" - ein internationales Treffen von Jugendtheatergruppen - veranstaltet, 1986 ein Straßentheaterfestival organisiert und 1987 eine eigenständige Kindertheaterproduktion hervorgebracht. Geplant ist, all diese Aktivitäten weiterzuführen, die Zukunft des KULT-UHRTURMS hängt jedoch von den Gemeinderatswahlen im Jänner 1988 und der daraus resultierenden

finanziellen Situation der Steirischen Kultur ab. Herwig Kaiser jedenfalls setzt auf Improvisation, Flexibilität und Weitermachen.
P: T (speziell für Kinder und Jugendliche)

LEYKAM-PASSAGE
Stempferg. 3
8010 Graz
Tel. 0316/ 76 6 76-0

Einkaufspassage der Buchhandlung Leykam, in der etwa einmal im Monat Lesungen stattfinden.
P: L

PÄDAGOGISCHE AKTION GRAZ
St. Peter Hauptstr. 29e/2
8042 Graz
Tel. 0316/ 44 85 43

Erika Lackner
Mandellstr. 4
8010 Graz

"Uns gibt es seit 1974, im -> FORUM STADTPARK als AKTION SPIELBUS von 1975 - 1986 und neuerdings als PÄDAKTION. Wir machen mobile Spielplatzbetreuung, sind auf Festen im Einsatz, wirken in den letzen Jahren verstärkt in sozialpädagogischen Projekten (Betreuung von Kindern im Delogiertenheim der Stadt, New Games). Ziele: selbstbestimmtes Lernen ohne Leistungsdruck, kreatives Experimentieren, der Wunsch, in einer Gesellschaft zu leben, in der sich unser Einsatz erübrigt. Mitarbeit an -> LUDOTHEK 'LUDOVICO'."

das podium

DAS PODIUM
Defreggerg. 3/3
8020 Graz
Tel. 0316/ 91 52 08

Prof. Erwin Riegler

DAS PODIUM, überparteilicher Freizeit- und Kunstverein für die Jugend, fördert kulturelle Aktivitäten, vor allem Theater, aber auch Malen, Bildhauerei und Literatur für Kinder und Jugendliche. Gegründet wurden bisher: das GRAZER MÄRCHENTHEATER (1969, bisher rund 600 Aufführungen), die STUDIOBÜHNE DER JUGEND (1972, zeitgenössische Kinderstücke und kritische Jugendstücke), SCHAUSPIELKLASSEN FÜR DIE JUGEND (1977), MOBILES ATELIER (1980, bildnerisches Gestalten für geistig Behinderte) und das GRAZER KASPERLTHEATER (1984, Handpuppenspiel).
P: T

SCHLOSS REINTHAL
Reinthal 42
8045 Graz
Tel. 0316/ 41 93 65

Seit nunmehr 16 Jahren bespielt die von Laien gegründete SPIELGEMEINSCHAFT HOHENREIN das Schloß - im Frühjahr mit Zimmertheater, im Sommer mit verschiedensten Stücken (1987 "Die Eroberung der Prinzessin Turandot" von Hildesheimer), im Herbst finden Lesungen statt.
P: T,L

STEIRISCHE KULTURINITIATIVE
Kuratorium Steirische Volksbildungswochen
Hans-Resel-Gasse 6
8020 Graz
Tel. 0316/ 91 46 39

Die STEIRISCHE KULTURINITIATIVE besteht seit 1976, fördert künstlerische Aktivitäten und Animationsprojekte in über 60 steirischen Gemeinden und ist damit eine wichtige Anlaufstelle für geplante Initiativen und Projekte in der Steiermark.
P: T,M(k,j,p,n),A,K,V,W,Animation

WERKKREIS LITERATUR DER ARBEITSWELT

Gerhard Winkler
Lange Gasse 31
8010 Graz
Tel. 0316/ 65 59 83

"Der WERKKREIS ist eine Vereinigung von Arbeitern und Angestellten, die in örtlichen Werkstätten mit Schriftstellern, Journalisten und Wissenschaftlern zusammenarbeiten. Seine Aufgabe ist die Darstellung der Situation abhängig Arbeitender, vornehmlich mit sprachlichen Mitteln. Auf diese Weise versucht der WERKKREIS, die menschlichen und materiell-technischen Probleme der Arbeitswelt als gesellschaftliche bewußt zu machen." (WERKKREIS-Broschüre 1980) In regelmäßig stattfindenden Sitzungen werden Texte besprochen, der WERKKREIS veranstaltet darüber hinaus öffentliche Lesungen, gibt Broschüren mit den Texten der Mitglieder heraus und hält Kontakt zu ähnlichen Gruppen in Deutschland.
P: L

SEEROCK AM ALTAUSSEER SEE

Hans Fuchs
8992 Altausse 62
Tel. 06152/ 71 5 80

1985 wagte sich eine Gruppe von 12 Jugendlichen erstmals an die Organisation eines sommerlichen Open-Air-Konzerts heran, zu dem schließlich 500 Besucher kamen; das Festival ist mittlerweile zur ständigen Einrichtung geworden.
P: M(p,f,b)

CULTURCENTRUM WOLKENSTEIN (CCW)

Reinhard Gosch
8943 Aigen/Ennstal
Tel. 03682/ 3186

1981 von Reinhard Gosch und Ulrich Wallner mitbegründet, um einerseits das Ennstal und die Obersteiermark kulturell zu beleben und um anderersetis zeitgenössische Kunst- und Kulturformen zu fördern und in der Öffentlichkeit zu präsentieren. Zu den vielfältigen Aktivitäten gehören nicht nur eine Schreibwerkstatt unter der Leitung Wilhelm Hengstlers in Rottenmann, Ausstellungen von zeitgenössischer bildender Kunst etc., sondern auch die Herausgabe der Kulturzeitschrift -> BESTÄNDE. Zur Zeit auf der Suche nach einem geeigneten Veranstaltungsraum im Ennstal.
P: L,A,M(k,j)

KULT-URVIECH

Hannes Pointner
Westrandsiedlung 340 B
8786 Rottenmann
Tel. 03614/ 2634

Der "Verein zur Herbeiführung der Synthese von Kunst und obersteirischer Lebensart - KULT-URVIECH" will das Kulturleben der Stadt Rottenmann bereichern und lädt zu diesem Zweck bekannte Musiker, Schriftsteller und Kabarettisten ein; eine Zusammenarbeit mit den alternativen künstlerischen Klubs des Ennstals (-> CULTURZENTRUM WOLKENSTEIN) wird angestrebt. Entsprechend vielfältig und anspruchsvoll-kritisch ist das Programm: ein Stück über den Hitler-Stellvertreter Heß als Gastspiel, literarisches Kabarett, Jazz u.a.
P: T,K,M,L

LITERARISCHE KOOPERATIVE ENNSTAL

Reinhard Pachernigg
Schillerstr. 1
8949 Liezen
Tel. 03612/ 23 01 03

Reinhard Gosch
Tel. 03682/ 3186

Durch frühere Veranstaltungen der Buchhandlung Leykam mit dem -> CULTURZENTRUM WOLKENSTEIN entstand ein eigener Literaturclub zur Förderung junger, moderner Literatur, welcher sich aus Buchhändlern und Lehrkräften zusammensetzt. 5 - 6mal jährlich werden auf Schloß Trautenfels Leseabende mit jeweils 2 Autoren veranstaltet, einmal jährlich ein zweitägiges Lesefest.
P: L

's FILMKISTL Liezen

Lajos Horvath
Pyhrn 73
8940 Liezen
Tel. 03612/ 24 5 21

's FILMKISTL Liezen besteht seit ungefähr 4 Jahren als unabhängiger, gemeinnütziger Filmclub. Jeden letzten Freitag im Monat wird ein sehenswerter Film gezeigt und darüber diskutiert, beim anschließenden Stammtisch kommt auch die Geselligkeit auf ihre Rechnung. Das Programm des FILMKISTL enthält Dokumentarfilme (3.Welt, Frauen, Zeitgeschichte, Umwelt, Frieden), österreichische Filme (wenn möglich auch Diskussion mit dem Regisseur), alte Klassiker und gute Unterhaltung. Halbjährlich gibt es dazu ein Programmheft, das nicht nur als Werbung, sondern auch als Vorausinformation dient.
P: F,D

Jazzclub FORUM L
Postfach
8940 Liezen

Hansjörg Fischer
Tel. 03612/ 22 5 49

FORUM L bemüht sich in erster Linie um eine spezifische Förderung und Schulung (Improvisation, Gehörschulung) junger heimischer Musiker. Durch diese Nachwuchsarbeit entstehen im Umfeld des Jazzclubs auch neue Gruppen, ein anderer Teil des Potentials fließt in die Big Band. Veranstaltungen finden nur gelegentlich und in kleinem Rahmen statt (80 - 100 Zuhörer), für mehr und Größeres fehlen sowohl die finanziellen Mittel als auch geeignete Räumlichkeiten.

FOTOCLUB HALL

Johann Leimberger
Hall 254
8911 Admont
Tel. 03613/ 2369 (Gemeindeamt)

Bereits seit 1976 gibt es den FOTOCLUB HALL, seine Aktivitäten umfaßten ursprünglich Fotoausstellungen, Wettbewerbe u.ä. Inzwischen sind viele der ehemals Aktiven nicht mehr dabei, auch das Fotolabor ist in schlechtem Zustand. Dafür bringt der FOTOCLUB HALL in letzter Zeit Jazz in den Raum Admont - in Zusammenarbeit mit dem -> FORUM L, etwa sechsmal pro Jahr, als "Jazz beim Wirt" entweder in der Schloßherberge Röthelstein oder in einem Gasthaus in Hall.
P: Fo,M(j)

MSM

Ivan Miholic
Brunner Kreuzallee 2
Knittelfeld
Tel. 03512/ 2032

MSM - ein Kürzel aus den Namen von 3 Freunden, die beschlossen, nicht mehr nur die kulturelle Öde der Umgebung zu bejammern, sondern selbst aktiv zu werden. MSM organisiert seit 3 Jahren vorwiegend Konzerte und Kabarettabende und ist mittlerweile zu einer wichtigen Anlaufstation in der Region geworden.
P: M(j,f),K

KULTUR IM ZENTRUM

Ulrike Bauer
Friedrich-Böhler-Str. 9
8605 Kapfenberg
Tel. 03862/ 22 6 01 (Musikschule)

KULTUR IM ZENTRUM war auf Konzerte von Old-Time-Jazz-Gruppen in einem Gasthof spezialisiert. Mit dem Konkurs des Gastbetriebes ist der notwendige Raum verloren gegangen, noch dazu sind drei der vier Organisatoren abgewandert. Letztes Jahr gab es daher keine Veranstaltungen, allerdings plant Frau Bauer eine Wiederaufnahme der Aktivitäten, sobald neue Mitarbeiter und ein geeigneter Raum gefunden sind.
P: M(j)

GALERIE K
Kirchplatz 3
4650 Kindberg

Franz Krammer
Tel. 03865/ 27 7 84

Die GALERIE K besteht seit 6 Jahren (seit 2 Jahren als Verein) und übersiedelte im Sommer 1987 in ein neues Gebäude. Neben zahlreichen Ausstellungen gibt es die Veranstaltung "Artist in Residence", bei der bekannte österreichische Künstler (bisher Rainer, Fronius, Oberhuber u.a.) in Kindberg arbeiten und ihre Werke anschließend vor Ort präsentieren, und verschiedenste Kulturveranstaltungen, oft in Zusammenarbeit mit der -> WALTER BUCHEBNER GESELLSCHAFT im Rahmen der "Mürztaler Musikwerkstätte". Diskussionen und Wirtshausgespräche sind wichtiger Teil der Aktivitäten.
P: A,M,L,D,W,T

JAZZ-IG MÜRZ
Bleckmanng. 9
8680 Mürzzuschlag

Anton Brückner
Wienerstr. 78
8680 Mürzzuschlag

Der Jazzclub in Mürzzuschlag - mittlerweile fast zwei Jahre alt - zeigt rege Aktivitäten. Im ehemaligen Haus der Kinderfreunde finden monatlich 2 - 3 Veranstaltungen statt. Das Programm beschränkt sich nicht auf Jazzkonzerte, sondern enthält auch Vorträge, Lesungen...
P: M(j),L,V

WALTER BUCHEBNER GESELLSCHAFT
Wiener Straße 78
8680 Mürzzuschlag
Tel. 03852/ 4339

Robert Lotter

Die Gesellschaft wurde Mitte der 70er Jahre gegründet, um den Nachlaß des Dichters Walter Buchebner zu verwalten. Ziel dieser Initiative ist es, kulturelle Impulse im Mürztal zu setzen. Seit Ende der 70er Jahre veranstaltet die WALTER BUCHEBNER GESELLSCHAFT jährlich im Oktober im Mürztal eine Woche mit Neuer Musik, in der neben bekannten Künstlern wie Luigi Nono auch junge österreichische Musiker vertreten sind. Von 1979 - 1982 gab es zudem den Versuch von Musik-Animation ("Sperrstund" in Zusammenarbeit mit Hans-Werner Henze).
P: M(n)

NEUBERGER KULTURTAGE

Karl Bernhardt
Hauptstr. 24
8692 Neuberg/Mürz

Die NEUBERGER KULTURTAGE, veranstaltet von den "Freunden des Neuberger Münsters", wurden vor 11 Jahren vom Organisten Gottfried Holzer-Graz gegründet, um die Orgel des Neuberger Münsters und die Räumlichkeiten des ehemaligen Zisterzienserstiftes sinnvoll zu nutzen. Neben zahlreichen Konzerten (Klassik und Jazz) und einigen Ausstellungen gibt es jährlich eine Reihe von musikalischen Workshops.
P: M(k,j),A,T,W

KULsTURSCHÄDEL

Mag. Franz Ederer
Schloß Altkainach
8572 Bärnbach
Tel. 03142/ 48 8 82

KULsTURSCHÄDEL ist kein Verein, sondern eine unsubventionierte kulturelle Aktionsgemeinschaft von Franz Ederer und Bertl Pfundner, die etwa alle 14 Tage Veranstaltungen aus dem gesamten Kleinkunstbereich durchführen. KULsTURSCHÄDEL ist auch Organisator des BÄRNBACHER FOLKFESTIVALS, das jeden Sommer mehrere hundert Zuschauer aus dem weiteren Umkreis anzieht.
P: M(f),K,P

LAHNWABERL AKTIV

Eduard Hauswirth
8562 Mooskirchen 7
Tel. 03137/ 3182

LAHNWABERL AKTIV schließt eine Lücke im Kulturangebot von Mooskirchen und Umgebung, die Aktivitäten sprechen vor allem jüngere Zuschauer an: Aufführungen der eigenen Theatergruppe wie auch anderer Produktionen, ab und zu Jazzkonzerte, ein Gschnasfest im Fasching...
P: T,M(j)

KUKUK

Franz Schreiner
8563 Ligist

KUKUK steht für KULTURKREIS UNTERES KAINACHTAL und ist ein Versuch

der 5 Gemeinden Ligist, Krottendorf, Mooskirchen, St. Johann und Söding, ein gemeinsames Kulturprogramm zu gestalten, das möglichst alle Teile der Bevölkerung anspricht und auch höheren Qualitätsansprüchen genügt. Die Veranstaltungen umfassen sowohl "Hochkulturelles" wie auch Kleinkunst; in der Saison 1986/87 etwa wurde ein Abonnement mit 5 Konzerten (Klassik, Jazz, Alte Musik) und einem Kabarettabend angeboten. Der KUKUK beteiligt sich jedoch auch am traditionellen Kulturleben (Erntefest, Passionsspiele, Volksmusik).
P: M(k,j,f),K

Kulturverein KEN

Dr. Manfred Windisch
Willersdorfer Str. 6
8061 St. Radegund
Tel. 03132/ 3472

Ziel des Vereins KEN (Kritik - Engagement - Neuerung) ist es, seine Mitglieder zu kreativem Handeln anzuregen. Die Aktivitäten sollen daher in der Regel nur einen kleinen Kreis von Interessenten im Ort ansprechen, lediglich einmal im Jahr tritt KEN mit einer größeren Veranstaltung in die Öffentlichkeit (1985 ein Folkfestival, 1987 ein Hexensabbat mit musikalischem Rahmenprogramm).

GARAGE

Martin Krusche
Rathausg. 9
8200 Gleisdorf
Tel. 03112/ 4053

Die GARAGE ist als offene Kooperative von im Kulturbetrieb engagierten Leuten konzipiert, seit Sommer 1987 als Verein gemeldet; sie fungiert als wichtige Anlauf- und Informationsstelle vor allem für den oststeirischen Raum und hat ihren Arbeitsschwerpunkt im Bereich Literatur. Mit GARAGE INFO stellt sie ein PR-Medium für Autoren und Musiker zur Verfügung.
Z: GARAGE INFO

GABLBISSEN

Peter Weißensteiner
Johann-Josef-Fux-Str. 2
8200 Gleisdorf
Tel. 03112/ 38 1 32

Das Kürzel GABL steht in der Steiermark für die grün-alternative Bewegung. Eine kleine Gruppe von Gleisdorfern, der heutige GABLBISSEN, war auch zunächst nur politisch - in dieser Richtung - engagiert. Mit der stärker werdenden Konzentration auf kulturelle Aktivitäten entschloß man sich jedoch, diese von der politischen Tätigkeit im engen Sinn abzukoppeln. Unter der Bezeichnung GABLBISSEN werden daher derzeit - in guter Zusammenarbeit mit der Gemeinde - verschiedene Kulturveranstaltungen, hauptsächlich Jazzkonzerte organisiert.
P: M(j,k),L,T

AG 3 PUCH BEI WEIZ

Michael Tobisch
Elisabethinerg. 24
8020 Graz
Tel. 0316/ 91 72 16
03172/ 2228

AG 3 steht für AKTIONSGEMEINSCHAFT 3. WELT. Die Gruppe betreibt sonntäglich einen 3.-Welt-Laden in Puch, wo Kaffee, Tee, Gewürze, handwerkliche Erzeugnisse u.a. verkauft werden. Um eine breitere Öffentlichkeit anzusprechen, begann AG 3 ab 1980 mit kulturellen Aktionen jenseits von Blasmusik und Bauerntheater - dem anfänglich großen Desinteresse der Bevölkerung zum Trotz. Derzeit allerdings kaum Aktivitäten.
P: T,K,M,V

AGRION - ARBEITSGEMEINSCHAFT
REGIONALER INITIATIVEN -
OSTSTEIERMARK/NORD
Klammstr. 21
8160 Weiz
Tel. 03171/ 2916

Waltraud Schweiger
Lohngraben 9
8181 St. Ruprecht
Tel. 03178/ 21 744

AGRION heißt der Regionalverein der ÖAR (-> Teil 2) in der Oststeiermark mit Sitz in Weiz. Seit 1985 arbeitet dort ein über die ARGE REGION KULTUR (-> Teil 2) angestellter "kultureller Regionalberater" (derzeit: Waltraud Schwaiger). Dadurch ließen sich auch eine Reihe langfristiger Projekte verwirklichen, die einen Beitrag zur Stärkung der regionalen Identität liefern: das OSTSTEIERMARK-FEST 1985, das Geschichtsprojekt BÄUERLICHES LEBEN IN DER OSTSTEIERMARK 1986. Auch die kritische Regionalzeitung REIZ entsteht aus dem Umfeld des Regionalvereins.
Z: REIZ

AMOK

Dietmar Cmelak
8184 Anger
Tel. 03175/ 2536

Das ANGERER MODELL OFFENE KULTUR, abgekürzt AMOK, ist eine Arbeitsgemeinschaft junger Angerer, die sich mit Kultur beschäftigt und die erstarrten Strukturen im Ort (mit 52 Vereinen von Bienenzucht bis Feuerwehr) aufweichen möchte. Seit November 1986 wird das örtliche Angebot durch eine Reihe unterschiedlichster Veranstaltungen bereichert. Der Elan der ersten Tage (12 Termine in den ersten beiden Monaten!) hat mittlerweile nachgelassen, die weitere Entwicklung bleibt abzuwarten.
P: M(j,f),F,K

KULTURVEREIN SCHIELLEITEN
Schloß Stubenberg
8223 Stubenberg/See
Tel. 03276/ 211

Familie Schleicher

Das Schloß Stubenberg wurde im 16. Jahrhundert errichtet und hat seinen Namen von einem der ältesten Adelsgeschlechter der Steiermark. Von 1925 - 1979 Franziskanerkloster, ist das Schloß seit 1980 im Privatbesitz der Familie Schleicher, die die Räumlichkeiten für die Aktivitäten des von ihnen gegründeten KULTURVEREINS SCHIELLEITEN zur Verfügung stellt (Schwerpunkte: Barockkonzerte, Kunsthandwerk).
P: M(k),A,T,L

STRADEN AKTIV
W.W.Kabinett
8345 Straden 11
Tel. 03473/ 212

Wolfgang Seidl
8345 Straden 25
Tel. 03473/ 207

Ursprünglich 1976 als Amateurtheatergruppe gegründet um alternativländliches Theater zu machen, besitzt STRADEN AKTIV seit 1982 ein Kellerlokal, in dem etwa 50 Veranstaltungen pro Jahr angeboten werden - weit und breit die einzige Aktivität dieser Art. Wolfgang Seidl veranstaltet darüber hinaus das Stradener Straßenspektakel (September), Kleinkunst- und Kabarett-Tage (Juni) und die südsteirischen Amateurtheatertage, organisiert Konzerte für ungarische und jugoslawische Gruppen in Österreich und verdient im übrigen sein Geld als Chef des "Kaufhaus Seidl" vor Ort.
P: T,K,M

Jugendfreizeitklub INSEL
Leuzenhofg. 4
8020 Graz
Tel. 0316/ 91 64 27

Elisabeth Hufnagel
Annenstr. 52/8
8020 Graz

Nach langwierigen Verhandlungen erhielt die seit 1980/81 bestehende Jugendzentrumsinitiative im Frühjahr 1987 von der Stadt Graz das damals baufällige Haus in der Leuzenhofgasse, das in Eigenregie notdürftig instandgesetzt wurde. Der weitere Ausbau wurde über Kurse für langzeitarbeitslose Jugendliche abgewickelt und mit Juli 1987 beendet, der offene Betrieb wieder aufgenommen (Do - So). In der INSEL finden auch Konzerte und Lesungen statt, bisweilen Diskussionen und Spielfeste.
P: M,L,D

HAUS DER JUGEND
Orpheumg. 8
8020 Graz
Tel. 0316/ 91 69 68

Das HAUS DER JUGEND wurde von der Stadt Graz der Jugend unentgeltlich für Veranstaltungen zur Verfügung gestellt und 1986/87 renoviert und umgebaut. Das Haus soll prinzipiell allen Interessenten zur Verfügung stehen, das genaue Programm wird mit der Leitung abgesprochen und geplant.
P: M,T,K,A,L

JUGENDTREFF DIETRICHKEUSCH'N
Dietrichsteinplatz 9
8010 Graz

Selbstverwaltetes Jugendzentrum mit sporadischen Veranstaltungen und Aktivitäten verschiedenster Art. Geöffnet Di - So ab 18h.

GEHÖRLOSEN KULTUR- UND JUGENDZENTRUM
Radegunderstr. 10
8045 Graz
Tel. 0316/ 67 13 27

Dir. Hans Maier

Private Vereinigung und Interessensverband zur Hilfe hörgeschädigter Menschen mit Beratungstätigkeit (Hilfe bei der Arbeitssuche, Dolmetsch), Erwachsenenbildung durch ständiges Kursangebot, Sitz des Gehörlosen-Sportverbandes, Rechtsberatung, modernst eingerichtete Schulungs- und Beratungsräume, Sporträume, Frühförderung hörgeschädigter Kleinkinder und Kinder.

P: W Z: LESEN STATT HÖREN (6)

JUGENDZENTRUM TREFF 265
Kärntnerstr. 265
8700 Leoben
Tel. 03842/ 23 1 66

Mit dem schmalen Veranstaltungsbudget von rund 3000 S werden ab und zu Konzerte und Kabarettauftritte organisiert.

P: M,K

JUGENDZENTRUM EISENERZ
Hieflauer Str. 45
8790 Eisenerz
Tel. 03848/ 3170

Das lange Zeit von der Gemeinde geführte Jugendzentrum verwaltet sich seit Juli 1987 selbst. Etwa alle 2 Monate werden kleinere Veranstaltungen durchgeführt.

P: M,L

BUNTE FABRIK - Jugend- und Kommunikationszentrum Kapfenberg
Stadtwerkestr. 2
8605 Kapfenberg
Tel. 03862/ 23 5 01

Christian Pirker

Aus der BUNTEN FABRIK ist in den 5 Jahren seit ihrer Gründung ein Kommunikationszentrum für das ganze Mürztal geworden, das ein buntes und vielfältiges Veranstaltungsprogramm bietet. Ein Cafe, Arbeitsgruppen und diverse Sozialprojekte ergänzen die Aktivitäten. Da ein Großteil der Angestellten über die mittlerweile stark gekürzte "Aktion 8000" des Sozialministeriums beschäftigt ist, steht die Zukunft der BUNTEN FABRIK derzeit in den Sternen. Einstweilen hofft man noch auf die Vernunft der Geldgeber; schließlich werden den Jugendlichen in der BUNTEN FABRIK auch 7 Arbeits- und 16 Ausbildungsplätze geboten.

P: M(j,p,f),T,L,F,V,W,D

JUGENDZENTRUM PÖLLAU

Bernhard Zangl
8285 Pöllau 319
Tel. 03335/ 2484

Neben dem Betrieb des Jugendzentrums gibt es in unregelmäßigen Abständen verschiedene Veranstaltungen und 2 - 3 Konzerte pro Jahr.
P: M(j),K,L

JUGENDHAUS DEUTSCHLANDSBERG
Kirchengasse 1
8530 Deutschlandsberg

Roland Kummer
Vochera a.W. 100
8524 Bad Gams

Im JUGENDHAUS DEUTSCHLANDSBERG, 1982 aus einer Jugendinitiative entstanden, besteht ein mehr oder weniger regelmäßiger Lokalbetrieb mit vereinzelten Konzerten. Trotz chronischen Geldmangels und erheblicher Raumnot versucht man, ein Kommunikationszentrum zu schaffen, das Profit abwirft, um damit Kleinkunst nach Deutschlandsberg zu bringen. Bisherige Erfahrungen:

1) Es ist praktisch unmöglich, Geld für größere Adaptierungsarbeiten aufzutreiben;
2) Wenn es keinen "offiziellen Aufpasser" gibt, gerät man bei der Bevölkerung sofort in Verruf;
3) Wenn man viel Geduld aufbringt, kann man sogar mit Behörden gut zusammenarbeiten (Stadtgemeinde).

P: M

JUGENDZENTRUM EIBISWALD

Robert Zirngast
8552 Eibiswald 194
Tel. 03466/ 42 4 74

Im JUGENDZENTRUM EIBISWALD finden zwar keine Kulturveranstaltungen statt, in Zusammenarbeit mit der -> STEIRISCHEN KULTURINITIATIVE werden aber kulturelle Animationsprojekte durchgeführt. Die Jugendlichen haben im Frühjahr 1987 eine Tonbildschau erarbeitet, für Herbst ist ein Theaterprojekt angesetzt.

perspektive

Literaturgruppe PERSPEKTIVE

Thomas Karny (Redaktion)
Körblerg. 88
8010 Graz
Tel. 0316/ 31 88 64

Gegründet 1977 in Bad Ischl, hält die PERSPEKTIVE nun seit 1982 ihre Stellung in Graz, flankiert von Mitarbeitern in Wien, Salzburg und Bad Ischl. Konsequent verfolgtes Ziel: jungen und zumeist unentdeckten literarischen Talenten ein Medium zur Verfügung zu stellen. Erscheint ein- bis zweimal jährlich, alle vierzehn Tage treffen sich junge Autoren mit ihrem Publikum im Haus der Jugend in Graz.

gangan®

PROJEKT GANGAN/GANGAN VERLAG
Radegunderstr. 30c
8045 Graz
Tel. 0316/ 64 75 75 od. 70 70 55

Horst Gerald Ganglbauer
Praterstr. 15/3/32
1020 Wien
Tel. 0222/ 248 97 32

Der Verlag ist aus dem 1983 gegründeten PROJEKT GANGAN hervorgegangen. 1984 erschien das erste GANGAN JAHRBUCH, daneben gab es Autorenlesungen, Straßenliteraturtage, den "gangan jour fix" u.a. In der Lyrikreihe "gedichte" fördert der Verlag insbesondere junge Autor(inn)en, die nicht an traditionelle Formen der Lyrik gebunden sind. Das GANGAN JAHRBUCH bringt ausschließlich unveröffentlichte Prosa, Dramatik und Lyrik. Der Verlag trägt das verlegerische Risiko zur Gänze, weshalb nur wenige Titel jährlich erscheinen. Ausstattung und Gestaltung der Bücher mit klarem Erscheinungsbild ("gangan-Riß") sind für den Verlag charakteristisch.
Z: GANGANVIERTEL (Ab Herbst 1987)

BESTÄNDE
TEXTE UND BILDER FÜR KULTURABHÄNGIGE

BESTÄNDE
CULTURCENTRUM WOLKENSTEIN
8943 Aigen/Ennstal

Reinhard Gosch (Literatur)
Werner Reiterer (Bildende Kunst)

Großformatige, umfangreiche Kulturzeitschrift mit anspruchsvollen Beiträgen zur Literatur und Bildenden Kunst (wunderschöner Bildteil), erscheint vierteljährlich.

KULTURREGIONALSNACHRICHT ENNSTAL

Eva Salfellner
8943 Aigen/Ennstal
Tel. 03682/ 31 86

Ersterscheinung April 1986, unentgeltliche Serviceinformation und Nachrichten von -> CCW, -> FORUM L, -> 's FILMKISTL, -> FOTOCLUB HALL, -> LITERARISCHE KOOPERATIVE ENNSTAL und -> KULT-URVIECH.

STERZ
Zeitschrift für Literatur, Kunst und Kulturpolitik

DI Gernot Lauffer
Mandellstr. 10
8010 Graz
Tel. 0316/ 14 1 46

"STERZ versteht sich als dezentrale Zeitschrift für Literatur, Kunst und Kulturpolitik.
STERZ geht neue Wege bei der Vermittlung von Lyrik und Prosa, bildender Kunst und essayistischen Äußerungen.
STERZ ist ein Kulturmagazin, das Interessierte aus allen Bevölkerungsschichten anspricht.
STERZ ist ein Medium des Kulturdialogs, das zwischen Kreativen und Bemühten, zwischen Stadt und Land, zwischen Intellektuellen und Normalverbrauchern vermittelt.
STERZ erscheint im Format 30x40cm mit ca. 50 Seiten 4 mal jährlich."

REIBEISEN
Literaturkreis Kapfenberg
Adalbert-Stifter-Straße 11
8605 Kapfenberg

Die Zeitschrift ist 1983 aus den Aktivitäten des "Arbeitskreises für Literatur" an der VHS Kapfenberg entstanden, erscheint einmal im Jahr und bringt Beiträge von Autoren aus Kapfenberg und Umgebung.

"DER" VENTIL
Postfach 106
8160 Weiz

Johann Filzer
Klammstr. 2/65
8160 Weiz

Vor nunmehr sieben Jahren als Informationsblatt des offenen Jugendzentrums Weiz gegründet. Als das JZ geschlossen wurde, entwickelte sich lediglich das Zeitungsprojekt weiter. Ein eigener Trägerverein wurde gegründet, heute ist "DER" VENTIL ein anerkanntes Medium, das sich mit Fragen der Demokratie, Politik und Kultur beschäftigt. 1987 wurde erstmals die broschürte Lyrikreihe REFLEXIONEN aufgelegt (bisher Jack Unterweger, Eva Klepp-Afritsch, Johann Barth). Daneben werden verschiedene Veranstaltungen organisiert.
P: L,K,V

MANUSKRIPTE - Zeitschrift für Literatur

Dr. Alfred Kolleritsch
Forum Stadtpark
8010 Graz
Tel. 0316/ 75 6 08

Seit 1960 ist die Grazer Literaturzeitschrift MANUSKRIPTE ein wesentlicher Faktor des Literaturgeschehens im deutschen Sprachraum. In den bisher vorliegenden Jahrgängen dokumentiert sich unter anderem die Entwicklung einer neuen österreichischen Literatur. Entscheidend war am Anfang die Akzeptierung der Thesen und Experimente der Wiener Gruppe, die Weiterentwicklung der dort initiierten "Arbeit mit der Sprache". MANUSKRIPTE veröffentlichen ausnahmslos Erstdrucke mit dem Ziel, junge Talente zu fördern.

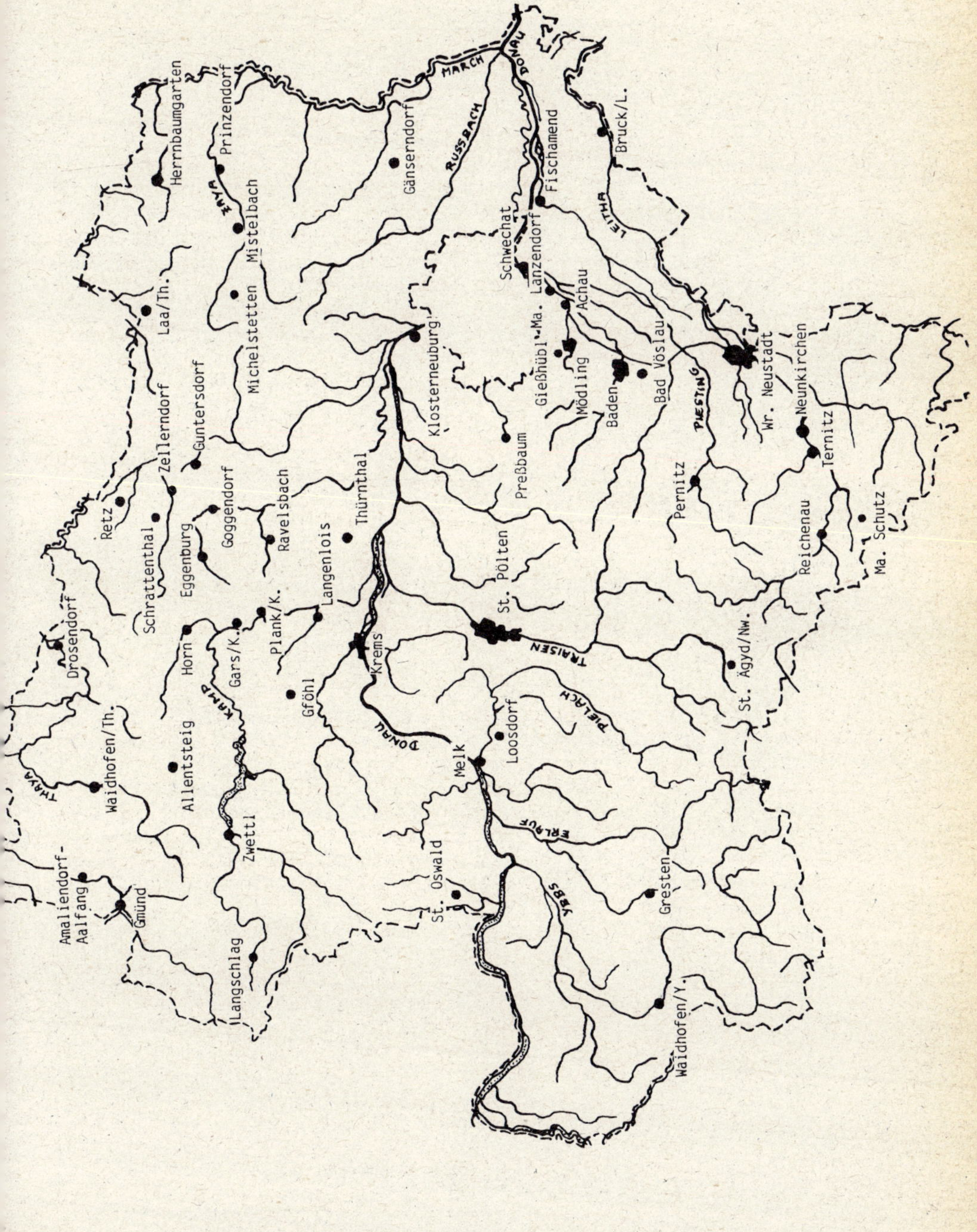

NIEDERÖSTERREICH

Jugendclub TAVERNE
2151 Michelstetten 2
Tel. 02525/ 6512

Roman Tröster
0222/ 42 22 32

Seit Sommer 1983 wird ein alter Bauernhof in Michelstetten zu einem Jugendtreff und Veranstaltungslokal um- und ausgebaut. Hier soll ein Klima entstehen, das persönliche Aktivitäten zuläßt, dem Spaß sein Recht verschafft. Das zukünftige Programm sieht unter anderem vor: jährlich zwei große Feste (Bob-Dylan-Fest im Frühjahr, Michelstetten-Fest im Herbst), dazwischen immer wieder kleinere Konzerte. Daneben sollen auch alle Sparten der Kunst und des Kunsthandwerks (Töpfern, Weben...) berücksichtigt werden. Gemeinschaftsaktionen mit anderen Gruppen sind gleichfalls geplant.
P: M(p,j,b,f),L,W,K Z: TAV TAV (12)

Kultur- & Sportverein VIS A VIS
Staatsbahnstr. 13
2136 Laa/Th.

Josef Schick
Parkstr. 17
2170 Wetzelsdorf
Tel. 02552/ 3478

Seit 5 Jahren betreibt der Kultur- und Sportverein VIS A VIS in einem zentral gelegenen, alten Haus ein Lokal, das den Jugendlichen der Umgebung eine Alternative zur üblichen Disco und zu den Gasthäusern bietet (geöffnet Fr - So). Sport und Kultur liefern Anreize für Körper und Geist. Die kulturellen Aktivitäten bleiben allerdings - sieht man vom alljährlichen Festival KUMULIT (Präsentation von Bildender KUnst, MUsik und LITeratur) ab - wegen der räumlichen und finanziellen Grenzen eher in kleinem Rahmen.
P: M,L,F,V

Gasthaus "WEISSES RÖSSL"
Kremserstr. 4
3564 Plank/K.
Tel. 02985/ 8213

Jonny Diewald
Altenhof 11
3564 Plank/K.
Tel. 02733/ 6454

Das Kulturgasthaus Plank ist ein Haus mit vielen Möglichkeiten: Wirtshaus, Saal, Seminarräume, Schlafräume, Büro der ARGE REGION KULTUR (-> Teil 2) - ein Treffpunkt für Aktivisten und Konsumenten, auch ein Platz zum Ruhigwerden. Und im laufenden Veranstaltungsbetrieb werden fast alle Bereiche der Kunst und Kultur präsentiert.
P: M,L,A,K,D

Kulturverein WURZELHOF
Marktplatz 36
3921 Langschlag
Tel. 02814/ 378

Hans Häusler

1984 kauften einige Gründungsmitglieder des Vereins die ehemalige Kuenringer Taverne, die seit 20 Jahren leergestanden hatte. Das Gebäude, 1981 unter Denkmalschutz gestellt, wurde mit Eigenleistung, Eigenmitteln und Förderungen von Bund und Land renoviert. Seit Dezember 1985 ist das alte Gasthaus wiedereröffnet, seit Mai 1986 gibt es außerdem ein Seminarhaus, Kurse und ein Kulturprogramm, das Zuschauer aus den Bezirken Zwettl und Gmünd anlockt.
P: M(b,j,f),K,T,W Z: WURZELHOF-INFO (Pz, 4)

KINOBÜHNE
Hauptstr. 54
3021 Preßbaum
Tel. 02233/ 2620

Hans Resch

In Privatinitiative wurde das ehemalige Kino von Preßbaum zu einem Veranstaltungssaal, Beisl und Jugendtreff ausgebaut. Das Lokal ist täglich bis Mitternacht geöffnet und mit Billard und Aufenthaltsräumen auch als Anziehungspunkt für Jugendliche konzipiert. Der als Träger fungierende "Verein zur Förderung kultureller Aktivitäten in Niederösterreich" führt nach der völligen Einstellung des Kinobetriebs vor allem Musikveranstaltungen durch.
P: M(p,j)

VERANSTALTER

WERKBANK - GMÜNDER KULTUR-EXPERIMENT

Klaus Dacho
Lagerstraße 45
3950 Gmünd
Tel. 02852/ 2791

Seit 1982 bemühen sich einige junge Leute, Bewegung in das Kulturleben der Grenzstadt Gmünd zu bringen. Was ursprünglich als Podium zur Selbstdarstellung und Diskussion für die Mitglieder (zunächst nur Literaten, später auch Musiker, Maler, Fotografen) entstand, entwikkelte sich bald über diesen engen Kreis hinaus, denn man bekam rasch zu spüren, daß nur dann genügend Publikum anzulocken ist, wenn auch bekannte Künstler im Programm aufscheinen. In Monatsintervallen bietet die WERKBANK seither eine breite Palette von Veranstaltungen. Die bisher größten Projekte waren ein Open-Air-Festival 1983 und der VERDICHTETE HERBST (u.a. mit Artmann, Turrini, Bauer).
P: M,L,K

KULTURINITIATIVE AMALIENDORF - AALFANG

Dr. Franz Kadrnoska
Ringstr. 147
3872 Aalfang
Tel. 0222/ 96 12 133

Eine Kulturinitiative im umfassenden Sinn, in ihrer Wirkung auf das lokale Umfeld (Amaliendorf, Aalfang, Falkendorf) beschränkt, in ihrer Aktivität jedoch offen und vielgestaltig: Jeden Herbst eine Austellung zu einem regionalen Thema, Feste, Singabende, Vorträge bzw. Diskussionen über Umweltprobleme usw. Die KULTURINITIATIVE AMALIENDORF - AALFANG betreibt gemeinsam mit der Gewerkschaftsjugend eine Bibliothek, betreut eine Langlaufloipe und ist auch beim -> WALDVIERTLER SCHMALSPURBAHNVEREIN entscheidend mitbeteiligt.
P: A,D,V Z: UNSERE GEMEINDE (4)

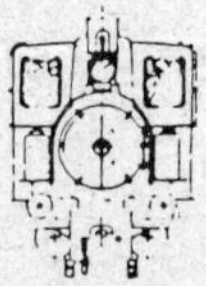

WALDVIERTLER SCHMALSPURBAHNVEREIN
Postfach 24
3950 Gmünd

Dr. Franz Kadrnoska
Tel. 0222/ 96 12 133

Um der drohenden Stillegung der Schmalspurlinie von Gmünd nach Litschau und Heidenreichstein entgegenzuwirken, entstand der WALDVIERTLER SCHMALSPURBAHNVEREIN, dem auch 5 der 6 betroffenen Gemeinden als Mitglieder angehören. Dieser wickelt seit kurzem den Personenverkehr auf der genannten Strecke ab - als angekündigte Fahrten zu bestimmten Anlässen und als Bedarfsfahrten (Betriebsausflüge usw.). Das Projekt hat nicht nur aus Sicht des Fremdenverkehrs Bedeutung, sondern trägt auch zur Stärkung der regionalen Identität bei.

KRITISCHER KLUB

Mag. Norbert Müllauer
Kirchbach
3911 Rapottenstein

Der KRITISCHE KLUB entstand 1982 als "überparteiliches Forum für eine kritische Auseinandersetzung zu speziellen Themen im Bereich Kultur, Politik, Gesellschaft". Im Gasthof Schierhuber in Zwettl wurden in Monatsabständen Diskussionen, Vorträge, Lesungen abgehalten - bis Norbert Müllauer, der Initiator all dieser Aktivitäten auf Weltreise ging. Mit seiner Rückkehr - wann auch immer das sein mag - ist eine Wiederbelebung des derzeit in Dornröschenschlaf versunkenen KRITISCHEN KLUBS zu erwarten.

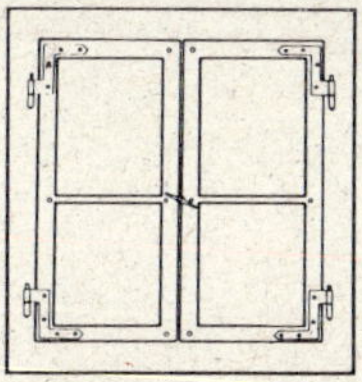

Kulturverein DAS FENSTER

Dr. Wolfgang Becvar
3684 St. Oswald/Yspertal 73
Tel. 07415/ 259

Wolfgang Becvar, Tierarzt und Schriftsteller in Personalunion, möchte mit dem im Frühjahr 1987 gegründeten FENSTER eine Alternative zu Stadl- und Feuerwehrfesten bieten und versucht, bodenständige Kulturformen (Brotbacken, Weben, Spinnen, Töpfern) "modernen" künstlerischen Darbietungen gegenüberzustellen. Etwa alle 6 Wochen finden über das Wochenende Veranstaltungen im Kleinkunstbereich statt (für mehr ist kein Geld da), das Echo ist bei den Zweithausbesitzern und Lehrern positiv, bei den Landwirten eher abwartend.
P: T,K,M,F,A

FOLKCLUB WAIDHOFEN/TH.
Postfach 61
3830 Waidhofen/Th.

Herbert Höpfl
Hamernikg. 22
3830 Waidhofen/Th.
Tel. 02842/ 2212

Entstanden aus einem Freundeskreis, der nicht hinnehmen wollte, daß sich die örtliche Jugendkultur auf Diskotheken beschränkt. Höhepunkt der nunmehr achtjährigen Tätigkeit des "Vereins zur Förderung europäischer Volksmusik" ist das alljährliche MUSIKFEST Anfang Juli im Thayapark (1987 mit 1300 Besuchern). Dazu kommen noch etwa 20 Veranstaltungen pro Jahr im "Wolfskeller", wobei nach dem Abflauen der "Folkwelle" das Spektrum wesentlich breiter geworden ist: Jazz, Blues, Klassik, Lesungen und Kabarett haben Einzug gehalten.
P: M(j,b,f,k),K,L

WALDVIERTEL-AKADEMIE
Ilse Ballieul (Sekretariat)
Unter-Thürnau 26
2095 Drosendorf

Dr. Wolfgang Müller-Funk
Hauptplatz 24
2095 Drosendorf

Offizielle Gründung 1984, seither regelmäßige Veranstaltungen in Pöggstall, Weitra und Drosendorf, aber auch in anderen Orten des Waldviertels (Eggenburg, Traunstein, Straß). Die WALDVIERTEL-AKADEMIE versteht sich als akademische Einrichtung neuen Typs, dezentral, unbürokratisch, regional organisiert und verankert, aber zugleich weltoffen. Sie möchte mithelfen, das Waldviertel auch als Kulturlandschaft attraktiv zu machen, als "Provinz des Menschen" (Canetti). Inhaltlich konzentriert man sich auf regionale Projekte (Architektur, Jugend, Ökologie) und auf wissenschaftlich-künstlerische Veranstaltungen.

DROSENDORF AKTIV
Schloßplatz 1
2095 Drosendorf
Tel. 02915/ 321 (oder 219)

Brigitte Maurer

Der "Verein zur Förderung von Fremdenverkehr, Kunst, Literatur und Wirtschaft in der Stadtgemeinde Drosendorf-Zissersdorf" wurde im Jahr 1981 reaktiviert. Er organisiert Ausstellungen und Lesungen in der "Galerie im Bürgerspital", Musikveranstaltungen (Schloßkonzerte), ferner die DROSENDORFER HERBSTTAGE. Durch einen Fahrradverleih, Informationsbroschüren, Ausflugsvorschläge usw. soll auch speziell für Gäste "etwas geboten werden".
P: A,L,M(k)

AKTIVZENTRUM WALDVIERTEL

Reinhard Winkelhofer
Hauptplatz 5
3542 Gföhl
Tel. 02716/ 454

Gegründet vor 6 Jahren, um das kulturelle Vakuum im Raum Gföhl, das vor allem für jüngere Leute stark zu spüren war, zu füllen. Die Gruppe veranstaltet Konzerte, Lesungen, zeigt Filme, beschäftigt sich auch mit Umweltfragen. Derzeit ist man auf der Suche nach eigenen Räumlichkeiten, da die Gegebenheiten in den Gasthäusern von Gföhl für die meisten Veranstaltungen nicht optimal sind.
P: M(p,j,b,f),K,L,A

LATON
Postfach 14
3542 Gföhl

"Laton ist ein flexibles unabhängiges Projekt und ist an nichts und niemanden gebunden, außer an sich selbst. Das Hauptaugenmerk liegt auf Archivierung, Gestaltung und Organisation von Veranstaltungen, Produktion, Vertrieb und Sammlung von traditionellem Kulturschaffen (Regionalbereich Waldviertel), weiters für experimentelles, interdisziplinäres und nonkonformes musikalisches, literarisches und visuelles Kunstschaffen auf internationaler Ebene, welches im herkömmlichen Kunst- und Kulturbetrieb kaum zum Tragen kommt. Es besteht Interesse an jeder Art von Zusammenarbeit und Reaktion."
P: F,M,L

BWI - WALDVIERTLER BILDUNGS- UND WIRTSCHAFTSINITIATIVE
Neuer Markt 18
3910 Zwettl

Toni Rohrmoser
Körnermarkt 4
3542 Gföhl
Tel. 02716/ 401

Die WALDVIERTLER BILDUNGS- UND WIRTSCHAFTSINITIATIVE ist nicht nur ein Regionalverein der ÖAR (-> Teil 2), sondern zugleich auch Musterbeispiel für einen gelungenen Ansatz zur eigenständigen Regionalentwicklung. Wirtschaftliche Förderungsmaßnahmen werden ergänzt durch Bildungs- und Kulturarbeit. So entstanden aus dem Bereich der BWI nicht nur zahlreiche Wirtschaftsprojekte (BERSTA, Schuhwerkstatt Schrems u.a.), sondern auch Initiativen im kulturellen Bereich. Die BWI ist Herausgeber der Regionalzeitung -> LEBENSZEICHEN und tritt zuweilen als Veranstalter auf (z.B. WALDVIERTEL-FEST im Sept. 1987).

FILM-THEATER ALLENTSTEIG
3804 Allentsteig
Tel. 02824/ 663

Im September 1986 als Kino und Kulturraum eröffnet, bringt das FILM-THEATER ALLENTSTEIG nicht nur Filme, sondern auch Theater, Musik, Pantomime, plant kleine Festivals und will ganz allgemein ein Ort der Kommunikation sein, der persönliche Atmosphäre und "Sich-Wohlfühlen" bietet und der Angebote von außen gerne annimmt. Geöffnet täglich außer Mo, Di.
P: F,M,T,L,V,P

EXAKTE TENDENZEN
(KUNSTRAUM BUCHBERG)
Schloß Buchberg/Kamp
3571 Gars am Kamp
Tel. 02985/ 28 8 65

Gertraud und Dieter Bogner
Passauerplatz 9/19
1010 Wien
Tel. 0222/ 66 39 64

Der "Verein zur Förderung konstruktiver Kunst und Gestaltung" entstand 1979 in Fortsetzung der Tätigkeit einer Gruppe österreichischer Künstler; konkreter Anlaß war ein in Schloß Buchberg veranstaltetes internationales Symposion über konstruktive Kunst. Seit 1981 werden auf Schloß Buchberg Ausstellungen/Raumkonstruktionen abstrakter und konkreter Kunst präsentiert, Material dazu gesammelt und dokumentiert, Publikationen, Schallplatten und Graphikmappen herausgegeben und einmal jährlich ein interdisziplinäres Kunstgespräch organisiert (1987: "Kunst und Ökologie").
P: A,V,W

LILA - LEBEN IN LANGENLOIS

Senta Baumgartner
Johann-Kargl-Str. 11
3550 Langenlois
Tel. 0222/ 96 10 842

Alles begann mit einer Idee, die bald fallengelassen werden mußte: das Langenloiser Kino wieder zu bespielen. Inzwischen ist LILA trotz der Weigerung, sich eine formale Struktur (Verein) zu geben, trotz unterschiedlicher Motivationen der Mitglieder und trotz anfänglicher Diffamierungen zu einem bestimmenden Faktor des Lebens in Langenlois geworden. Das Auftreten gegen eine rechtsradikale Gruppe, die in einer nahegelegenen Ruine ihre "Übungen" abhielt, hat auch gerichtliche Folgen gehabt und sehr viel Kraft gekostet, sodaß für einen Veranstaltungsbetrieb derzeit keine Energie übrigbleibt.

1. KREMSER JAZZCLUB
Körnermarkt 13
3500 Krems

Dieter Lainer
Obere Landstr. 8
3500 Krems
Tel. 02732/ 2818

Der schon vor 22 Jahren entstandene 1. KREMSER JAZZCLUB spielte jahrelang eine sehr wichtige Rolle für die heimische Jazzszene: Eine lange Liste prominenter Gäste - aktiver wie zuhörender - und über 30 Rundfunkmitschnitte geben Zeugnis davon; insgesamt wurden bereits mehr als 1000 Veranstaltungen durchgeführt. Im 1968 eröffneten Jazzkeller gab es lange Zeit ein breitgestreutes Programm mit Konzerten, Lesungen, Ausstellungen usw. Nach Gründung der -> SZENE KREMS zog sich der JAZZCLUB wieder auf sein ursprüngliches Metier Jazz zurück, mitunter dient er auch als Aufführungsort für zwei lokale Theatergruppen.
P: M(j),T

SZENE KREMS

Dieter Lainer
Obere Landstr. 8
3500 Krems
Tel. 02732/ 2818

Die SZENE KREMS, 1981 aus dem -> KREMSER JAZZCLUB hervorgegangen, möchte einerseits Veranstaltungen aller Art durchführen, andererseits die Bevölkerung von Krems zu selbständigen Aktionen aktivieren. Die vergleichsweise gute finanzielle Stützung durch die Stadt sowie der Bekanntheitsgrad von Initiative und Initiatoren erlauben eine kontinuierliche Tätigkeit, die derzeit nur von Schwierigkeiten mit Veranstaltungsräumen etwas getrübt wird.
P: M,L,A,K

WEINVIERTLER KULTURSOMMER
Gaindorf 1
3720 Ravelsbach

Gerhard Gutruf

Im westlichen Weinviertel werden im August jeden Jahres unter dem Titel WEINVIERTLER KULTURSOMMER bildnerische und musikalische Seminare mit namhaften Künstlern abgehalten. Das Rahmenprogramm bilden musikalische und literarische Darbietungen sowie Diskussionen und wissenschaftliche Vorträge.
P: M,L,D,V

Lesehaus Post

LESEHAUS
3714 Goggendorf 65

Eduard Mildschuh
3714 Goggendorf 30
Tel. 02959/ 25 7 05

300 Freunde und Bekannte lud Eduard Mildschuh zu einem "Schupfenfest" anläßlich seines 50. Geburtstages ein, 100 davon kamen und ließen in ihm den Entschluß reifen, das bis dahin leerstehende Haus öfter für Zusammenkünfte zu nützen. So steht nun das LESEHAUS offen für alle, die hier etwas auf-lesen, vor-lesen wollen, für alle, die miteinander sehen, hören, sprechen möchten. "Kunst aus dem Volk, nicht für das Volk."

P: L Z: LESEHAUS POST (ca. 9)

KÜNSTLERGEMEINSCHAFT WESTLICHES WEINVIERTEL

Helmut Korherr
3714 Goggendorf 99
Tel. 02959/ 25 2 62

Ein Verbund von Künstlern, die in der Region leben und arbeiten. Die Arbeit des Vereins konzentriert sich auf die Schwerpunkte Malerei und Literatur mit entsprechenden Veranstaltungen (Ausstellungen, Lesungen, Theateraufführungen, Organisation der SITZENDORFER KULTURTAGE...). Darüber hinaus widmet sich die KÜNSTLERGEMEINSCHAFT auch umweltpolitischen Fragen, der Ortsbildgestaltung, dem biologischen Landbau, einer konstruktiven Dorferneuerung u.ä.

P: T,A,L

THEATER IM STADL
2042 Guntersdorf 201
Tel. 02952/ 2420

Vor zwei Jahren wurde ein alter Stadl von der THEATERGRUPPE WESTLICHES WEINVIERTEL adaptiert und als Spielstatt eingerichtet. Geplant ist, aus dem STADL ein wintersicheres Theaterzentrum des Weinviertels zu machen, das auch die Arbeit anderer Gruppen vorstellt. Die endgültige Ausführung hängt sowohl von den verfügbaren Finanzen als auch vom Publikum ab, das sich Gastspielen gegenüber reserviert verhält. Lokale Produktionen werden dagegen gestürmt.

P: T

FILMCLUB RETZ

Reinhard Böhm
Obernalb 191
2070 Retz
Tel. 02942/ 33 3 62

Ein kleines Häuflein von Cineasten zog die Reaktivierung des Retzer Filmclubs, der schon einmal vor 4 Jahren für kurze Zeit bestanden hatte, der allgemeinen Verzweiflung über die "ländliche Kinoprogrammgestaltung" vor. Seit Februar bestreitet der Club einmal im Monat das Programm im Retzer Kino, seither wird der Kinobesuch für durchschnittlich etwa 50 Zuschauer zum kulturellen Ereignis.
P: F

ÖKO IMPULS Zellerndorf

ÖKO-IMPULS

Johann Geber
Lindenstr. 20
2051 Zellerndorf
Tel. 02945/ 7073

"Fremdenverkehrs-, Verschönerungs- und Umweltschutzverein", dessen Hauptziel es ist, das Ökologieverständnis der Bevölkerung zu verbessern, sie auf Mißstände aufmerksam zu machen und Veränderungen zu erreichen. So wurden unter anderem eine Reaktivierung der Pulkau mit Uferbepflanzung, eine Altbatterien- und Altölsammlung durchgeführt. Dazu kommen Bemühungen, die Tagesausflügler zum Umsteigen auf das Fahrrad zu motivieren, um auf diesem Wege die Kulturschätze des westlichen Weinviertels bekannter zu machen. Der Verein hat etwa 50 Mitglieder, die aus allen Berufsgruppen kommen.
P: D,V

Kulturverein PODIUM THÜRNTAL

Sepp Aichinger
Hauptstr. 7
3474 Altenwörth

Zweieinhalb Jahre lang organisierte PODIUM THÜRNTAL in einem Gasthaus Kulturveranstaltungen (Konzerte, vor allem Jazz; Pantomime, Theater, Ausstellungen), verlor 1985 jedoch wegen zu hoher Miete das Lokal, worauf die Aktivitäten stark zurückgingen. Sepp Aichinger ist vor kurzem nach Altenwörth umgezogen und möchte seine kulturellen Aktivitäten dort fortsetzen; was aus den Resten des Kulturvereins PODIUM THÜRNTAL wird, steht in den Sternen.

CLUB SCHRATTENTHAL

Dr. Gerhard Hruby
2073 Schrattenthal 101
Tel. 02946/ 313

Im Juli 1983 beschloß ein Dutzend Einwohner der Weinviertler Kleinstadt Schrattenthal, den Dingen nicht ihren Lauf zu lassen und den eigenen Lebensraum mitzugestalten. Der daraufhin gegründete Club, dessen Hauptziel die Sorge um eine lebendige Dorfgemeinschaft ist, widmet sich seitdem einer breiten Palette von Aufgabenstellungen: Landschaftspflege, Ortsbildgestaltung, Kulturveranstaltungen, Jugendarbeit, Fremdenverkehr usw.
Z: SCHRATTENTHALER STADTZEITUNG (2)

diE GALERIe s'PRESSHAUs 2171 HerRNBAUMGARTeN

Galerie s'PRESSHAUS

Gottfried Umschaid
Hauptstr. 49
2171 Herrnbaumgarten

Herrnbaumgarten wäre ein ganz gewöhnlicher kleiner Ort im Weinviertel, wenn nicht Gottfried Umschaid dort wohnen , eine Galerie betreiben, ab und zu Veranstaltungen abhalten (Konzerte, Lesungen, Kabarett) und darüberhinaus einige einzigartige Ereignisse in Szene setzen würde: ein Schneckenrennen für Weinbergschnecken, die 1. Österreichische Nonsense - Erfindermesse, den 1. Heurigen Österreichischen Richtungskongreß (HÖRK) u.ä.
P: M,L,K

KULTODROM MISTELBACH

Otmar Biringer
Eibesthal 82
2130 Mistelbach
Tel. 02572/ 4267

Das KULTODROM, geboren 1979, sorgt seit etwa 4 Jahren für ein regelmäßiges Angebot an Kulturveranstaltungen im Raum Mistelbach. Die etwa 20 Kleinveranstaltungen pro Jahr wurden heuer erstmals durch ein Projekt größeren Ausmaßes ergänzt (1. KULTODROM FOLK-FESTIVAL, dreitägig, Ende Mai).
P: M(f,j,b),L,K

KULTURBUND WEINVIERTEL
Museumsgasse 4
2130 Mistelbach

Prim. Dr. Kenyeres

Eine der zahlreichen Aktivitäten des vom Augenfacharzt und Fotografen Dr. Kenyeres betreuten und geleiteten KULTURBUNDES

WEINVIERTEL ist die "Aktion M - Museum Mistelbach": in einem leerstehenden Barockschlößl in Mistelbach wurde vor 5 Jahren ein Museum für zeitgenössiche Kunst eingerichtet. Bei den etwa 7 Ausstellungen im Jahr geht es vor allem um Niveau und Qualität und um die Vermittlung von Kunst an ein breitgestreutes Publikum. In offenen Clubabenden wird jeden Montag zu einem aktuellen Thema diskutiert. Neben den eigenen Aktivitäten ist der KULTURBUND auch Anlaufstelle für andere Kulturgruppen und Künstler im Weinviertel, in einer eigenen Zeitschrift wird deren Programm vierteljährlich veröffentlicht.

P: A,D,L

Z: KULTURNACHRICHTEN AUS DEM WEINVIERTEL (4)

DAS ORGIEN MYSTERIEN THEATER
Schloß 1
2185 Prinzendorf

Hermann Nitsch

Aktionen des ORGIEN MYSTERIEN THEATERS fanden seit 1962 in mehr als 20 Städten Europas und Nordamerikas statt. 1971 wurde Schloß Prinzendorf erworben. Neben den alljährlichen Pfingstfesten fanden bis jetzt Voraufführungen des Hauptwerks von Hermann Nitsch - des "6 Tage Spiels" - statt. 1975 wurde ein Tag und eine Nacht realisiert, 1978 ein Tag, 1984 3 Tage und 3 Nächte, 1987 ein Tag. Ziel der Bestrebungen von Hermann Nitsch ist es, das "6 Tage Spiel" in Prinzendorf jährlich mindestens einmal aufzuführen.

GRESTEN INITIATIV

Dr. Walter Salaberger
Lindeng. 5
3264 Gresten
Tel. 07487/ 2700

Der Verschönerungs- und Kulturverein GRESTEN INITIATIV, ursprünglich aus der Sorge um den drohenden Verfall des ältesten Gebäudes Grestens, der Gartlmühle gegründet, versteht sich als parteipolitisch unabhängiges Forum für jene, die etwas zur Verschönerung des Ortsbildes und zur Bereicherung des kulturellen Lebens beitragen wollen. GRESTEN INITIATIV engagierte sich vor allem bei der Neugestaltung des Oberen Marktes, die im September offiziell abgeschlossen wird und führt daneben auch etwa in monatlichen Abständen Kulturveranstaltungen aller Art durch.

P: T,A,M(b,k,f),W

TRIEBWERK WAIDHOFEN/Y.

Werner G. Fally
Luegerbichl 11
3333 Böhlerwerk

Der überparteiliche Jugendverein TRIEBWERK entstand aus den Bestrebungen, in Waidhofen ein selbstverwaltetes Jugendzentrum einzurichten. Dies ist schon deshalb eine Notwendigkeit, weil die Gemeinde selbst kaum kulturelle Arbeit für junge Leute leistet und die einzigen Orte gemeinsamer "Freizeitgestaltung" die Gasthäuser sind. Doch die Verhandlungen scheiterten, ein auch für die Gemeinde akzeptables Gebäude wird abgerissen, auf dem Gelände ein Parkplatz errichtet. Die daher vorerst einzige Aktivität des TRIEBWERKS ist die Organisation des GRASBERG OPENAIR, das alljährlich im September stattfindet.
P: M(p,j)

SPIELGRUPPE LOOSDORF

Franz Jansky
Hürmerstr. 5
3382 Loosdorf

Die SPIELGRUPPE LOOSDORF, entstanden vor 12 Jahren in Zusammenhang mit dem Bau eines Spielplatzes, hat in letzter Zeit ihre Aktivitäten sehr eingeschränkt; die Interessen der Mitglieder gehen zum Teil verstärkt in Richtung Ökologie, "New Age" usw. Die einzigen Reste des früheren Selbstverständnisses sind eine Theaterspielgruppe und gelegentliche Gastspiele des Kabarettisten Josef Hader.
P: K

ARGE KUNSTWERK (AKU)
Postfach 475
3101 St. Pölten

Franz Christian Brocza
Wenzel-Kaska-Str. 9
3100 St. Pölten
Tel. 02742/ 57 80 03

Die ARGE KUNSTWERK ist ein neuer Verein zur Förderung des Kulturgeschehens im Raum St. Pölten. Der Großteil der Mitglieder ist bereits seit Jahren in der St. Pöltner Kulturszene tätig. Die AKU soll zum einen als Koordinationsstelle für alle Künstler, Initiativen und engagierte Gruppen fungieren, zum anderen selbst Impulse auf allen Gebieten der Kunst setzen. In Lokalen werden kleine Veranstaltungen mit meist jungen, unbekannten Künstlern durchgeführt; auch an der Gestaltung des Landeshauptstadtfestes 1987 war die AKU beteiligt.
Z: M.U.M. (4)

KULTUR- & MUSEUMSVEREIN
ST. AEGYD/NEUW.

Andreas Mracky
Knollg. 1a/3
1170 Wien

Dieser Verein entstand aus der Initiative einiger St. Aegyder, Objekte der Vergangenheit zu sammeln, zu erhalten und auszustellen. Heute, 6 Jahre nach der Gründung, sind schon unzählige andere Aktivitäten hinzugekommen: Errichtung eines Heimatmuseums, Ausstellungen, Kurse, Informations- und Diskussionsveranstaltungen über aktuelle Probleme (Waldsterben, Kernenergie, 3. Welt), Jazzkonzerte, Kulturwoche KULTUR G'SPRITZT UND PUR mit klassischen Konzerten, Jazz, Pop, Volksmusik, Theater...
P: M(p,j,k,f),T,D,A,W,V

ALLADIN
BG Klosterneuburg
Buchbergg. 31
3400 Klosterneuburg

Angelika Czuba
Krottenbachstr. 58a/2/40-41
1190 Wien
Tel. 0222/ 36 17 443

"Entstanden aus einer Initiative von Lehrern und Schülern im BG Klosterneuburg, die in den letzten Jahren immer wieder Musicals mit Kindern erarbeiteten. Heuer erstmals Auftritte außerhalb Klosterneuburgs. Wir hätten gerne mehr Informationsaustausch mit Gruppen, die auch solche Projekte machen bzw. machten."
P: T

FILMBÜHNE

Judith Huber & Ralph Wieser
Am Platengrund 4
2345 Brunn/Geb.
Tel. 02236/ 31 28 62

Im letzten Kino in Mödling, der "Mödlinger Bühne", organisiert die FILMBÜHNE einmal pro Monat eine Nachtvorstellung. Die Erfahrungen der ersten beiden Jahre haben gezeigt, daß eine effektive Filmarbeit unter den gegebenen Umständen (große Intervalle, hohe Kosten) nicht möglich ist. So ist die Idee entstanden, das Kino selbst zu übernehmen und in Kooperation mit dem -> JAZZFORUM und der Theatergruppe -> DER KREIS zu einem Kulturzentrum umzugestalten. Die Zukunft wird davon abhängen, ob dieses Projekt realisiert werden kann.
P: F

JAZZFORUM MÖDLING
Brühlerstr. 19
2340 Mödling

Gerhard Wieninger
Hamerlingg. 7/9
2340 Mödling
Tel. 02236/ 23 00 25

Im von der Stadt Mödling bereitgestellten Keller des Kursalons präsentiert das JAZZFORUM MÖDLING seit 5 Jahren ein dichtes und hochwertiges Programm von Jazzkonzerten, gelegentlich Kabarett- und Theaterveranstaltungen. Die Raumsituation ist jedoch unbefriedigend, da durch die hohe Miete (an die Gemeinde) die Subventionen (von der Gemeinde!) schnell aufgebraucht sind; zudem ist das Verhältnis zum über dem Keller liegenden Cafe nicht problemfrei. Das JAZZFORUM arbeitet daher beim Projekt "Mödlinger Bühne" (-> FILMBÜHNE) mit.
P: M(j,p),K,T

DER KREIS

Gerald Fürst
Enzersdorfer Str. 39b
2340 Mödling
Tel. 02236/ 88 90 34

Seit einigen Jahren gibt es auch in Mödling Sommertheater. Die von der Theatergruppe DER KREIS produzierten Stücke wurden eine Zeitlang als Freilufttheater im Posthof organisiert, zuletzt diente die "Mödlinger Bühne" als Aufführungsort. Heuer kam keine Produktion zustande; man konzentriert sich momentan ganz auf das Projekt "Mödlinger Bühne" (-> FILMBÜHNE), dessen Verwirklichung auch für den KREIS wesentlich günstigere Arbeitsbedingungen schaffen würde.
P: T

FREIE BÜHNE MAYER
Elisabethstr. 22 (Postf. 63)
2340 Mödling
Tel. 02236/ 24 4 81

Franz Josef Mayer

Das Mautwirtshaus, seit Jahren beliebter Treffpunkt der Mödlinger Kulturszene, ist seit einigen Monaten als FREIE BÜHNE MAYER auch Veranstaltungsort für Kleinkunst.
P: M,L,K

Gießhübl Aktiv

GIESSHÜBL AKTIV

Ing. Leopold Buchner
Hauptstr. 86
2371 Gießhübl
Tel. 02236/ 84 1 34

Unter der Bezeichnung GIESSHÜBL AKTIV, Name des lokalen Informationsblattes der SPÖ, veranstaltet Ing. Leopold Buchner Konzerte, Theatervorstellungen, Lesungen und Kinderveranstaltungen, deren Offenheit den Bezugsrahmen der Partei wie auch den der Gemeinde sprengt. Fixtermin ist der jährliche Kunstgewerbemarkt auf der Gießhübler Heide am zweiten Sonntag im September.
P: K,M(f,j),T

DER STACHEL - Achauer Kulturforum

Werner Schreivogl
Hauptstr. 29
2481 Achau
Tel. 02236/ 71 99 05

Gegründet 1984; 1984 "Künstlerfest" mit Künstlern vom Wiener Spittelberg; 1985 "Folkfestival" und "2.Achauer Künstlerfest", Fotoausstellung mit historischen Aufnahmen des Ortes; 1986 und 1987 Kabarett mit den "Brennesseln". "Wir versuchen, der Bevölkerung unserer Ortschaft gesellschaftliche, kulturelle und umweltbedingte Probleme aufzuzeigen. Unsere Erfahrungen sind größtenteils positiv."
P: K,M,L,A Z: "DER STACHEL" (4)

ÖKOTOPISCHES ZENTRUM
"Kanzelmühle"
Achauer Straße 21
2326 Maria Lanzendorf

Das ÖKOTOPISCHE ZENTRUM ist eine vor 7 Jahren gegründete Hausgemeinschaft, die eine alte Fabrik zu einem gemeinsamen Wohnprojekt um- und ausgebaut hat. Der Name lehnt sich an das Buch "Ökotopia" von Ernst Kallenbach an. Ziel ist, nicht nur gemeinsam, sondern auch umweltbewußt zu leben. Neben den Wohneinheiten stehen diverse Nebenräume zur Verfügung, die für Seminare oder an Musiker vermietet, daneben gelegentlich für Veranstaltungen genutzt werden.

STAND UP CLUB Fischamend
KRITIK
ALTERNATIVE
SELBSTVERWALTUNG

STAND UP CLUB FISCHAMEND
Enzersdorfer Str. 22
2401 Fischamend

Roland Schuh

Der erste Anlauf des STAND UP CLUBS ging in Richtung Disco, "Saturday Night Fever" und in die Hose. Beim zweiten Anlauf wurden jene Schwerpunkte festgelegt, die auch heute noch die Arbeit bestimmen: Selbstverwaltung, Anregung zu eigenen Aktivitäten und Organisieren von Veranstaltungen, aber nicht nach herkömmlicher Art, sondern als "Materiallieferanten" für eine kritische Auseinandersetzung mit der Gesellschaft. Die Aktivitäten reichen von Volleyball über Konzerte, Lesungen, Diskussionsrunden bis hin zum Kochkurs für Männer; Arbeitsschwerpunkt ist der FISCHAMENDER HERBST (September bis November, gemeinsam mit dem örtlichen Kino).
P: K,L,D

KUGRU B-10

Wolfgang Laaber
Johann-Nepomuk-Kral-G. 4
2460 Bruck/L.
Tel. 02162/ 2189

KUGRU heißt soviel wie KUlturGRUppe, B-10 ist die Bundesstraße, die durch Bruck führt und auf der die neusiedlerseehungrigen Wiener ins Burgenland rollen. Nach 5 Jahren kultureller Tätigkeit und etwa 50 Veranstaltungen (Rock, Jazz, Lesungen, Theater, Diskussionen über regionale Probleme) ist es momentan etwas ruhiger geworden, weil das gemietete Haus in sehr schlechtem Bauzustand ist. Das Raumproblem wird jedoch spätestens mit der Fertigstellung des neuen Kulturheims der Stadt (ein umgebautes Kino) im Frühjahr 1988 behoben sein.
P: M(p,j),L,T,D

BADNER SEZESSIONSTAGE

Sophie Lesch
Grabeng. 30
2500 Baden
Tel. 02252/ 80 7 37

Sophie Lesch hatte die Idee und motivierte einige Bekannte, bei der Umsetzung mitzuhelfen. Der mittlerweile gegründete Verein präsentiert alljährlich im Mai unter dem Motto "Kunst und Kommunikation" im "Frauenbad" eine Ausstellung; drei Wochen lang findet dort jeden Abend in gemütlicher Kaffeehausatmosphäre eine Veranstaltung statt (Klassik, Jazz, Kabarett, Pop,...). Nach dem Defizit beim Erst-Versuch 1986 ließ sich 1987 ein kleiner Gewinn erwirtschaften.
P: M(j,f,p,k),K,A

DICHTUNG UND MUSIK in Lindabrunn

Dipl. Ing. Dietburga Huber
Elisabethstr. 63
2500 Baden
Tel. 02252/ 85 4 19

Seit fünf jahren organisiert Frau Dietburga Huber, auch Leiterin des "Kunstcafes Baden", einer vierzehntägigen Veranstaltungsreihe der Volkshochschule rund um zeitgenössische Kunst, eine musikalisch-literarische Veranstaltungsreihe beim Bildhauersymposion Lindabrunn (Juni bis Oktober).
P: L,M

JAZZCLUB PERNITZ

Hans Gollinger
Gentzschg. 275
2763 Pernitz
Tel. 02632/ 20 8 82

Gegründet im Juni 1976, seither mehr als 100 Veranstaltungen. Ist in Österreich einer der wenigen Jazzclubs, die sich dem traditionellen Jazz verschrieben haben. Zu den rund 10 Veranstaltungen pro Jahr kommen aus einem Umkreis von 50 km Jazzfreunde aller Altersgruppen und Schichten. Aktionen wie JAZZ IN CONCERT und der jährliche JAZZ BAND BALL bieten auch einem breiteren Publikum die Möglichkeit, Jazz live zu erleben. Clublokal ist ein adaptierter Weinkeller.
P: M(j)

KULTURARCHE

Hans Gollinger
Gentzschg. 275
2763 Pernitz
Tel. 02632/ 20 8 82

"Der unabhängige Kulturverein versteht sich seinem Namen gemäß als 'Kultur - Arche', gewissermaßen als Basis für kulturelle und künstlerische Aktivitäten sowie für fast in Vergessenheit geratenes ländliches Kulturgut speziell im regionalen Raum. Durch die unterschiedlichsten Veranstaltungen im Rahmen der Möglichkeiten und Mittel versucht er, die Szene im Großraum Piestingtal zu beleben. Insbesondere soll durch gezielte Aktionen der Kontakt zwischen den Künstlern und dem Publikum intensiviert werden."

BAKU
c/o JZ Wr. Neustadt
Augusting. 4
2700 Wr. Neustadt
Tel. 02622/ 24 8 32

Thomas Wackerlig

Der im Dezember 1986 gebildete "Verein zur Förderung und Betreibung von Basiskultur" will Jugendliche zu kulturellen Aktivitäten anregen und ermutigen und setzt zu diesem Zweck selbst Impulse: Konzerte, Lesungen, Kabarett, Ausdruckstanz, Vernissagen (monatlich). Die Mitglieder sind überwiegend eigenkreativ in verschiedenen künstlerischen Bereichen, befassen sich darüber hinaus aber auch mit Kultur im umfassenden Sinn (Alltagskultur, Lebenskultur). So gehört zu BAKU auch ein Sozialarbeiterkreis und eine Umweltschutzgruppe.
P: M(j,p),L,K,A,Ta

LITERATURKREIS DER AUTOREN
Kulturamt der Stadt Wr.Neustadt
Herzog Leopold-Str. 21
2700 Wr. Neustadt

Dr. Peter Schuster(Geschäftsführer)
Domplatz 20
2700 Wr. Neustadt
Tel. 02622/ 88 8 04

1972 von Peter Schuster, Erich Sedlak und Peter Zumpf mit dem Ziel gegründet, alle in Wr. Neustadt lebenden und aus der Stadt stammenden Autoren zusammenzuführen. Bisher gab es hunderte von Veranstaltungen, wurden Anthologien herausgegeben, seit 1976 in der Verlagsreihe "Januskopf", und ein "Wr. Neustädter Lesebuch" mit "Literatur aus acht Jahrhunderten"; zahlreiche Mitglieder erhielten Preise und Stipendien. Seit 1984 wird alljährlich der LITERARISCHE FRÜHLING WIENER NEUSTADT organisiert. Mittlerweile gehören auch Bildende Künstler und Komponisten dem Literaturkreis an. Ein besonderes Anliegen ist die Förderung junger Autoren.
P: L,A,M,T

AKUT
Rohrbacher Str. 42
2620 Neunkirchen
Tel. 02635/ 5083

Josef Kodym

Obwohl der Schwerpunkt der Tätigkeit von AKUT (ArbeitsKreis UmwelT) in den Bereichen Ökologie und Umweltschutz liegt, hat er auch einige kulturelle Aktivitäten im engeren Sinn entwickelt: Im Rahmen der "Neunkirchner Kulturtage" gestaltete AKUT zuletzt Vorträge, Workshops (Musik, Tanz) und ein Spielfest.
P: V,W,D

KULTURVEREIN REICHENAU A.D. RAX
Dörfl 57
2651 Reichenau a.d. Rax
Tel. 02666/ 2528 (Kartenverkauf)

Mag. Renate Loidolt
Tel. 02665/ 319

Das Gebiet um Schneeberg und Rax hat eine reiche historische und kulturelle Tradition. Der 1981 gegründete KULTURVEREIN REICHENAU hat sich zur Aufgabe gestellt, attraktive Veranstaltungen, vor allem Kabarett und Lesungen, hierher zu bringen, denn: Reichenau soll wieder kultureller Mittelpunkt im südlichen Niederösterreich werden. Der Ort bietet mit seinem neurenovierten Kurtheater (400 Plätze) und mit Kino, Lesesaal, Bergbauernmuseum und Galerie günstige Voraussetzungen. Es werden ausschließlich namhafte Interpreten und Künstler präsentiert.
P: K,L

IMPULS MARIA SCHUTZ

Ludvik Kavin
c/o Theaterbrett
Münzwardeing. 2
1060 Wien

Veranstaltungen mit dem Schwerpunkt Theater, Pantomime-, Tanz- und Clownworkshops in enger Zusammenarbeit mit dem -> THEATERBRETT Wien. Auch Musik- und Literaturveranstaltungen, Ausstellungen.
P: T,A,M(j,k,p),L,W

JUGENDZENTREN

JUK ZWETTL
Neuer Markt 17
3910 Zwettl

Andrea Poppinger
Moidrams 3
3910 Zwettl
Tel. 02822/ 3518

Das Jugend- und Kulturzentrum Zwettl ist ein Musterbeispiel Waldviertler Genügsamkeit: Ausbau und Adaptierung des zentral gelegenen Hauses kosteten im Jahr 1985 nur 350.000 S, für das Kulturprogramm (Konzerte, Lesungen) mußte im ersten Jahr kein Schilling ausgegeben werden. Inzwischen drohen jedoch einige Finanzquellen zu versiegen, auch das Image des JUK in der Stadt Zwettl hat wegen der Einbeziehung verschiedener Randgruppen (z.B. Arbeitslose) gelitten, sodaß die weitere Entwicklung noch nicht abzusehen ist.
P: M,L,K

JUGENDZENTRUM EGGENBURG
Kanzler Plank-R. 1
3730 Eggenburg

Susanne Moser
Fahrmacherweg 2
3730 Eggenburg
Tel. 02984/ 3591

Das autonome JUGENDZENTRUM EGGENBURG tritt sporadisch als Kulturveranstalter auf: etwa 2 - 3 mal jährlich mit Kabarett, Lesungen, Konzerten...
P: K,L,M

Jugend-, Kultur- & Kommunikationszentrum KUCKUCKSEI
Kremser Str. 2
3390 Melk

Martina Kuchler, Erich Lagler
3392 Schönbühel 8
Tel. 02752/ 8458

Die GRÜNE INSEL, nun umbenannt in KUCKUCKSEI, hat sich 1987 trotz großer finanzieller Schwierigkeiten und einiger Probleme mit den Behörden zu einem lebendigen kulturellen Zentrum entwickelt. Durchschnittlich alle 2 Wochen stehen Konzerte, Lesungen, Vernissagen usw. auf dem Programm; die hauseigenen Talente kommen dabei ebenso zum Zug wie ortsfremde Künstler.
P: M(p,f),L,A Z: DER KUCKUCK

Jugendzentrum ÜDÜWÜDÜ
Zirkelweg 3
2320 Schwechat
Tel. 0222/ 77 21 71

Räumlichkeiten von der Kirche zur Verfügung gestellt, gelegentlich Kulturveranstaltungen (telefonische Auskunft der Pfarre Schwechat).

JUGENDZENTRUM GEWÖLBE
Franz-Dinhobl-Str. 2
2630 Ternitz

Gerhard Hainfellner
Tel. 02630/ 8240-0

Das Ternitzer Jugendzentrum, ein von der Gemeinde unentgeltlich zur Verfügung gestellter und von den Jugendlichen selbst ausgebauter Keller, verfügt zwar über einen Veranstaltungsraum mit Bühne, kann aber aufgrund des niedrigen Betriebsbudgets (8000 S/Jahr) kaum kulturelle Aktivitäten entwickeln (Konzerte, Lesungen, Theater in ca. einmonatigen Abständen).
P: M,L,T

ZEITSCHRIFTEN

VETO - das kritische Magazin

Petra Pichler
Rennbahnstr. 41
3100 St. Pölten
Tel. 02742/ 4376

Die erste Nummer erschien im Herbst 1986 - Selbstgeschriebenes, selbstgedruckt, selbstgebunden und -geschnitten und auch selbstverkauft. Das Echo war positiv, doch manch Verbesserung notwendig: Nr. 2 (Frühjahr 1987) wurde bereits gesetzt und auf Glanzpapier gedruckt. Finanziert wird VETO ausschließlich durch Inserate und Verkauf. Darüberhinaus organisierte VETO eine Demonstration für die Verbesserung der kulturellen Jugendarbeit in St. Pölten und arbeitete bei der Vorbereitung des Stadtfestes mit.

LIMES
Literarisch-kritisches Magazin
Postfach 260
3100 St. Pölten

"Der Titel LIMES weist die Zeitschrift als Ort des Grenzgägnertums aus, wobei durch die Vielschichtigkeit des gewählten Begriffs die Vielfalt der Inhalte zum Ausdruck kommt...Die Zeitschrift will nicht nur geographisch entgrenzen, sondern durch das Nebeneinander von arrivierten Autoren, jungen Talenten und literarischen Ausgrabungen ein Ort der Begegnung und der konstruktiven Auseinandersetzung sein." ("Literatur primär")

PODIUM - Die österreichische
Literaturzeitschrift
Grasl-Verlag
Badnerstr. 22-24
2540 Bad Vöslau
Tel. 02252/ 7217

Literaturzeitschrift, deren Schwerpunkte die Literatur der österreichischen Nachbarländer und Übersetzungen österreichischer Literatur im Ausland sind.

WORTBRÜCKE - Zeitschrift für
Literatur und Berichte

Jack Unterweger
Steiner Landstraße 4
3500 Krems

"WORTBRÜCKE soll einen Querschnitt der Literatur bringen und weder religiöse noch real darstellende Außenseiter-Berichte ausschließen. WORTBRÜCKE ist mein Hobby und entsteht bis auf das Druckverfahren in der Zelle. Das Gesetz verbietet einen Verkauf der Zeitung; WORTBRÜKKE ist daher immer Produkt aus Spenden und meinen Ersparnissen aus anderen Arbeiten." (Jack Unterweger in "Kongreß der Bücher")

ZEITGEIST
Postfach 45
2230 Gänserndorf

Gerhard Hasitzka
Dreifaltigkeitsg. 3
2225 Zistersdorf
Tel. 02538/ 8487

Weinviertler Kulturzeitschrift, die zum Großteil von Künstlern aus der Region gestaltet wird und auch zahlreiche Veranstaltungshinweise enthält.

Lebenszeichen aus dem Waldviertel

LEBENSZEICHEN
Postfach 71
3580 Horn

Zeitschrift der -> BWI, erscheint viermal jährlich, berichtet von Initiativen aus dem Waldviertel, greift aktuelle Probleme auf und enthält auch einen Veranstaltungskalender.

LEITHA
Breitenbrunn
Neusiedl/S.
Nickelsdorf
Eisenstadt
WULKA
NEUSIEDLER SEE
Oslip
Wiesen
Marz
Illmitz
Forchtenstein
Großwarasdorf
Veliki Borištof
RABNITZ
Oberwart
Wolfau
PINKA
LAFNITZ
Jennersdorf

BURGENLAND

CSELLEY-MÜHLE
7000 Oslip
Tel. 02684/ 2209

Hans Bögl

"Zuviele Gesichter hat die Mühle: Mal dichte Veranstaltungsserien, mal Winterschlaf und Beschaulichkeit, totale Improvisation - und doch (seit mehr als 10 Jahren!) reibungslose Abläufe, prominente, etablierte und unbekannte, junge Akteure, die Hütte mal brechend voll, dann wieder leise und leer und eigentlich immer im Wandel, wer soll sich da schon auskennen." (Allerdings!)
P: M(p,j),K,A

JAZZ-PUB WIESEN
Hauptstr. 140
7203 Wiesen
Tel. 02626/ 3327

Franz Bogner
Bahnstr. 96
7203 Wiesen

In der 1972 gegründeten Diskothek werden seit 1976 auch Konzerte veranstaltet. Da das Schwergewicht auf Jazz liegt, trägt das Lokal seither den Namen JAZZ-PUB. Auch in der Disco, die ein sehr weites Einzugsgebiet hat, bemüht sich Franz Bogner um anspruchsvolle Musik. Als Gründer und erster Organisator des großen JAZZFESTIVALS in Wiesen ist er 1987 - nach einer kurzen Zwischenstation des Festivals in Hollabrunn - wieder dessen Leiter gewesen. Der Grundtenor der Veranstaltung lautet: weg vom kommerziellen, hin zu anspruchsvollem Jazz.
P: M(j) Z: JAZZ PUB NEWS (Pz, 12)

KULTURSCHENKHAUS
Pfarrg. 37
7000 Eisenstadt

Nach mehreren Jahren Pause ist das KULTURSCHENKHAUS ab Juli 1987 wieder als Cafe und Beisl - einstweilen noch täglich von 11 - 24h - geöffnet (endgültige Öffnungszeiten werden erst im Lauf der Zeit festgelegt). In Zukunft soll es auch Veranstaltungsort, u.a. von -> KULEBUM sein.

MÜHLE
7412 Wolfau 375
Tel. 03356/ 685

Im südburgenländischen Wolfau gelegene, umgebaute alte Mühle, nun ein Mittelding zwischen Restaurant und Diskothek (geöffnet Do - So 20 - 4h). Einmal im Monat finden hier Konzerte statt, andere Bereiche der Kultur werden selten gestreift. Haupteinzugsraum der MÜHLE ist die Oststeiermark, zwei Drittel der Besucher kommen von dort.
P: M(p,f),L,P

VERANSTALTER

KULEBUM (KUltur-LEbensraum-UMwelt)

Robert Thaler
Bergg. 32/2
1090 Wien
Tel. 0222/ 31 83 42 (02682/ 2548)

KULEBUM entstand 1979 aus einer Bürgerinitiative, die sich gegen ein Bauprojekt in Eisenstadt zur Wehr setzte, und führt seitdem immer wieder Aktionen zu den Themen Umweltschutz und Umweltgestaltung durch. So forderte KULEBUM erfolgreich die Einrichtung einer Fußgängerzone in Eisenstadt und konzentriert sich derzeit auf das Problemgebiet "Nebenbahnen"; daneben ist man als Grünes Forum mit der Vorbereitung der Gemeinderatswahlen im Oktober beschäftigt. Rober Thaler als Hauptinitiator von KULEBUM verfügt als Raumplaner über das für die Aktionen notwendige fachliche Wissen.

KULTURVEREINIGUNG
NÖRDLICHES BURGENLAND
Hauptplatz 50
7100 Neusiedl am See
Tel. 02167/ 516

Prof. Mag. Nick Titz

Diese Dachorganisation für zahlreiche Vereine, Institutionen und Künstler im nördlichen Burgenland will einerseits die bodenständige Kultur fördern, andererseits durch Veranstaltungen verschiedenste Kunstrichtungen und -formen vorstellen, zugleich eine Servicestelle für Kulturtätige sein. "Wir wollen uns nicht selbst darstellen, denn das heißt, sich irgendwie abgrenzen, wir aber sind offen. Unser Motiv heißt Kreativität, und wir alle haben einen gewissen Drang nach Perfektion." Bisher sind 20 literarische und 11 wissenschaftliche Bücher (über das Burgenland) verlegt worden. Alle 5 Jahre (1981/1986/1991) findet der "Int. Josef Joachim-Wettbewerb" statt.
P: L,A,Großfestivals Z: GERBGRUBE (Lz, 4), ROHRPOST

JAZZGALERIE NICKELSDORF

Hans Falb
Untere Hauptstr. 13
2425 Nickelsdorf
Tel. 02146/ 2359

Im burgenländischen Nickelsdorf, an der Grenze zu Ungarn, besteht seit 1976 die JAZZGALERIE. Zunächst hauptsächlich als Forum der heimischen Jazzszene gedacht, entwickelte sie sich in den letzten Jahren zu einem Domizil der internationalen Jazzavantgarde. Hauptanliegen und Schwerpunkt der Aktivitäten ist die Präsentation aktueller Strömungen und Tendenzen des zeitgenössischen Jazz. Höhepunkt der jährlichen Clubtätigkeit ist ein mehrtägiges Festival mit dem Titel KONFRONTATIONEN. Geöffnet ist die Galerie Fr,Sa,So ab 19h.
P: M(j)

ARGE KULTUR ILLMITZ

Ernst Wegleitner
Feldgasse 31
7142 Illmitz
Tel. 02682/ 61 2 00

1984 aus den Aktivitäten der Sozialistischen Jugend entstanden, hat die ARGE KULTUR von 1984 - 1986 jährlich den ILLMITZER KULTURSOMMER veranstaltet, um für Einheimische wie für Touristen kulturelle Alternativen zum Weinschenkenbesuch zu bieten. Nach finanziellen Schwierigkeiten im letzten Jahr ruhte 1987 die Tätigkeit, eine Fortsetzung ist jedoch geplant.

Kulturverein PANNONIA
Prangerstr. 1
7091 Breitenbrunn
Tel. 02683/ 5231

Besteht als Privatinitiative seit 1979. Zunächst wurde ein 300 Jahre alter Freihof renoviert und das dazugehörende Preßhaus zu einer Schenke umgebaut, deren kommerzielle Verpachtung das Geld für die kulturellen Aktivitäten bringt. Der Verein setzt sich vor allem mit den Bedürfnissen der einheimischen Bevölkerung auseinander. Neben etwa 30 - 50 Kulturveranstaltungen pro Jahr organisiert man auch diverse handwerkliche und volkskundliche Kurse, daneben finden noch Ton-Dia-Shows, Vorträge und Jugendarbeit Platz.
P: A,L,M,V,W

BRENNPUNKT BREITENBRUNN

Fria Elfen
Eisenstädterstr. 8
7091 Breitenbrunn
Tel. 02683/ 5268

Fria Elfen ist bildende Künstlerin und hat in einem Bauernhof in Breitenbrunn ein Atelier eingerichtet, in dem in unregelmäßigen Abständen Veranstaltungen, in letzter Zeit vorwiegend künstlerische Seminare stattfinden.
P: W

KULTUR IM DORF

Ingrid Neudinger
Setzerweg 2
7212 Forchtenstein

Die Arbeitsgemeinschaft KULTUR IM DORF zeichnet für die Durchführung des FORCHTENSTEINER KULTURSOMMERS verantwortlich, in dessen Rahmen eine Reihe ganz unterschiedlicher Veranstaltungen vom klassischen Konzert bis zum Kabarett, von Lesungen bis zu Filmabenden zusammengefaßt sind, wobei viele Akteure aus der örtlichen Bevölkerung bzw. aus dem näheren Umfeld stammen.
P: M(k),L,K,F,A

KAWUM

Karl Dittrich
Rosengasse 20
7221 Marz

Der "Verein zur Schaffung und Erhaltung von alternativen Kultur-, Arbeits-, Wohn- und Gemeinschaftsformen", kurz KAWUM, ging aus einer im Raum Wiener Neustadt/Mattersburg recht beliebten Veranstaltungsreihe unter dem Namen "Die Szene lebt" hervor. Seit der Gründung im April 1987 gab es bereits eine Reihe von Aktivitäten (Workshops, Kinderfest in Lockenhaus u.a.), geplant sind ein KUNST- UND KULTUR- UND ÜBERHAUPT KOMMUNIKATION-FESTIVAL im September in Bad Sauerbrunn und die Herausgabe einer Zeitung namens DIE GROSSE KOALITION (0-Nummer kürzlich erschienen).
P: W, Feste

KUGA (KULTURNA ZADRUGA/
KULTURGENOSSENSCHAFT)
Alte Schule/stara skola
7304 Großwarasdorf/Veliki Boristof

Josko Vlasich
7304 Großwarasdorf/Veliki
Boristof 105
Tel. 02614/ 2431

KUGA wurde 1981/82 auf Initiative fortschrittlicher Mittelburgenländer/innen als Antwort auf veraltete und erstarrte Dorfstrukturen (wie Feuerwehr, Männergesangsverein etc.) gegründet, in denen viele Jugendliche - aber auch Frauen - keine Heimat finden können. Zudem ist das mittlere Burgenland eines der wirtschaftlich schwächsten Gebiete unseres Landes mit hohen Arbeitslosenzahlen; die Dörfer der Kroatischen Volksgruppe - gerade dort am stärksten vertreten - sind aufgrund einer Reihe von sozio-ökonomischen Problemen vom Aussterben bedroht. Die KUGA versucht mit "alternativen" Veranstaltungen im Dorf, mit Spuren- und Identitätssuche, mit der Ausarbeitung von regionalen Wirtschafts- und Kulturmodellen und diversen Projekten rund um die Alte Schule dieser negativen Tendenz entgegenzusteuern.
P: M,L,K,D,A

JUGENDZENTREN

JUGENDHAUS OBERWART
Lisztgasse 12
7400 Oberwart
Tel. 03352/ 8555

Renate Holpfer

Dieses einzige autonome Jugendzentrum im Burgenland - seit Dezember 1980 im ehemaligen BEGAS-Haus untergebracht - wurde mit dem Anliegen gegründet, den in die Schulstadt Oberwart pendelnden Schülern einen Kommunikationsort zu bieten. Cafe, Veranstaltungssaal, Proberäume für Musiker, Sitzungsräume für lokale Initiativgruppen stehen zur Verfügung; pro Jahr finden etwa 20 bis 25 Veranstaltungen in unregelmäßigen Abständen statt, zum Teil in Form von Workshops. Leider sind die materiellen Voraussetzungen sehr schlecht, mit der Schließung des JUGENDHAUSES muß jederzeit gerechnet werden.
P: M(j,p),A,V,D,Straßenfeste

KUDLMUDL - Jennersdorfer Zeitung
Reichlg. 13
8380 Jennersdorf
Tel. 03154/ 371

1982 als Schülerzeitung gegründet, erscheint 4x jährlich. 1986 mit dem "Österr. Staatspreis für journalistische Leistungen im Interesse der Jugend" ausgezeichnet. Bietet jedem die Möglichkeit, Artikel zu veröffentlichen; ausgeschlossen sind Beiträge mit rassistischem, faschistischen oder militaristischem Gedankengut. 9 Lehrer und Studenten bilden das Redaktionsteam.

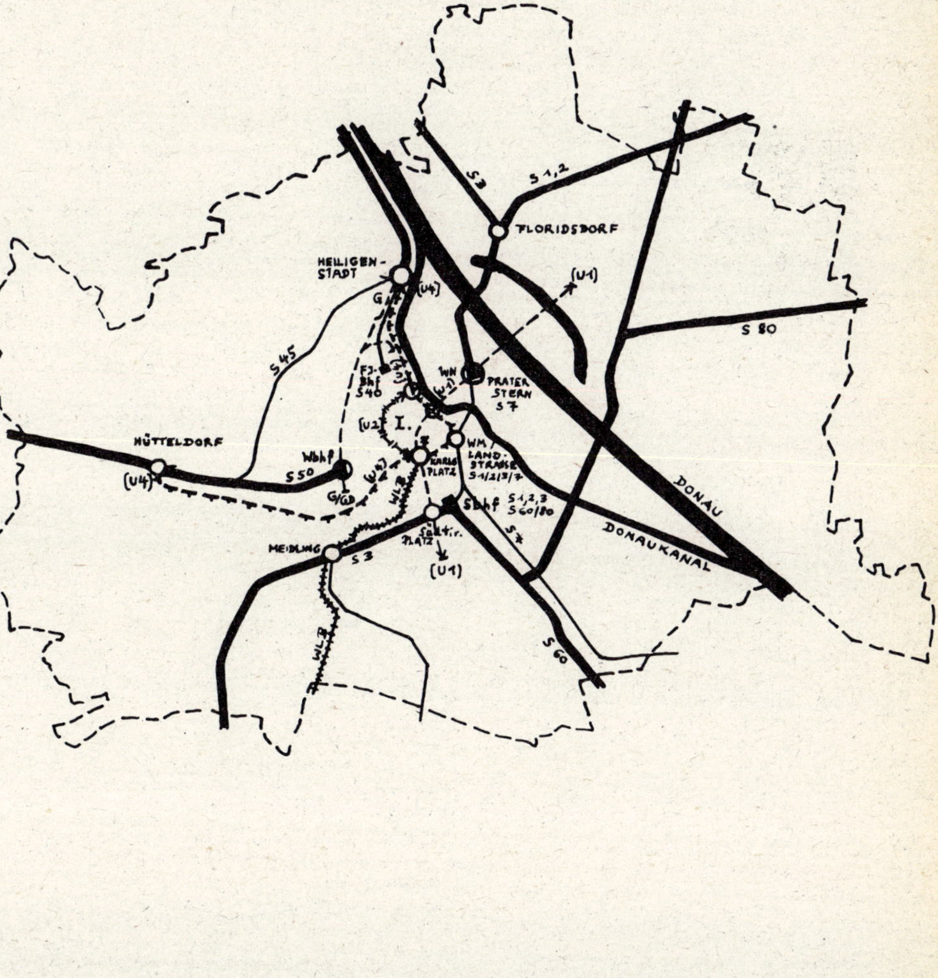
S 3
S 1,2
FLORIDSDORF
HEILIGEN-
STADT
(U4)
(U1)
S 80
S 45
WN
PRATER
STERN
S 7
I.
HÜTTELDORF
Wbhf
(U4)
S 50
WM/
LAND-
STRASSE
S 1/2/3/7
KARLS
PLATZ
S 1,2,3
S 60/80
DONAU
DONAUKANAL
MEIDLING
S 3
(U1)
S 60

WIEN

Ausführliche und aktuelle Informationen zu Wien finden sich auch in der wöchentlich erscheinenden Stadtzeitschrift -> FALTER und den vom FALTER herausgegebenen Büchern, z.B. STADTBUCH WIEN, STICHWORT WIEN, WIEN WIE ES ISST, KIND-SEIN IN WIEN u.a. Zu erhalten in guten Buchhandlungen oder über den FALTER-Verlag.

KULTURSTÄTTEN

ALTE SCHMIEDE
Schönlaterng. 9
1010 Wien
0222/ 512 83 29

Das vom KUNSTVEREIN WIEN verwaltete "Literarische Quartier" ALTE SCHMIEDE führt jährlich an die 200 literarische Veranstaltungen (Lesungen, Buchpräsentationen, Verlagspräsentationen, Kabarett, etc.) bei freiem Eintritt durch. Beginn der Veranstaltungen ist jeweils um 18h30.
P: L,K,M,V,D,W

AMERICA LATINA
Turmburgg. 7
1060 Wien
Tel. 0222/ 597 92 69

Lateinamerikanisches Lokal, das täglich von 18 - 4h geöffnet ist und an den Wochenenden (Fr,Sa) Konzerte organisiert.
P: M(f)

AMERLINGHAUS
Verein Kulturzentrum Spittelberg
Stiftgasse 8
1070 Wien
Tel. 0222/ 93 64 75

Im Zuge der Revitalisierung des Spittelbergviertels entstand die Forderung nach einem selbstverwalteten Kulturzentrum für die Stadtteilbevölkerung. Nach Besetzung des vom Abriß bedrohten Amerlinghauses im Sommer 1975 legalisierte die Stadtverwaltung einen Probebetrieb, 1978 wurde das renovierte Haus offiziell eröffnet und dient heute als Zentrum für verschiedenste Initiativ-, Kultur- und Selbsthilfegruppen (Kinder, Senioren, Ausländer, Patienten, AL, Literatur etc.) und für eine Galerie, das Bezirksmuseum und ein Beisl.

ARENA - VEREIN FORUM WIEN
Baumgasse/Ecke Franzosengraben
1030 Wien
Tel. 0222/ 78 85 95 od. 96

Der Auslandsschlachthof St. Marx, zum Abbruch vorgesehen, war 1975/76 von der Stadt Wien als Veranstaltungsort der Jugendfestwochen genutzt worden. Nach der Besetzung durch Jugendliche im Juni 1976, die die Errichtung eines Kultur- und Kommunikationszentrums auf dem Areal forderten, und einem Sommer voll Diskussionen, Verhandlungen und Veranstaltungen wurde das Gelände im Oktober 1976 geräumt und geschliffen, den Besetzern der viel kleinere Inlandsschlachthof als Veranstaltungsort überlassen. Seitdem finden in der ARENA in unregelmäßigen Abständen vor allem Theateraufführungen und Konzerte statt.
P: T,M(f,j,r,p)

ATELIERTHEATER AM NASCHMARKT
Linke Wienzeile 4
1060 Wien
Tel. 0222/ 587 82 14

Dr. Peter Janisch

Eine der ältesten Kellerbühnen in Wien mit einem seit Jahren gleichen Repertoire an Stücken des 20. Jahrhunderts, vor allem amerikanischer, französischer und österreichischer Provenienz.
P: T

BELLARIA
Museumstr. 3
1070 Wien
Tel. 0222/ 93 75 91

Programmkino, auf alte und älteste Unterhaltungsstreifen (Hans Moser, Hans Albers usw.) spezialisiert, die ein liebenswert untypisches Kinopublikum anlocken.
P: F

BLUE BOX
Richtergasse 8
1070 Wien
Tel. 0222/ 93 26 82

Rock und Pop-Musik, auch live, geöffnet täglich ab 10h (verschiedene Frühstücke erhältlich), Mo erst ab 18h.
P: M(p)

BSL
Breitenseerstr. 21
1140 Wien
Tel. 0222/ 92 21 73

Programmkino in einem Außenbezirk, auf Kuriosa spezialisiert. Die üblichen Abendvorstellungen werden in unregelmäßigen Intervallen durch "Filmnächte" ergänzt, die meist einem bestimmten Genre gewidmet sind (z.B. Horrorfilme). Daneben liegt im Kino auch eine Liste für die Filmwünsche der Zuschauer auf.
P: F

BÜCHER & KUNST - GALERIE & CAFE
Lerchenfelderstr. 9 - 11
1070 Wien
Tel. 0222/ 93 42 32

1980 eröffnete Buchhandlung mit angeschlossenem Cafe (täglich geöffnet von 9 - 2h) und einer Galerie, in der die Ausstellungen regelmäßig wechseln. Dazu gibt es Lesungen, Diskussionen und Dia-Vorträge, Buchpräsentationen und kleinere Veranstaltungen.
P: A,L,D,V

BUNTER VOGEL
Biberstr. 9
1010 Wien
Tel. 0222/ 52 49 05

Lokal und Veranstaltungszentrum der Wiener VP in coolem Stil ausgestattet. Das vielfältige Kulturangebot setzt sich aus Vorträgen, Buchpräsentationen, Festen, Diskussionen u.a. zusammen.
P: V,D

CASABLANCA
Goldschlagstr. 2
1150 Wien
Tel. 0222/ 92 56 16

Jazzlokal im Obergeschoß eines Gastronomie-Betriebes, ausgestattet mit Palmen, Humpfrey Bogart und persönlicher Atmosphäre, das Di, Do und Sa live Jazz-Musik bringt. So Ruhetag.
P: M(j)

CHELSEA
Piaristeng. 1
1080 Wien
Tel. 0222/ 48 51 96

"Das Chelsea ist, das fiel uns auf, von außen nicht ganz leicht zu erkennen. Ein Schild fehlt, zwei Fenster schlummern am Eck Piaristengasse und Roter Hof. Wir traten ein, vor uns der Abgang in den Keller, rechts ein kleiner Schankraum vom Typ 'karg' mit blaßgrün gestrichenen Wänden. Wir gingen hinunter ..." (Falter 10/87)
P: M(j)

CIU Schotteng. 1 1010 Wien Tel. 0222/ 63 45 82

Im CLUB INTERNATIONAL UNIVERSITAIRE finden während der Semester zahlreiche Veranstaltungen statt (Konzerte, Vorträge, Filmvorführungen, Tanzabende u.a), die oft die Kultur eines anderen Landes oder Kontinents zum Inhalt haben. Der CIU ist aber auch Anlaufstelle für ausländische Studenten in Wien, berät, ermöglicht einen ersten Kontakt mit dem Gastland in informellem Rahmen, bietet Österreichern, die im Ausland studieren wollen, Informationen, verfügt über eine Bibliothek und betätigt sich damit als umfassende Vermittlungsstelle zwischen Ländern und Kulturen.
P: M(f,j,p),T,K,F,L,A,W,V,Fo

DRACHENGASSE ZWEI - Spielraum für kulturelle Aktivitäten Fleischmarkt 22 1010 Wien Tel. 0222/ 513 14 44

Erstes und bisher einziges Wiener "Frauentheater" mit zwei Räumen, dem Raum COURAGE und dem Raum DRACHENGASSE 2. Das Thema "Frauen" wird in möglichst vielen Facetten beleuchtet, die gezeigten Stilrichtungen erstrecken sich von anspruchsvollem Boulevard bis zu Avantgardistischem.
P: T

DRAMATISCHES
961556-0 ZENTRUM
1070 WIEN SEIDENG.13

DRAMATISCHES ZENTRUM Seidengasse 13 1070 Wien Tel. 0222/ 96 15 56-0

1971 als Zentrum für experimentelles und innovatives Theater gegründet, beherbergt es Arbeits- und Aufführungsräume, bietet Schauspiel- und Animatorenausbildung ebenso wie einschlägige Seminare an und ist immer wieder Aufführungsort für avantgardistische Theaterprojekte und die Produktionen freier Gruppen.
P: W,T

EXPERIMENT AM LIECHTENWERD
Liechtensteinstr. 132
1090 Wien
Tel. 0222/ 31 41 08

Zählt gemeinsam mit dem -> ATELIERTHEATER zu den ältesten noch bestehenden Wiener Kellerbühnen. Der Spielplan stützt sich vor allem auf die "Klassiker" der Fünfzigerjahre.
P: T

FILMHAUS STÖBERGASSE
Stöberg. 11-15
1050 Wien
Tel. 0222/ 55 56 05-31

Hans König

Der Volkshochschule Margareten angeschlossenes engagiertes Alternativkino, das seit Ende der Siebzigerjahre existiert, gelegentlich auch Videofilme zeigt und über einen eigenen kleinen Verleih verfügt.

FRAUENCAFE
Lange Gasse 11
1080 Wien
Tel. 0222/ 43 37 54

Geöffnet Mo - Fr 19 - 24h, 1.So/Monat 10 - 14h; besteht seit 10 Jahren. Zuerst ein Ort, wo sich nur Frauen trafen, erste Projekte besprochen und Frauenbeziehungen "geknüpft" wurden. "Sie haben früher viel diskutiert und auch jetzt wieder vor der Wende. Die Frauen schreien ihre Wut und Aggressionen hinaus. Unglaublich, wie viele Frauen malen, Kunst produzieren. Immer gibts da neue Bilder an der Wand. Über Sozialarbeitertraining angestellte Frauen müssen nicht mehr umsonst arbeiten, aber wie lange noch?"(MOZ Juni 87)
P: D,A Z: LILIEN & POSTILIEN (12)

FRITZ - Kommunikationszentrum und Veranstaltungsservice
Adalbert-Stifter-Str. 73
1200 Wien
Tel. 0222/ 33 46 41 bis 43

Karl Kremser

Eine ehemalige Kirche im 20. Bezirk, umgebaut als Veranstaltungszentrum für 350 Besucher (sitzend, stehend sogar 800), umgetauft auf den Namen FRITZ. Das Baby wurde noch unter der Obhut des "Vereins

Jugendzentren der Stadt Wien" geboren, soll aber in Hinkunft als Ges.m.b.H. ein eigenständiges Dasein führen und von 4 Angestellten betreut werden. Der große Saal wird nicht nur für eigene Veranstaltungen genützt, sondern auch an andere Veranstalter vermietet, ab September kommt ferner ein regelmäßiger Beislbetrieb hinzu.
P: M(p,b),K,L,A

GRAUMANNTHEATER
Graumanng. 39
1150 Wien
Tel. 0222/ 83 46 63

Das GRAUMANNTHEATER bringt seit rund zwei Jahren auf einer Kleinstbühne in der Vorstadt mit einem jungen ambitionierten Ensemble eine Mischung aus gehobenem Boulevard (z.B. Ustinov) und Satire (z.B. Mrozek).
P: T

INTERNATIONAL THEATRE
Porzellangasse 8
1090 Wien
Tel. 0222/ 31 62 72

Marilyn Wallace

Der "little brother" des VIENNA'S ENGLISH THEATRE, der trotz geringer finanzieller Mittel immer wieder gelungene Produktionen von vorwiegend amerikanischen Stücken der Vierziger- und Fünfzigerjahre hervorbringt.
P: T

JAZZ BEI FREDDY
Gumpendorferstr. 9
1060 Wien
Tel. 0222/ 56 87 10

Zweigeschoßiges Lokal mit kleiner Bühne im Keller, wo Konzerte, aber auch Theateraufführungen Freier Gruppen stattfinden.
P: M(j),T

JAZZLAND
Franz-Josefs-Kai 29
1010 Wien
Tel. 0222/ 533 25 75

Eines des ältesten und bekanntesten Wiener Jazz-Lokale, mit (fast) täglichen Live-Konzerten im Keller am Franz-Josef-Kai.
P: M(j)

JAZZ-LEIT
Habicherg. 15
1160 Wien
Tel. 0222/ 95 07 21

JAZZ-LEIT bemüht sich, in angenehmer Atmosphäre gute Jazzmusik ebenso wie Essen und Trinken zu angemessenen Preisen anzubieten (obwohl das Lokal wie eine Bar von 20h30 - 4h geöffnet ist). Außer in den Sommermonaten finden 2 - 3x im Monat Konzerte statt, manchmal auch öfter.
P: M(j)

JAZZSPELUNKE
Dürerg. 3
1060 Wien
Tel. 0222/ 587 01 26

Geöffnet täglich von 6 - 2h, Sa von 9 - 2h. Abgesehen von den Sommermonaten wird etwa jede Woche ein Jazz-Konzert veranstaltet.
P: M(j)

JONATHAN SEAGULL
Stolzenthalerg. 14
1080 Wien
Tel. 0222/ 43 31 97

Bierreiches Beisl mit Folkmusik. Geöffnet tägl. 19 - 2h, Fr und Sa bis 4h.
P: M(f)

JURA SOYFER THEATER

Büro:
Theobaldg. 16/17
1060 Wien
Tel. 0222/ 56 89 39

Bekannt geworden durch das Sommertheater am Spittelberg mit Aufführungen der Werke Jura Soyfers, Brechts, Nestroys usw. auf einer Pawlatschenbühne. In den letzten Jahren auch im Winter Aktivitäten der Gruppe um Reinhard Auer und Georg Mittendrein an verschiedenen Spielorten.
P: T

KABARETT NIEDERMAIR

KABARETT NIEDERMAIR
Lenaugasse 1a
1080 Wien
Tel. 0222/ 48 44 92

Kleiner Raum, in dem große Namen der jungen Kabarettistengeneration für dichtgedrängtes Programm vor ebensolchen Sitzreihen sorgen. Nadja Niedermair, die im selben Ort wie I Stangl wohnt, gibt nicht nur neuen Talenten die Möglichkeit, sich zu präsentieren (offene Bühne unter dem Titel SPRUNGBRETT), sondern hat sich bereits selbst als Kabarettistin betätigt.

P: K

Z: BÜHNENBERICHTE (4, gemeinsam mit -> SPEKTAKEL)

KLEINE KOMÖDIE
Walfischgasse 4
1010 Wien
Tel. 0222/ 52 42 80 (53 12 46)

Helmut Siderits

Bemüht sich manchmal mehr, manchmal weniger erfolgreich um anspruchsvolles Unterhaltungstheater.

P: T

K.u.K.u.
Linke Wienzeile 94
1060 Wien
Tel. 0222/ 56 83 47

Kellerlokal mit Beislbetrieb, in dem in unregelmäßigen Abständen Konzerte von Liedermachern und Folkgruppen stattfinden.

P: M(f)

KULISSE
Rosensteing. 39
1170 Wien
Tel. 0222/ 45 38 70

Die KULISSE wurde 1980 als eines der ersten Wiener Kulturbeisln in Privatinitiative von 7 Menschen auf genossenschaftlicher Basis gegründet. Mittlerweile professionell geführt, finden neben dem Beisl- und Gasthausbetrieb auf der Pawlatschenbühne im großen Veranstaltungssaal fast täglich Kleinkunst- und Kabarettvorstellungen sowie Konzerte statt.

P: K,M,T

café MACONDO

MACONDO
Hamburgerstr. 11
1050 Wien
Tel. 0222/ 56 77 42

Lateinamerikanisches Lokal mit Live-Musik am Do,Fr,Sa und abenteuerlicher Küche. Geöffnet So - Do 18 - 2h, Fr 18 - 4h, Sa 12 - 4h.
P: M

METROPOL
Hernalser Hauptstr. 55
1170 Wien
Tel. 0222/ 43 35 43

Alf Krauliz

Das Metropol, entstanden aus den Stadtfesten der ÖVP Wien und seit 1981 in den Räumlichkeiten eines ehemaligen Vorstadtetablissements in der Hernalser Hauptstraße untergebracht, bringt vorwiegend Konzerte auf kommerzieller Basis, aber auch Theater (Tabu-Theater-Festival, Clown-Theater) und Kabarett. Im kleinen Raum, dem METROPOLINO, finden Ausstellungen, Lesungen und Kindertheateraufführungen statt, das HERNALSER STADTTHEATER zeigt Kabarett, Theater und Kleinkunst; während der Sommermonate finden auf einer Pawlatschenbühne im Hof Freilichtaufführungen statt.
P: M(j,f,p),T,K,L,P

MILAN (Beograd)
Mühlgasse 15
1040 Wien
Tel. 0222/ 587 74 44

Kellerlokal im "Beograd"-Restaurant. "Es wird weiterhin Musikveranstaltungen geben, ein genauer Plan steht noch nicht fest. Alles in allem: ausprobieren" (Falter 10/87)
P: M

MILES SMILES
Lange Gasse 51
1080 Wien
Tel. 0222/ 42 84 814

Kleines, sympathisches Jazzlokal, das in lockerer Folge auch Konzerte veranstaltet. Geöffnet täglich 20 - 2h, Fr,Sa 20 - 4h.
P: M(j)

MOVIE

MOVIE
Schönbrunnerstr. 12
1050 Wien
Tel. 0222/ 587 94 97

Programmkino, das in letzter Zeit vor allem mit einer Laurel&Hardy- und einer Andy-Warhol-Retrospektive Aufsehen erregte.
P: F

NASHVILLE
Siebenbrunnengasse 5a
1050 Wien
Tel. 0222/ 55 73 89

Nashville bietet Live-Musik im Country und Western Stil in gemütlicher Atmosphäre.
P: M

OPUS ONE
Mahlerstraße 11
1010 Wien
Tel. 0222/ 513 20 75

Kellerlokal in der Innenstadt mit Jazzmusik und Tanzfläche, das wöchentlich etwa ein Konzert organisiert (nicht im Sommer!). Geöffnet täglich von 20h30 - 4h.
P: M(j)

ÖSTERREICHISCHES FILMMUSEUM
Albertina
1010 Wien
Tel. 0222/ 533 70 54

-> Teil 2, FILM

PAPAS TAPAS
Schwarzenbergplatz 10
1040 Wien
Tel. 0222/ 63 03 11

Kellerlokal mit kleinen Spezialitäten aus Spanien (Tapas) und ebensolchem aus den Bereichen Jazz, Blues, Folk und Rock. Im angeschlossenen WURLITZER Tanzmöglichkeit zum Rock'n'Roll der Fünfziger- und Sechzigerjahre.
P: M(j,b,f,p)

Cafe RINCON ANDINO
Münzwardeing. 2
1060 Wien
Tel. 0222/ 56 71 28

Spezialisiert auf lateinamerikanische Kultur und Küche, im Veranstaltungssaal aber auch Musik aller Art, Kabarett und Theater. Das angeschlossene lateinamerikanische Zentrum ist Di - Sa von 9 - 22h geöffnet.
P: M(f,p,b),K,T

.ROTER ENGEL.

ROTER ENGEL
Rabensteig 5
1010 Wien
Tel. 0222/ 66 41 05

Eines der legendären Lokale im mittlerweile ebenfalls legendären und von Touristen überfluteten Wiener Bermuda-Dreieck mit täglichen Auftritten von Liedermachern und Musik-Gruppen. Geöffnet tägl. von 15 - 4h, So von 17 - 2h.
P: M

ROTSTILZCHEN
Margaretenstr. 99
1050 Wien
Tel. 0222/ 55 31 62

Linkes, selbstverwaltetes Beisl-Cafe auf Clubbasis (mit Tages- oder Jahresmitgliedschaft), das von mehreren autonomen Gruppen geführt wird und kritische kulturelle und politische Veranstaltungen organisiert - allen immer wieder auftauchenden Gerüchten einer nahen Schließung zum Trotz. Zahlreiche Zeitungen und Spiele stehen den Besuchern zur Verfügung Geöffnet täglich außer Mi von 18 - 2h.
P: D,F,T,M,V

SERAPIONSTHEATER
Wallensteinpl. 6
1200 Wien
Tel. 0222/ 33 42 31

Büro:
Karl-Meißl-Str. 4
1200 Wien
Tel. 0222/ 33 44 58

Ehemaliges Kino, das mit großer Beharrlichkeit von Erwin Piplits und seinem Team zu einer Heimstatt der Theater-Avantgarde in Wien ausgebaut wurde. Die Eigenproduktionen zeichnen sich vor allem durch

ihre optische Faszination aus, phantastische Bildcollagen in Anlehnung an Musik und Text. Daneben finden auch Gastspiele meist ausländischer Ensembles statt.
P: T,P

SCHIKANEDER
Margaretenstr. 24
1040 Wien
Tel. 0222/ 587 02 62

Programmkino, auf das Nachspielen legendärer Erfolgsfilme spezialisiert.
P: F

Spektakel
RESTAURANT CAFÉ KABARETT KLEINKUNST

SPEKTAKEL
Hamburgerstr. 14
1050 Wien
0222/ 587 06 53

Lokal mit eigenem Theaterraum, der vor allem für Kleinkunst und Kabarett genutzt wird.
P: K,P

Z: BÜHNENBERICHTE (4, gemeinsam mit -> KABARETT NIEDERMAIR)

SPIELRAUM
Palmg. 8
1150 Wien
Tel. 0222/ 87 35 25

Kellertheater und Kulturgruppe, die unter der Leitung von Gerhard Werdeker nicht nur Eigenproduktionen zur Aufführung bringt, sondern auch Theaterfortbildungskurse in Form von Workshops veranstaltet.
P: T,W

Stadtkino
☎ 72 62 76

STADTKINO
Schwarzenbergplatz 7
1030 Wien
Tel. 0222/ 72 62 76 (Kino)
95 49 336 (Büro)

Franz Schwartz
Vogelweidplatz 14
1150 Wien
Tel. 0222/ 95 49-336 od. 337

Neben dem Kinobetrieb verfügt das STADTKINO über einen eigenen Filmverleih und eine Videothek, in der auf Anfrage alle wesentlichen und interessanten Fernsehsendungen der letzten Jahre nachgesehen werden können.
P: F

STAR
Burgg. 71
1070 Wien
Tel. 0222/ 93 46 83

Eines der ältesten Wiener Programmkinos, kooperiert mit -> MOVIE und zeigt in der letzten Zeit vor allem Klassiker der Fünfziger- und Sechzigerjahre. Unbestätigte Gerüchte kolportieren eine Übernahme durch das -> STADTKINO.
P: F

STUDENTENBEISL LANGE
Lange Gasse 29
1080 Wien

Cafe und Studententreff mit gelegentlichen Musikveranstaltungen.
P: M

STUDENTENCAFE
Bergg. 5
1090 Wien
Tel. 0222/ 34 24 82

Cafe im ÖH-Zentrum der Universität Wien, in dem vor allem von der Hochschülerschaft organisierte Lesungen stattfinden.
P: L

STUDIO MOLIERE
Liechtensteinstr. 37
1090 Wien
Tel. 0222/ 31 65 03

Das STUDIO MOLIERE dient vor allem für Veranstaltungen des Französischen Kulturinstituts in Wien als Aufführungsort. Außerdem wird der Raum auch häufig Freien Gruppen zur Verfügung gestellt.
P: T

SZENE WIEN
Hauffg. 26
1100 Wien
Tel. 0222/ 74 33 41

Was dem Linzer sein Posthof, ist dem Wiener seine SZENE: Schaufenster für internationale Trends, zwar nicht zentral gelegen, dennoch so attraktiv, so abwechslungsreich in der Programmgestaltung, daß ein kontinuierlicher Betrieb auch in dieser Lage möglich ist.
P: M(p,j),Ta,P,K

THEATER AM SCHWEDENPLATZ
Franz Josefs-Kai 21
1010 Wien
Tel. 0222/ 63 20 973

Dr. Herbert Lederer

Seit über 20 Jahren (!) versucht Herbert Lederer Unmögliches möglich zu machen: Er genügt sich selbst als Ensemble zur Aufführung so komplizierter Werke wie etwa "Leonce und Lena". Daneben dramatisiert er auch in seinem Ein-Mann-Theater Prosa von Saint-Exupery bis Nestroy.
P: T

THEATER BEIM AUERSPERG
Auerspergstr. 17
1080 Wien
Tel. 0222/ 43 07 07

Vilmos Desy

Vilmos Desy bemüht sich mit wechselndem Glück um moderne Dramatik und anspruchsvollen Boulevard.
P: T

THEATERBRETT
Münzwardeingasse 2
1060 Wien
Tel. 0222/ 58 70 663

Nika Brettschneider, Ludvig Kavin

Nach Unterzeichnung der Charta 77 emigrierten Brettschneider und Kavin 1977 aus der CSSR und gründeten ein Jahr später das THEATERBRETT. Die Arbeit ist laborartig, es wird in allen Bereichen experimentiert, neue Möglichkeiten werden überprüft. Das THEATERBRETT will eine offene Theaterform zur Geltung bringen, deren Grundlage es ist, alle Komponenten der Kunststruktur eigen- und gleichberechtigt vertreten zu lassen.
P: T,P

THEATER DER KREIS
Porzellangasse 19
1090 Wien
Tel. 0222/ 34 01 01

Ehemaliges SCHAUSPIELHAUS, das unter der neuen Leitung von George Tabori diesen Namen erhielt, Sinnbild für die Theaterarbeit des ungarischen "Theatergurus". Das Ensemble ist in einen inneren und äußeren Kreis von Schauspielern gegliedert, die neben den Aufführungen einer ständigen Fortbildung in Kursen und Workshops unterzogen werden.
P: T

THEATER DIE TRIBÜNE
Dr. Karl Lueger-Ring 4
1010 Wien
Tel. 0222/ 63 84 85

Prof. Otto Ander

Traditionelle etablierte Kellerbühne mit ebensolchem Spielplan.
P: T

THEATER GRUPPE 80
Gumpendorferstr. 67
1060 Wien
Tel. 0222/ 56 52 22

Diese Splittergruppe der inzwischen unsanft entschlafenen KOMÖDIANTEN gestaltete ein ehemaliges Pornokino in einen interessanten Aufführungsort für ihre gar nicht idyllischen Inszenierungen österreichischer Volksstücke um.
P: T

THEATERKISTL
Aichholzg. 52
1120 Wien
Tel. 0222/ 87 29 31

Seit etwa einem Jahr betreibt der Verein Zentrum Aichholzgasse ein Veranstaltungslokal, das ein Forum für junge, ambitionierte Künstler sein soll. Theatergruppen haben hier die Gelegenheit, kostenlos zu proben und eventuell erste Spielversuche vor Publikum zu unternehmen. Der Programmschwerpunkt des THEATERKISTL liegt demgemäß auf Theater, doch kommen auch Kleinkunst und Musik nicht zu kurz.
P: T,K,M

TITANIC
Theobaldg. 2
1060 Wien
Tel. 0222/ 587 47 58

Beisl mit Kellerlokal, wo sporadisch Konzerte stattfinden. Geöffnet tägl. von 19 - 2h (bei Badewetter erst ab 20h), Fr,Sa bis 4h.
P: M

TU-CLUB
Paniglg. 1
1040 Wien
Tel. 0222/ 588 01-44 54

Die ÖH (-> Teil 2) an der Technischen Universität organisiert in diesem CLUB verschiedene Klein-Veranstaltungen (Konzerte etc.). Größeres findet im AUDIMAX der TU statt.
P: M

TUNNEL
Florianig. 39
1080 Wien
Tel. 0222/ 42 34 65

Dreigeschossiges Lokal mit täglichen Veranstaltungen im Kellerraum. Das Programm ist bunt gemischt (Folk, Jazz, Liedermacher, Blues, Kabarett etc.), im Sommer ist der Eintritt außer Fr,Sa frei. Geöffnet ist das TUNNEL täglich von 10 - 2h die Veranstaltungen beginnen jeweils um 21h.
P: M(f,j,b),K

VOTIV
VOTIV-STUDIO
Währingerstr. 12
1090 Wien
Tel. 0222/ 34 35 71

1986 vom -> FILMLADEN übernommenes und umgebautes Programmkino, das nun über zwei Säle verfügt und vorwiegend jene Filme spielt, die im Verleih des Filmladens sind.
P: F

WIENER STEGREIFTHEATER
Maroltingerg. 43
1160 Wien
Tel. 0222/ 92 24 61

Unter der Leitung der Familie Tschauner lange Jahre hindurch als letztes echtes Stegreiftheater eine Institution, nicht zu vergessen den Gschpritzten und die Knackwürschte. Mit der wohlverdienten Pensionierung der letzten "Tschaunerin" hat 1987 das Volksbildungswerk das Theater übernommen.
P: T

WUK
Währingerstr. 59
1090 Wien
Tel. 0222/ 43 82 20

1981 gelang es dem "Verein zur Schaffung offener Kultur- und Werkstättenhäuser" nach langem Tauziehen endlich, das leerstehede Gebäude des ehemaligen Technischen Gymnasiums als eigenes Haus zu bekommen. Seitdem wird das WUK (Werkstättten und Kulturhaus) von den darin untergebrachten Gruppen in Selbstverwaltung betreut und ausgebaut. Neben den Ateliers, Büroräumen und Werkstätten der verschiedenen Gruppen und Initiativen gibt es ein Beisl, einen großen Veranstaltungssaal und eine Fotogalerie.
P: A,M(j,p),T,V,W,D,...

Der WÜRFEL
Myrthengasse 17
1070 Wien
Tel. 0222/ 93 98 80

Der WÜRFEL besteht seit drei Jahren als Selbsthilfe-Arbeitslosenprojekt, das sich mit einem Second-Hand-Shop selbst finanziert. Das Beisl wird von zwei Angestellten betreut und soll Freiraum und Treff

für aktive Arbeitslose sein. Dazu gibt es jeden Montag Lesungen, etwa einmal im Monat ein Konzert, Ausstellungen, Feste u.a.
P: L,M,A,Feste

ZENTRUM 22
Steigenteschgasse 94b
1220 Wien
Tel. 0222/ 23 12 54

Ehemaliges Kiba-Kino, das nach seiner Schließung in den Siebzigerjahren als Veranstaltungsort des KULTURVEREINS DONAUSTADT für Rock'n'Roll-Abende, Theater, Vorträge u.a. genutzt wurde, bis jetzt aber noch nicht recht wieder zum Leben erwacht ist. Derzeit ist ein neuer Anlauf zur Reaktivierung des riesigen Saals mit angeschlossenem Club-Cafe in Planung.

VERANSTALTER

ARBEITSGEMEINSCHAFT LITERATUR

Johannes Twaroch
Strauchg. 1/5
1010 Wien
Tel. 0222/ 65 95 865

Die ARBEITSGEMEINSCHAFT LITERATUR im Bildungs- und Heimatwerk, 1958 von Friedrich Sacher ins Leben gerufen und derzeit von Johannes Twaroch geleitet, verschafft den in Kleinstädten, Gemeinden und Dörfern verstreuten Autoren durch Lesungen im Marmorsaal des Niederösterreichischen Landhauses Gehör, gibt ihren Namen in Anthologien Gewicht und veranstaltet Tagungen, die dem fruchtbaren Austausch der Meinungen dienen.
P: L,D
Z: LITERATUR AUS ÖSTERREICH (6)

CINEASIA

Ludwig Blaha
Ahornerg. 7
1070 Wien
Tel. 0222/ 93 98 08

Im Herbst 1987 soll CINEASIA, ein Festival des modernen ostasiatischen Films, erstmals in Wien stattfinden. Initiiert und geleitet wird die Filmwoche von Ludwig Blaha, finanziert zum überwiegenden Teil von privaten Sponsoren. Ziel ist es, das Verständnis für Gesellschaft und Kultur des ostasiatischen Raums in Österreich zu fördern und die interessantesten Filme aus dieser Region vorzustellen.
P: F

FRAUENZIMMER BUCHHANDLUNG
Lange Gasse 11
1080 Wien
Tel. 0222/ 43 86 78

Besteht seit Mai 1977. Ursprünglich als "Buchcafe" geplant, als Kommunikationsort, wo Frauen die Literatur der Frauenbewegung kennenlernen, einander treffen und informieren können. Bald trennten sich aus pragmatischen Gründen die Bereiche Buchhandlung und Cafe. Neben einem breiten wissenschaftlichen und belletristischen Angebot von Literatur von und über Frauen und Beratungstätigkeit für Frauen regelmäßig Lesungen und Diskussionen.
P: L,D

JERRY'S VEREIN
für kulturelle Kommunikation

Gerold Kauntz
Geistingergasse 1/6/9
1190 Wien
Tel. 0222/ 36 37 885

"Parteiunabhängig. Wir beschäftigen und mit (fast) allem, was direkt oder indirekt mit Kultur zu tun hat. JERRY'S KARTEI, ein Teil des Vereins, organisiert alles, von der Party bis zur Großveranstaltung, für Groß und Klein. Da uns die Erlangung von Subventionen zu mühselig ist, subventionieren wir uns selbst über die zum Teil auch kommerziell interessanten Aktivitäten unserer Kartei (bietet von Artisten über Feuerschlucker, Rock'n'Roll Akrobatik, Unmögliche Butler und Yoghurtparties bis zum Zauberer viel Mögliches)."
P: T,K,M,...

KAKU
Straßmeyerg. 54
1220 Wien

Eine neue Initiative, die sich vor allem die kulturelle Belebung der Wiener Außenbezirke zum Ziel gesetzt hat und ein breites Spektrum von Veranstaltungen an verschiedenen Orten bietet.
P: M,L,K,A

KLUB ÖSTERR. LITERATURFREUNDE
UND AUTOREN
Galerie Modena Art
Neulingg. 25
1030 Wien

Karin Schuhmann
Tel. 0222/ 75 53 67 od. 73 32 43

Gegründet 1974 zur Förderung von Kunst, Literatur und Kommunikation, insbesonders nichtarrivierter Literatur und junger Autoren oder solcher, denen durch nicht berufsmäßiges Schreiben der Zugang zu professionell orientierten literarischen Organisationen verwehrt ist. Betreibt einen Kleinverlag als Alternative zu den sogenannten "Selbstzahlerverlagen".

P: L Z: LITERARICUM (4)

KULTURVEREIN MÖLKERSTIEGE

Gexi Tostmann
Schottengasse 3A
1010 Wien
Tel. 0222/ 63 53 31

Besteht seit 1980 und bringt Ausstellungen, Buchpräsentationen, Diskussionen mit den Schwerpunkten Volkskunde und sozialgeschichtliche Umwelt. Keine Subventionen.

P: A,D Z: DIE MÖLKERSTIEGE (4 + Sondernummern)

Kunst- und Kulturverein NEUE TENDENZEN
Favoritenstr. 40/23
1040 Wien
Tel. 0222/ 65 79 762

Heinz Placek

"Urknall war es keiner, als im April 1983 der Kunst- und Kulturverein NEUE TENDENZEN gegründet wurde. Eher hatte es etwas mit Bauchgrimmen bei Betrachtung der Kulturszene zu tun" (Cover Journal Nr.1/1984). Diesem Bauchgrimmen begegnet der Verein, der einen besseren und lebendigeren Kontakt zwischen bildenden Künstlern und Publikum herstellen will, mit vielfältigen und außergewöhnlichen Ausstellungsideen, mit Mal- und Zeichenkursen, Diskussionen, und der Zeitschrift COVER JOURNAL, die auch literarische Beiträge bringt, einstweilen nicht mehr existiert, aber bald wieder existieren soll.

P: A,D,V,L,W

LUST & LAUNE
Pelzgasse 12/1
1150 Wien
Tel. 0222/ 92 55 34

Gerald Grassl

Da es in der Stadt Sigmund Freuds keinen Ort gibt, der sich nach Meinung von Gerald Grassl intensiv genug mit dem Thema Sexualität beschäftigt, hat er im September 1986 LUST & LAUNE eröffnet, einen in Eigenarbeit renovierten Raum, in dem etwa zweimal im Monat Veranstaltungen stattfinden, meist zu laufenden Ausstellungen. Die Themenpalette ist weit gestreut, hat oft mit Sexualität nicht viel zu tun, was nicht ausschließt, daß es im Juli 1987 etwa um Prostitution und den Aufbau einer Organisation der Prostituierten gegangen ist. Geplant ist zudem die Herausgabe einer lesbaren Zeitschrift zu Freud und den Folgen.
P: V,D

wien medienwerkstatt
1070 wien ▪ neubaugasse 40a ▪ 96 36 67
studio für unabhängige videoarbeit
produktion ▪ videoverleih ▪ kurse

MEDIENWERKSTATT WIEN
Neubaugasse 40a
1070 Wien
Tel.: 0222/ 96 36 67

"Die MEDIENWERKSTATT WIEN ist ein von Videokünstlern in Selbstverwaltung geführtes STUDIO FÜR UNABHÄNGIGE VIDEOARBEIT. Wir sind als Verein organisiert, unsere Leistungen und Einrichtungen können von Mitgliedern beansprucht werden. Unsere Arbeit verteilt sich auf mehrere Schwerpunkte:

1) VIDEOPRODUKTION: Wir vermieten unser Studio für experimentelle, dokumentarische und künstlerische Videoarbeit. Leute, die noch keine oder wenig praktische Erfahrung haben, unterstützen wir mit Betreuung und Einschulung mit dem Ziel, daß sie ihre Projekte in größtmöglicher Eigenregie durchführen können.
2) VIDEOKURSE UND WORKSHOPS
3) BÄNDERVERLEIH zu den Themenschwerpunten Aktuelle Politik, Arbeitswelt, Aufrüstung, Behinderte, Experimentalvideos, Faschismus-Antifaschismus, Frauenunterdrückung-Emanzipation, Geschichte, Homosexualität, Internationale Politik, Medien-Neue Medien, Kunstprojekte, Lebensläufe ...
4) VERANSTALTUNGEN: Präsentation von internationalen Programmen, Veranstaltungen mit in- und ausländischen Produktions- und Vertriebsgruppen, Einladung in- und ausländischer Video- und /oder Medientheoretiker/innen und -kritiker/innen."

P: V,D,W

ÖSTERREICHISCHES FILMBÜRO

Reinhard Pyrker
Columbusg. 2
1100 Wien
Tel. 0222/ 64 01 26

Das ÖSTERREICHISCHE FILMBÜRO wurde 1983 als Anlauf- und Kontaktstelle für die heimischen Filmschaffenden und zur Durchführung einer jährlichen Werkschau der jeweils neuesten österreichischen Produktionen gegründet. Den unmittelbaren Anlaß zu dieser Gründung gab die notwendige Neuorganisierung der ÖSTERREICHISCHEN FILMTAGE, die 1977 in Velden und danach alljährlich in Kapfenberg veranstaltet wurden. Nachdem die Werkschau 1983 ausgefallen war, bemühte sich das FILMBÜRO um eine Neukonzeption dieses für das heimische Filmschaffen wichtigen Festivals: Seit 1984 finden die ÖSTERREICHISCHEN FILMTAGE daher an einem neuen Veranstaltungsort statt - in Wels/OÖ.
Z: Jährlicher KATALOG "Österreichischer Film"

REVOLUTIONSBRÄUHOF
Verein zur Förderung vaterlandsloser Geselligkeit
Kauerhof 5
1150 Wien
Tel. 0222/ 83 12 98

Jan Donner
Schweglerstr. 5/2/8
1150 Wien
Tel. 0222/ 95 88 753

"REVOLUTIONSBRÄUHOF ist ein Mittel zur Gegnerschaft: Diesem Staat halten wir dessen eigene Zwecke als Argument für Andersartigkeit entgegen. Die Schäden zum Beispiel, die Leute so mitmachen, haben eben nicht den Nutzen, sie mit den notwendigen materiellen Beigaben zum Dasein zu bedienen - Arbeitshetze dient dem Bedürfnis von ganz Anderen, die auf Produktionsmittel einen ausschließlichen Verfügungsanspruch nicht nur erheben - sondern mittels politischer Gewalt auch durchsetzen. Wir wollen Anarchisten sein, weil wir nicht Teil des Problems, sondern die Lösung sind!"
P: V,D
Z: KULTUR ZWISCHENDURCH

SHAKESPEARE & COMPANY BOOKSELLERS
Sterngasse 2
1010 Wien
Tel. 0222/ 66 43 76

Spezialbuchhandlung für englischsprachige Literatur mit vier bis sechs Autorenlesungen jährlich (bisher u.a. Burgess, O'Brien, Swift, Sinclair etc.), am Bloomsday (16.Juni) Ganztagslesungen.
P: L

STADTINITIATIVE WIEN
Verein zur Förderung Anthroposophischer Initiativen
Burgg. 28-32/2
1080 Wien
Tel. 0222/ 93 17 29

"Jeder von uns hat einen ziemlich schlagkräftigen Gegner - den Alltag. Das Wort 'Initiative' in unserem Namen bezieht sich zu einem nicht geringen Teil auf diesen Gegner in jedem von uns. Wir wollen eine Basis, eine Hilfestellung zu seiner Bekämpfung schaffen."
Geöffnet Mo - Fr 10 - 18h, Sa 10 - 13h.
P: M,T,L,K

STATTWERKSTATT
Verein zur Vermittlung des wirklichen Wien
Kolingasse 6
1090 Wien
Tel. 0222/ 34 33 84

Felix Stelzer

Die STATTWERKSTATT ist Mitglied des Netzes der Vereine zur Stadtentdeckung und spezialisiert auf alternative Stadtrundfahrten, um Wienern und Nichtwienern einen besseren Zugang zum Kennenlernen Wiens zu bieten. Zur Zeit im Programm sind "Traum und Wirklichkeit", "Wien alternativ", "Energie und Ökologie im Wiener Raum", "Wir vergessen nicht". Angeschlossen ist ein REISEBUCHLADEN mit umfangreicher Literatur zu jeder Form von Reisen und Anders Reisen.

THEODOR KRAMER GESELLSCHAFT

Konstantin Kaiser
Vorgartenstr. 162/7/22
1020 Wien

Verein zur Erforschung, Pflege und Verbreitung des Werkes von Theodor Kramer und zur Erweiterung der Kenntnisse über seine Persönlichkeit und seine Stellung in Literatur und Gesellschaft; darüberhinaus Interesse an jenen Initiativen, die sich dem Studium und der Verbreitung antifaschistischer und demokrarischer Literatur, bzw. der Arbeiter- und Exilliteratur widmen.
Z: MIT DER ZIERHARMONIKA (4)

Verein WIENER FRAUENVERLAG
Lange Gasse 51/10
1080 Wien
Tel. 0222/ 43 90 412

Sylvia Treudl
D'Orsaygasse 3-5/2/13
1090 Wien
Tel. 0222/ 34 96 304

Der Verlag ist mehr als eine Produktionsstätte von Büchern, die sich gut verkaufen sollen. Als autonome Einrichtung fungiert er als Anlaufstelle für alle Formen weiblicher Textproduktion. Er orientiert sich an den vielfältigen Bedürfnissen unterschiedlicher Frauen, sowohl in der kollektiven Betriebsführung, als auch in der Auswahl der zu verlegenden Bücher. Darüberhinaus ist der Verlag ein offenes Forum zur Auseinandersetzung (Arbeitskreis, Jour Fixe, diverse Veranstaltungen). 1981 gegründet, hat der Wiener Frauenverlag bisher 17 Bücher in den Bereichen Wissenschaft und Literatur veröffentlicht.
P: L

WIENER AKADEMIE FÜR ZUKUNFTSFRAGEN
Wollzeile 12
1010 Wien
Tel. 0222/ 51 34 938 od. 51 34 939

Dr. Peter Oberlechner

Unabhängige, gemeinnützige Einrichtung, die im jahr 1987 gegründet wurde. Ihr Ziel ist fach- und grenzüberschreitende sowie interideologische Behandlung von Problemen und Problemzusammenhängen, die das künftige Gesicht unserer Gesellschaft entscheidend prägen werden - Fragen etwa aus den Bereichen Umwelt, Wirtschaft, Technik, Philosophie, Kunst, Kultur, Politik und soziale Anliegen, denen ab November 1987 die jährliche Umweltmesse ÖKOLOGIA gewidmet sein soll.

VEREIN FÜR GELEBTE DEMOKRATIE
Schottengasse 3a/5/19
1010 Wien

Informations- und Servicestelle für alternative Gruppen und Vereine, der unter anderem auch die Zeitschrift -> BASISINFORMATION herausgibt.

JUGENDZENTREN

VEREIN JUGENDZENTREN
DER STADT WIEN
Zentralbüro
Prager Str. 20
1210 Wien
Tel. 38 76 45 bis 47

Über diesen Verein werden etwa 25 Jugendzentren in Wien geführt, in denen je nach Engagement der Hausleiter, Interesse der Jugendlichen und räumlichen Gegebenheiten kaum bis regelmäßig Kulturveranstaltungen stattfinden.

ZELT GASSE 7

Jugend- und Kulturzentrum
ZELTGASSE
Zeltgasse 7
1080 Wien
Tel. 0222/ 42 14 35

Im mittlerweile zu einem großen Kulturzentrum angewachsenen Jugendzentrum Zeltgasse gibt es zahlreiche Veranstaltungen, stehen hauseigenen und auswärtigen Gruppen Theater- und Probenräume zur Verfügung, gibt es einen großen Theatersaal, ein Beisl und eine Disco.
P: T,L,K,M(j,f,p),V,A

Jugendzentrum KLAWIR
Arbeiterg. 26
1050 Wien
Tel. 0222/ 54 21 92

Das KLAWIR ist ein offenes Jugendzentrum, gemeinsam geführt von der Katholischen Studierenden Jugend und der Katholischen Arbeiterjugend, in dem öfters kulturelle Veranstaltungen stattfinden.

ZEITSCHRIFTEN

an.schläge

ANSCHLÄGE
Postfach 172
1080 Wien
Tel. 0222/ 48 68 96

Brigitte Morscher

1983 bildete sich der VEREIN FRAUEN AKTIV IN KULTUR UND ARBEITSWELT mit dem Ziel, Frauenaktivitäten sichtbar zu machen, zu initiieren, zu dokumentieren. Die Hauptaufgabe beruht in der Herausgabe der 6mal jährlich erscheinenden Zeitschrift ANSCHLÄGE, die eine feministische Alternative zu herkömmlichen Medien darstellt. Themenschwerpunkte sind Politik, Kultur, Arbeitswelt. Daneben werden Diskussionsveranstaltungen, Lesungen und Feste organisiert, meist in Zusammenarbeit mit anderen Frauengruppen. Vorläufiges Ziel sind die Anschaffung eines Satzgerätes und die monatliche Herausgabe der Zeitung.

BASISINFORMATION
Verein für gelebte Demokratie
Margaretenstr. 87
1050 Wien
Tel. 0222/ 63 66 36

Hektografierte Zeitschrift mit grün-alternativen Inhalten, Frieden, Ökologie, Wald, Gesundheit, Initiativen, Anti Akw, Anti-Hainburg etc. In Hinkunft verstärkte Berücksichtigung von Kultur geplant.

FALTER
Marc-Aurel-Str. 9
1010 Wien
Tel. 0222/ 63 46 37-0

Der FALTER entstand 1977 als erste umfassende Programmzeitschrift Österreichs. Nach 10 Jahren hat sich die Zeitschrift für "Kultur und Politik" bereits einen fixen Platz in der Medienlandschaft erobert, sie erscheint mittlerweile wöchentlich, der Verlag gibt seit einiger Zeit auch Bücher heraus, von denen wohl die "Stadt- und Landbücher" ("Stichwort: Wien", "Landbuch Niederösterreich", "Steiermark und Graz") die bekanntesten sind.

FORUM
Intern. Zeitschrift f. kulturelle
Freiheit, polit. Gleichheit und
solidarische Arbeit
Musuemstr. 5
1070 Wien
Tel. 0222/ 93 83 68

Gerhard Oberschlick (Herausgeber)

Warnung des Herausgebers: Forum macht süchtig, Probeheft kostenlos, auf Anforderung und eigene Gefahr.

FREIBORD
ZEITSCHRIFT FÜR LITERATUR UND KUNST
Herausgegeben von Gerhard Jaschke

FREIBORD

Gerhard Jaschke
Theresieng. 53
1180 Wien

"Es war einmal ein Schürrer. Wir schrieben das Jahr 1975. Und ich sagte: Laßt und beginnen. Wir bestiegen das Schiff in Hoffnung und er schrieb: 'Wir sind keine Floskeln, wir sind zu zweit'. Ein Statement folgte. Im März 1976 erschien die erste FREIBORDnummer. Bücher und anderes setzte das Ganze fort. Bekanntes, Unbekanntes stand uns zu Gebote. Lesungen in Gefängnissen, Schulen, Wirtsstätten, Museen, Galerien und anderen Mehrzweckhäusern. Die aktuelle Nr. 57 (1.7.87) enthält eine Dokumentation des Symposiums 'Verkannte Literatur heute?'(1950-86). Beiträge von Okopenko, Gerstl, Schmidt-Dengler,etc." (Gerhard Jaschke)

KUCKUCKSNEST
Tendlerg. 15/13
1090 Wien

Zeitschrift, die von Patienten des psychiatrischen Krankenhauses gestaltet wird und seit 1983 vierteljährlich herauskommt. Neben den Äußerungen der Bedürfnisse und Anliegen der Patienten wollen die Herausgeber der Zeitschrift aktiv an der Durchführung der Psychiatriereform teilhaben.

LITERARICUM
Zeitschrift für Literatur und Kunst
Faulmanngasse 7 (Postfach 48)
1043 Wien
Tel. 0222/ 75 53 67

LITERARICUM erscheint seit 1974 und wird vom -> KLUB ÖSTERREICHISCHER LITERATURFREUNDE UND AUTOREN herausgegeben und bringt "journalistische Beiträge über Aktualitäten und über die heimische Kulturszene. Fallweise auch über Geschehnisse aus dem Ausland. Weiters aktuelle Berichte aus der Theaterwelt und den Bereichen der bildenden Kunst. Ebenso literarische Beiträge...Hauptabsicht dieser Zeitschrift ist, für Literatur, Theater und bildende Kunst die Öffentlichkeit zu interessieren und Informationen weiterzugeben".

LOG ZEITSCHRIFT FÜR
INTERNATIONALE LITERATUR

LOG - Internationale Zeitschrift für Literatur

Lev Detela
Donaustadtstr. 30/16/16
1220 Wien
Tel. 0222/ 23 13 433

Erscheint seit 1974, bis jetzt 34 Hefte. Ziel der Zeitschrift: Pflege einer neuen österreichischen Literatur im Sinne der kulturellen Kontinuität. Ein besonderer Akzent der redaktionellen Arbeit wird auf deutschsprachige Erstdrucke von Autoren verschiedenster Nationalitäten und Kulturkreise gelegt. In der LOG-BUCH-REIHE gibt es Lyrik, Prosa, Dramen (bisher u.a. von Milena Merlak, Lev Detela u.a.); für Herbst 1987 ist eine anthologische Vorstellung der Literatur der österreichischen Volksgruppen/Minderheiten und der Literatur der Entwicklungsländer geplant.

MOZ - grün-alternative
Monatszeitschrift
GAV Grün-Alternativ VerlagsgesmbH.
Neulerchenfelderstr. 12
1160 Wien
Tel. 0222/ 48 35 71

Grün-alternative Monatszeitschrift mit ausführlichen Beiträgen zu Politik, Wirtschaft und Kultur aus dem In- und Ausland, viele Hinweise auf kulturelle, wirtschaftliche und politische Initiativen in Österreich.

PROJEKT GANGAN/GANGAN VERLAG
Radegunderstr. 30c
8045 Graz
Tel. 0316/ 64 75 75 od. 70 70 55

Horst Gerald Ganglbauer
Praterstr. 15/3/32
1020 Wien
Tel. 0222/ 248 97 32

-> Teil "Steiermark"

PROTOKOLLE
Jugend und Volk
Anschützg. 1
1153 Wien
Tel. 0222/ 87 25 15

Otto Breicha (Hrsg.)

Die PROTOKOLLE bringen seit den 6oer Jahren einen repräsentativen Querschnitt zeitgenössischen Verhaltens und künstlerischen Angebots. Mitunter sind Bände einem Thema oder einer Autorenpersönlichkeit gewidmet.

VEREIN LITERATURZEITSCHRIFTEN
AUTORENVERLAGE

Franz Krahberger
Brüsselgasse 24
1160 Wien
Tel. 0222/ 95 99 86

-> Teil 2, LITERATUR

wespennest

WESPENNEST
Zeitschrift für brauchbare Texte
und Bilder
Johann-Strauß-Gasse 26/17
1040 Wien
Tel. 0222/ 65 82 583

Gustav Ernst

Das WESPENNEST erscheint vierteljährlich seit 1969 und bringt neben junger und kritischer Literatur gesellschaftspolitische und kulturpolitische Aufsätze, manche Sonderhefte sind Schwerpunktthemen gewidmet.

Wiener Journal

WIENER JOURNAL
Kärntner Straße 8
1010 Wien
Tel. 0222/ 513 10 13

David Axmann (Kultur)

Von Jörg Mauthe gegründete konservativ-liberale Monatszeitschrift mit Aufsätzen und Cartoons zu Kultur und Politik. Besonderer Schwerpunkt: "Mitteleuropa". Das WIENER JOURNAL hat ein für Österreich ungewöhnliches Interesse an journalistischen und literarischen Arbeiten junger Autoren.

S T I C H W O R T T E I L

ABLIEFERUNGSPFLICHT von Bibliotheksstücken (lt. Mediengesetz, BGBl. 314/ 1981):

Jedes in Österreich verlegte, erscheinende bzw. hergestellte Druckwerk unterliegt nach dem Mediengesetz der Ablieferungspflicht, d.h. an bestimmte Bibliotheken müssen innerhalb eines Monats nach Beginn der Verbreitung bzw. nach Herstellung auf eigene Kosten Belegexemplare abgeliefert werden. Folgende Aufstellung gibt an, wieviele Exemplare an welche Stellen zu schicken sind (Zuordnung zum jeweiligen Bundesland nach dem Verlagsort):

a - periodische Druckwerke (Zeitungen, Zeitschriften usw.)
b - sonstige Druckwerke (Bücher, Flugblätter usw.)

Alle Bundesländer

ÖSTERREICHISCHE NATIONALBIBLIOTHEK
Josefspl. 1
1010 Wien
a:4/b:2

Vorarlberg

VORARLBERGER LANDESBIBLIOTHEK
Fluherstr. 4
6900 Bregenz
a:3/b:2

UNIVERSITÄTSBIBLIOTHEK INNSBRUCK
Innrain 50
6020 Innsbruck
a:2/b:1

Tirol

TIROLER LANDESARCHIV (BIBLIOTHEK)
Herreng. 1
6020 Innsbruck
a:2/b:1

UNIVERSITÄTSBIBLIOTHEK INNSBRUCK
Innrain 50
6020 Innsbruck
a:3/b:2

Salzburg

SALZBURGER LANDESARCHIV (BIBLIOTHEK)
Michael-Pacher-Str. 40
5020 Salzburg
a:2/b:1

UNIVERSITÄTSBIBLIOTHEK SALZBURG
Hofstallg. 2-4
5020 Salzburg
a:3/b:2

Kärnten

LANDESMUSEUM FÜR KÄRNTEN (BIBLIOTHEK)
Museumg. 2
9020 Klagenfurt
a:2/b:1

UNIVERSITÄTSBIBLIOTHEK DER UNIVERSITÄT FÜR BILDUNGSWISSENSCHAFTEN
Universitätsstr. 67
9020 Klagenfurt
a:3/b:2

Oberösterreich

BUNDESSTAATLICHE STUDIENBIBLIOTHEK LINZ
Schillerpl. 2
4020 Linz
a:3/b:2

UNIVERSITÄTSBIBLIOTHEK LINZ
Altenberger Str. 69
4020 Linz
a:2/b:1

Steiermark

STEIERMÄRKISCHE LANDESBIBLIOTHEK
Kalchbergg. 2
8010 Graz
a:2/b:1

UNIVERSITÄTSBIBLIOTHEK GRAZ
Universitätspl. 3
8010 Graz
a:3/b:2

Niederösterreich

NIEDERÖSTERREICHISCHE LANDES-BIBLIOTHEK,
Teinfaltstr. 8
1010 Wien
a:2/b:1

UNIVERSITÄTSBIBLIOTHEK WIEN
Dr. Karl Lueger-Ring 1
1010 Wien
a:3/b:2

Burgenland

BURGENLÄNDISCHE LANDESBIBLIOTHEK
7000 Eisenstadt
a:3/b:2

UNIVERSITÄTSBIBLIOTHEK WIEN
Dr. Karl Lueger-Ring 1
1010 Wien
a:2/b:1

Wien

WIENER STADT- UND LANDESBIBLIOTHEK
Rathaus
1010 Wien
a:2/b:1

UNIVERSITÄTSBIBLIOTHEK WIEN
Dr. Karl Lueger-Ring 1
1010 Wien
a:3/b:2

***

<u>AKM</u>
Baumannstr. 8-10
1031 Wien
Tel. 0222/ 73 15 55-0

Die "STAATLICH GENEHMIGTE GESELLSCHAFT DER AUTOREN, KOMPONISTEN UND MUSIKVERLEGER" befaßt sich mit der Wahrung der Urheberrechte in Österreich. Während der Bereich lebende Musik von der AKM selbst abgedeckt wird, übernehmen andere Agenden Tochtergesellschaften:

AUSTRO MECHANA
Baumannstr. 10
1031 Wien

Mechanisch-musikalische Urheberrechte (Wichtig z.B. bei Produktion von Platten, Cassetten)

LSG
Johannesg. 4/6
1010 Wien

Benützung von Schallträgern zur öffentlichen Wiedergabe, Vervielfältigung von Schallträgern, die zu Handelszwecken hergestellt sind

LVG (-> LITERATUR)

LITERAR MECHANA (-> LITERATUR)

Alle Veranstaltungen mit geschützten Werken müssen mindestens 3 Tage vorher bei der AKM angemeldet werden (Anmeldekarte bei den AKM-Geschäftsstellen und Gemeindeämtern erhältlich). Für die Abrechnung gibt es 3 mögliche Tarifstufen:

AUTONOMER TARIF

a) Gebühren für Einzelveranstaltungen ohne Tanz:

Fassungsraum in Personen	je S Eintritt	Mindestsätze
- 100	10.-	80.-
101 - 200	16.-	128.-
201 - 300	22.-	176.-
301 - 400	28.-	224.-
401 - 500	34.-	272.-
usw.	usw.	usw.

Bei freiem Eintritt gelten die Mindestsätze.

b) Einzelveranstaltungen mit Tanz:

Doppeltes Entgelt gegenüber den unter a) angegebenen Sätzen

SONDERTARIF

Wird angewendet, wenn jemand seine Veranstaltung im Lokal eines Mitglieds der -> KLBV oder eines Mitglieds der Bundeskammer der gewerblichen Wirtschaft (z.B. Gasthaus) abhält. In Orten, wo eine Steuerkartenverrechnung eingeführt ist, kann zwischen Prozentabrechnung und Pauschalabrechnung gewählt werden (muß vorher bekanntgegeben werden).

Prozentabrechnung:

a) Veranstaltungen ohne Tanz: Das Aufführungsentgelt beträgt 10 % der Bruttoeinnahmen inkl. MWSt (anhand der amtlichen Vergnügungssteuerabrechnung)

b) Veranstaltungen mit Tanz: 14 % der Bruttoeinnahmen.

Pauschalabrechnung:

a) Veranstaltungen ohne Tanz:

Fassungsraum in Personen	je S Eintritt	Mindestsätze
- 100	8.-	64.-
101 - 200	13.-	104.-
201 - 300	18.-	144.-
301 - 400	23.-	184.-
401 - 500	28.-	224.-
usw.	usw.	usw.

Bei freiem Eintritt gelten die Mindestsätze.

b) Veranstaltungen mit Tanz: Doppeltes Entgelt

BEGÜNSTIGUNGSTARIF

Gilt für Mitglieder des -> KLBV und für Mitglieder der Bundeskammer der gewerblichen Wirtschaft (=Gewerbebetriebe).

Alle Bestimmungen analog zum Sondertarif.

Prozentabrechnung:
8 % für Veranstaltungen ohne, 12 % für Veranstaltungen mit Tanz.

Pauschalabrechnung:

Fassungsraum in Personen	je S Eintritt	Mindestsätze
- 100	6.-	48.-
101 - 200	10.-	80.-
201 - 300	14.-	112.-
301 - 400	18.-	144.-
401 - 500	22.-	176.-
usw.	usw.	usw.

VERTRÄGE

Unter bestimmten Voraussetzungen gewährt die AKM Vergünstigungen. Diese werden vertraglich festgelegt, sofern es sich nicht um Kulanzlösungen handelt.

Rahmenvertrag:
Für größere Veranstalter, Organisationen, Dachverbände. Bei Einzelveranstaltungen beträgt die Ermäßigung gegenüber dem autonomen Tarif
- 45 % für Vereine und Einrichtungen, deren aussschließliches Ziel die Förderung von Musik ist, ebenso für Jugendinitiativen und -organisationen
- 40 % für alle übrigen Veranstalter.

Kulturinitiativen, die selbst keine Vergünstigung erhalten, können den Rahmenvertrag nutzen, den die ARGE REGION KULTUR mit der AKM abgeschlossen hat. Auskünfte: KULTUR INITIATIV (-> ARGE REGION KULTUR).

Ein analoger Vertrag besteht zwischen der ARGE ÖSTERREICHISCHER JUGENDZENTREN UND INITIATIVGRUPPEN. Auskünfte: Heinz Seidl, Jugendclub TAVERNE (-> Teil 1, N) oder Tel. 0222/ 55 20 215.

Pauschalvertrag:
Die Urheberrechte werden pauschal abgegolten, unabhängig davon, wieviele Veranstaltungen mit wievielen Besuchern tatsächlich durchgeführt werden. Diese Form ist vor allem für Initiativen mit regelmäßigem Veranstaltungsbetrieb in-

teressant, sie bringt gegenüber dem Rahmenvertrag eine geringfügige Verbilligung.

GESCHÄFTSSTELLEN

BURGENLAND:

Hauptstraße 29
Zagersdorf
7011 Siegendorf
Tel. 02687/ 8840

Linke Bahnzeile 3
7400 Oberwart
Tel. 03352/ 2254

NIEDERÖSTERREICH:

Anton-Aigner-Gasse 16
2620 Neunkirchen
Tel. 02635/ 2505

Miesenbach 47
Neubruck bei Scheibbs
3283 St.Anton/Jeßnitz
Tel. 07482/ 2992

Annagasse 3
3580 Horn
Tel. 02982/ 2188

Baumannstr. 8-10
1031 Wien
Tel. 0222/ 73 15 55-19
(für Wien-Umgebung)

Hauptstraße 29
Zagersdorf
7011 Siegendorf
Tel. 02687/ 8840
(für Bruck a.d.Leitha/ Schwechat)

SALZBURG

General-Arnold-Str. 13
5020 Salzburg
Tel. 0662/ 31 2 78

KÄRNTEN

Rosentaler Str. 5
9020 Klagenfurt
Tel. 0463/ 51 13 90

Pestalozzi-Str. 11/56
9500 Villach
Tel. 04242/ 31 0 08

STEIERMARK

Pestalozzi-Str. 1/1
8010 Graz
Tel. 0316/ 71 0 16 od. 72 0 67

Hauptplatz 2
8701 Leoben
Tel. 03842/ 42 3 36

Andelbergg. 2
8160 Weiz
Tel. 03172/ 3215

Am Grafenegg 2
8940 Liezen
Tel. 03612/ 23 7 50

OBERÖSTERREICH

Pillweinstraße 29/II
4024 Linz
Tel. 0732/ 51 0 28

Vormarkt 7
4752 Riedau
Tel. 07764/ 387

Karl-Wurmb-Straße 3/211
5020 Salzburg
Tel. 0662/ 51 7 05
(für Braunau)

Albshausener Straße 3
8940 Liezen
Tel. 03612/ 23 7 50
(für Steyr und Kirchdorf)

VORARLBERG

Klostergasse 7
6900 Bregenz
Tel. 05574/ 22 1 52

TIROL

Erlerstraße 17/III
6020 Innsbruck
Tel. 05222/ 25 8 57

WIEN

Baumannstr. 8-10
1031 Wien
Tel. 0222/ 73 15 55-19

***

AKTION FILM ÖSTERREICH
-> FILM

***

ALLTAGSGESCHICHTE
-> "GRABE, WO DU STEHST"
-> BÜRO MEDIENVERBUND

***

AMNESTY INTERNATIONAL

Österreichische Sektion
Eßlingg. 15/4
1010 Wien
Tel. 0222/ 63 77 47

Die 1961 als Reaktion auf einen Zeitungsartikel des britischen Rechtsanwalts Peter Benenson entstandene Gefangenenhilfsorganisation setzt sich für Gewissensgefangene (Menschen, die wegen ihrer Überzeugung, Hautfarbe, ethnischen Herkunft, Sprache, wegen ihres Glaubens oder ihres Geschlechts inhaftiert sind) in aller Welt ein, kämpft für die Abschaffung der Todesstrafe und der Folter.
Basis der Arbeit sind die Adoptionsgruppen, die die eigentliche Gefangenenbetreuung leisten und von denen es in Österreich derzeit etwa 100 gibt (daneben zirka 10 "Aktionsgruppen" und Arbeitskreise), und die fördernden Mitglieder (knapp 12000). Die Zeitschrift AMNESTY INTERNATIONAL erscheint 12 x jährlich und wird an alle aktiven und fördernden Mitglieder verschickt.
Im Rahmen der Öffentlichkeitsarbeit wird AI auch häufig zum Kulturveranstalter (entweder nur zur Finanzbeschaffung oder auch mit konkretem Bezug zu bestimmten Anliegen bzw. Ländern, über die informiert werden soll). Die Österreichische Sektion selbst organisiert seit 1976 Weihnachts-Verkaufsausstellungen und ein Rahmenprogramm unter dem Titel KÜNSTLER FÜR AMNESTY INTERNATIONAL.

***

ANBIETUNGSPFLICHT

von Bibliotheksstücken: Neben der -> ABLIEFERUNGSPFLICHT gibt es auch eine ANBIETUNGSPFLICHT für Druckwerke. Der Parlamentsbibliothek (Dr. Karl Renner-Ring 3, 1010 Wien) und der Administrativen Bibliothek des Bundeskanzleramtes (Ballhauspl. 2, 1010 Wien) müssen je ein Exemplar angeboten werden. Bei periodisch erscheinenden Druckwerken genügt es, beim erstmaligen Erscheinen ein Abonnement, also den weiteren laufenden Bezug anzubieten.

***

ANIMATION

Anfang der Siebzigerjahre erreichte die "Animation" aus dem französichen und italienischen Raum kommend auch Österreich - als ein neuer, kritischer und emanzipatorischer Ansatz im Umgang mit Kunst und Kreativität, der dem Einzelnen aktives Mitmachen, Mitgestalten ermöglicht. Nach zahlreichen Animationsprojekten - vor allem in Wien und der Steiermark - mit Video, Theater und Spielaktionen, sind heute nur noch wenige aktive Gruppen übrig, die sich mit diesem Ansatz von Kulturarbeit intensiv beschäftigen. Im Gegensatz zu Frankreich hat sich der Beruf des "Animateurs" bei uns nicht durchgesetzt, eine Berufsausbildung ist nur im -> DRAMATISCHEN ZENTRUM möglich. Nichtsdestotrotz arbeiten viele Gruppen - oft unbewußt - animatorisch. Einige Adressen für Information, Weiterbildung und zur Kontaktaufnahme seien hier genannt:

AKTION SPIELBUS
Schumacherstr. 20
5020 Salzburg
-> Teil 1, S

ARBEITSGEMEINSCHAFT FÜR GRUPPENBERATUNG
Hofmannstr. 14
4040 Linz
Tel. 0732/ 234 73 64

Die AGB führt laufend Kurse für Leher, Jugendbetreuer, Erzieher, Erwachsenenbildner, Sozialbetreuer und Gruppenleiter aller Art durch, die viele spielerische und animatorische Elemente enthalten.

DRAMATISCHES ZENTRUM
Seidengasse 13
1070 Wien
Tel. 0222/ 96 15 56-0

Das DRAMATISCHE ZENTRUM war die erste Anlaufstelle für die frühe Animationsbewegung in Österreich und hat in der Folge die erste und bisher einzige Ausbildung zum "Animator" angeboten.
-> Teil 1, W

PÄDAGOGISCHE AKTION GRAZ
St. Peter Haupstr. 29e/2
8042 Graz
Tel. 0316/ 44 85 43
-> Teil 1, St

LUDOTHEK "LUDOVICO"
Mesnerg. 4
8010 Graz
Tel. 0316/ 7031-3174
-> Teil 1, St

THEATERWERKSTATT
Beatrixg. 26
1030 Wien
Tel. 0222/ 713 62 21
Angela Waldegg

1975 von Angela und Volker W. Waldegg gegründetes, animatorisches Theaterprojekt. Aufführungen werden gemeinsam mit Kindern erarbeitet, der Gruppenprozeß und die Kreativität der Kinder stehen im Mittelpunkt der Arbeit.

***

ARBEITSGEMEINSCHAFT EVANGELISCHER BILDUNGSWERKE

Wie die -> ARBEITSGEMEINSCHAFT KATHOLISCHER BILDUNGSWERKE und die anderen, nicht konfessionsgebundenen BILDUNGSWERKE sind auch die EVANGELISCHEN BILDUNGSWERKE in einer landesweiten ARBEITSGEMEINSCHAFT und in regionalen LANDESBILDUNGSWERKEN vereinigt.

ZENTRALE DER ARBEITSGEMEINSCHAFT EVANGELISCHER BILDUNGSWERKE
c/o Evangelische Akademie
Schwarzspanierstr. 13
1090 Wien
Tel. 0222/ 42 61 06
Ulrich Trinks (Geschäftsführer)

EV. BILDUNGSWERK VORARLBERG
Bödelestr. 6
6850 Dornbirn

EV. BILDUNGSWERK TIROL
Gutshofweg 8
6020 Innsbruck

EV. BILDUNGSWERK SALZBURG
Georg-von-Nissen-Str. 21
5020 Salzburg

EV. BILDUNGSWERK KÄRNTEN
Tarviserstr. 14
9020 Klagenfurt

EV. BILDUNGSWERK STEIERMARK
Kaiser-Josef-Platz 9
8010 Graz

EV. BILDUNGSWERK NIEDERÖSTERREICH
Schefferg. 8
2340 Mödling

EV. BILDUNGSWERK BURGENLAND
Conradplatz 4
7071 Rust

EV. BILDUNGSWERK A.B. WIEN
Hamburgerstr. 3
1050 Wien

EV. BILDUNGSWERK H.B. WIEN
Beatrixg. 25/2
1030 Wien

***

ARBEITSGEMEINSCHAFT KATHOLISCHER BILDUNGSWERKE

Die BILDUNGSHÄUSER und BILDUNGSWERKE der katholischen Kirche sind parteiunabhängige, öffentliche Einrichtungen der Erwachsenenbildung, die zwar von einer christlichen (nicht speziell katholischen) Weltanschauung ausgehen, aber relativ unabhängig und möglichst offen für alle Richtungen sind. Die Angebote der BILDUNSGWERKE beziehen sich vor allem auf persönliche Weiterbildung und -entwicklung, auf Kreativität, Selbsterfahrung, Ehe und Familie, Erziehung etc. Eine wichtige Zielgruppe sind die Frauen, deren politisches Bewußtsein gerade in den ländlichen Regionen gefördert werden soll. Dort ist diese Institution daher besonders stark vertreten: meist in den Pfarren angesiedelt, kulturell äußerst rege und auch durchaus kritisch - je nach Engagement und Interessen des örtlichen - ehrenamtlich eingesetzen - Leiters. Manche der BILDUNGSWERKE arbeiten mit lokalen Kulturinitiativen zusammen. Genaue Adressen können in den jeweiligen Landesstellen erfragt werden.

GENERALSEKRETARIAT
Heinrichsg. 4/2
1010 Wien
Tel. 0222/ 63 59 22
Marta Kalasek

KATH. BILDUNGSWERK VORARLBERG
Bahnhofstr. 13
6800 Feldkirch
Tel. 05522/ 21 5 85

KATH. BILDUNGSWERK TIROL
Wilhelm-Greil-Str. 7
6020 Innsbruck
Tel. 05222/ 31 3 70

KATH. BILDUNGSWERK SALZBURG
Kapitelplatz 6
5020 Salzburg
Tel. 0662/ 84 25 91-90

KATH. BILDUNGSWERK KÄRNTEN
Waagg. 18
9013 Klagenfurt
Tel. 0463/ 51 15 77

KAT. PROSVETA
Viktringer Ring 26
9020 Klagenfurt
Tel. 0463/ 51 11 66 od. 51 10 55

KATH. BILDUNGSWERK LINZ
Kapuzinerstr. 84
4020 Linz
Tel. 0732/ 27 44 41-50

KATH. BILDUNGSWERK STEIERMARK
Bischofplatz 4
8010 Graz
Tel. 0316/ 71 4 11

KATH. BILDUNGSWERK ST.PÖLTEN
Klostergasse 15-17
3100 St. Pölten
Tel. 02742/ 4551

KATH. BILDUNGSWERK BURGENLAND
St. Rochusstr. 21
7000 Eisenstadt
Tel. 02682/ 2525

KATH. BILDUNGSWERK WIEN
Stephansplatz 6
1010 Wien
Tel. 0222/ 51 5 52-320, 321

***

ARGE ÖSTERREICHISCHER JUGENDZENTREN UND INITIATIVGRUPPEN

Arge Büro OST
Forum Wien Arena
Postfach 16
1034 Wien
Tel. 0222/ 78 85 95

Arge Büro WEST
JZ Konkret
Bernhard Amann
Roseggerstr. 3
6845 Hohenems
Tel. 05576/ 37 77

Ein loser Zusammenschluß von Jugendzentren und Initiativen auf Vereinsbasis, der eine eigene Zeitung herausgibt (das arge blatt), Tagungen organisiert (1986 in Oberwart) und sich mit Fragen der Jugend- und Jugendzentrumspolitik auseinandersetzt. Einige Themenbereiche werden in Arbeitskreisen erörtert (Jugendzentren, Jugendpolitik, Kultur, Strukturen + Organisation der ARGE). Ein weiterer Arbeitskreis arbeitet seit einiger Zeit an der Erstellung und Durchsetzung eines speziellen Ausbildungskonzepts für den Bereich Jugendarbeit ("Akademie für Sozialpädagogik und soziokulturelle Animation"). Die ARGE ÖSTERREICHISCHER JUGENDZENTREN UND INITIATIVGRUPPEN ist Mitglied der "European Confederation of Youth Centers" (ECYC).

***

ARGE REGION KULTUR
3713 Reinprechtspölla
Büro:
Kulturgasthaus
3564 Plank am Kamp
Tel. 02985/ 8278

Geschäftsführung:
Dr. Hans Haid
3713 Reinprechtspölla
Tel. 02984/ 8278

Die ARGE REGION KULTUR ist ein Zusammenschluß von Initiativen und Modellen der Basiskultur. Zweck des Vereins ist unter anderem die Förderung innovatorischer Volkskultur, der ethnischen Vielfalt, sowie die regionale, nationale und internationale Vernetzung. Seine Tätigkeit erstreckt sich insbesondere auf folgende Gebiete:

- Errichtung und Ausbau des PÖLLINGER SPEICHERS in Reinprechtspölla als Dokumentations- und Forschungsstelle für regionale Sprachen und Kulturen durch den Mitgliedsverein IDI (INTERNATIONALES DIALEKTINSTITUT - Institut für regionale Sprachen und Kulturen; -> LITERATUR)
- Abhaltung von Tagungen und Seminaren zur Aufbereitung von einschlägigen Fachthemen (z.B. "Dorferneuerung", "Kultur und Ökonomie", "Volkstheater heute", "Geschichte von unten", "Folk- & Volksmusikfestival", "Leben in/mit zwei Kulturen")
- Aus- und Weiterbildung von Interessierten der praktischen Kulturarbeit
- Herausgabe der PÖLLINGER BRIEFE als Mitteilungsblatt und Informationsdienst für alle Fragen praktischer Kulturarbeit
- Durchführung von Forschungsprojekten, z.B. Dorfanalysen, aktivierende Befragungen, Feldforschung etc.
- Kooperation von wirtschaftlicher und kultureller Regionalbetreuung durch die -> ÖSTERREICHISCHE ARBEITSGEMEINSCHAFT FÜR EIGENSTÄNDIGE REGIONALENTWICKLUNG (ÖAR)

MITGLIEDER/KONTAKTE:

IDI - INTERNATIONALES DIALEKTINSTITUT, Institut für regionale Sprachen und Kulturen
-> LITERATUR

-> IAK - INSTITUT FÜR ALLTAGSKULTUR

SLOVENSKA PROSVETNA ZVEZA/ SLOWENISCHER KULTURVERBAND
-> Teil 1, K

KRSCANSKA KULTURNA ZVEZA/CHRISTLICHER (SLOWEN.) KULTURVERBAND
-> Teil 1, K

KUGA - KULTURNA ZADRUGA/ KULTURGENOSSENSCHAFT
-> Teil 1, B

ARGE KULTURGELÄNDE NONNTAL
-> Teil 1, S

KULTUR INITIATIV - Informations- und Anlaufstelle für Kulturinitiativen. Martin Pichelhofer, Liechtensteinstr. 2/12, 2345 Brunn/G., Tel. 02236/ 324 505

FORUM FÜR ALLTAGSGESCHICHTE
und
INITIATIVE "MEIN DORF"
beide erreichbar über das Büro der ARGE REGION KULTUR

-> ÖAR mit folgenden Vereinen:

BWI - Waldviertler Bildungs- und Wirtschaftsinitiative
-> Teil 1, N

VEROM - Verein zur eigenständigen Regionalentwicklung im Oberen Mühlviertel
-> Teil 1, O

FREI - Verein zur eigenständigen Regionalentwicklung im Unteren Mühlviertel
-> Teil 1, O

AGRION - Arbeitsgemeinschaft regionaler Initiativen - Oststeiermark/Nord
-> Teil 1, St

-> INSTITUT FÜR ARBEITSMARKTBETREUUNG

***

BANKEN

zählen wohl zu den wichtigsten Sponsoren und sind in dieser Hinsicht meist erste Anlaufstelle für Kulturinitiativen (Übernahme von Druckkosten für Plakate, Ausfallshaftung usw.). Einige Geldinstitute treten auch selbst als Kulturveranstalter auf, andere wiederum fassen die von ihnen unterstützten Veranstaltungen in einem Programm zusammen und machen so für sich selbst wie für die Veranstalter Werbung (Verkauf verbilligter Eintrittskarten an Bankkunden usw.). Solche CLUBs gibt es bei den meisten Banken, die folgende Liste ist daher bei weitem nicht vollständig (Anfragen beim jeweiligen Geldinstitut!):

Z-CLUB
Gigerg. 1
1030 Wien

Viktor Rudorfer

CLUB S DER STEIERMÄRKISCHEN
Sparkassenplatz
8010 Graz
Tel. 0316/ 7033-213
Wim Martens

RAIFFEISEN CLUB
Schwarzstr. 15
5020 Salzburg
Tel. 0662/ 71 5 61-225

***

BILDUNGSHEIME

BILDUNGSHEIME sind Einrichtungen der außerschulischen Jugend- und Erwachsenenbildung, die Seminare, Kurse, Tagungen und ähnliches anbieten, aber manchmal auch ihre Räume anderen Gruppen zur Verfügung stellen; damit sind sie für viele Initiativen wichtige Anlaufstellen. Eine genaue Liste aller BILDUNGSHEIME Österreichs ist erhältlich bei der

ARBEITSGEMEINSCHAFT DER BILDUNGSHEIME ÖSTERREICHS
Dir. Karl Mittlinger
Kirchbergstr. 18
8044 Graz

Einige Beispiele:
BILDUNGSHAUS RETZHOF
8430 Leibnitz
Tel. 03452/ 2788-0
Mag. Evelyne Schneider

Sicherlich eines der aktivsten Bildungsheime Österreichs, das in einem traditionsreichen Haus (dessen Geschichte bis ins Mittelalter zurückreicht) und persönlicher Atmosphäre vielfältige Seminare zu den Themen Kunst, Umwelt, Kreativität, Frauen, "anders" leben und und und anbietet.

KATHOLISCHES BILDUNGSHEIM TAINACH
9121 Tainach
Tel. 04222/ 85 3 48

Zweisprachig geführtes Bildungsheim, das Kurse und Veranstaltungen in slowenisch und deutsch anbietet, die ebenfalls zweisprachige Zeitschrift "Dialog" herausgibt und sich um eine Verständigung zwischen Slowenen und deutschsprachigen Kärntnern bemüht.

BILDUNGSHAUS NEUWALDEGG
Waldegghofg. 5
1170 Wien
Tel. 0222/ 45 36 050

Katholisches Bildungshaus, das in einem ehemaligen Palais in malerischer Umgebung am Wiener Stadtrand beheimatet ist.

***

BILDUNGSWERKE
-> VERBAND ÖSTERREICHISCHER BILDUNGSWERKE
-> ARBEITSGEMEINSCHAFT EVANGELISCHER BILDUNGSWERKE
-> ARBEITSGEMEINSCHAFT KATHOLISCHER BILDUNGSWERKE
-> RING ÖSTERREICHISCHER BILDUNGSWERKE

***

BUNDES - BLINDENERZIEHUNGSINSTITUT
Wittelsbachstr. 5
1020 Wien
Tel. 0222/ 24 45 67

Neben einer umfangreichen Leihbücherei verfügt das BLINDENINSTITUT über eine Druckerei und einen Lehrmittelverlag, in dem Druckwerke aller Art (literarische Zeitschriften, Kinderzeitschriften, Bücher u.a.) ausschließlich in Blindenschrift erzeugt werden.

***

BUNDESDACHVERBAND DER SOZIALPROJEKTE ÖSTERREICHS

Dorothea Glatzmayer
BWH
Mariahilferstr. 97
1060 Wien
Tel. 0222/ 59 77 408-23

Dient zur Unterstützung und Koordination von Sozialprojekten, die Arbeits- und Ausbildungsplätze für Arbeitslose bzw. schwer vermittelbare Personen zur Verfügung stellen und diesen Personenkreis beraten, betreuen und beruflich qualifizieren. Etwa 100 Projekte aus ganz Österreich sind im BUNDESDACHVERBAND zusammengefaßt und auch in regionalen Landesverbänden organisiert.

***

BÜRGERINITIATIVEN

Kulturinitiativen sind in einigen Fällen aus Bürgerinitiativen entstanden, Bürgerinitiativen werden im Zug ihrer Öffentlichkeitsarbeit zu Kulturveranstaltern, Raumplanung und Städtebau sind auch kulturelle Angelegenheiten usw. - die Berührungspunkte sind jedenfalls zahlreich. Nachdem die Aufzählung der einzelnen Bürgerinitiativen wahrscheinlich ein eigenes Buch füllen würde, sei hier nur ihre überregionale Plattform erwähnt:

ARBEITSGEMEINSCHAFT
ÖSTERREICHISCHER
BÜRGERINITIATIVEN
Postfach 5
1016 Wien

***

BÜRO MEDIENVERBUND
Hohenstaufeng. 5
1010 Wien

In Zusammenarbeit mit dem -> ORF will das BÜRO MEDIENVERBUND dazu anregen, sich mit der eigenen Lebensgeschichte zu befassen: als Verfasser der eigenen Biographie oder im Gespräch mit Gleichaltrigen und Vertretern anderer Generationen. Als Unterstützung stellt das BÜRO MEDIENVERBUND eine Handbibliothek, einen Leitfaden, Veranstaltungen verschiedenster Art zur Verfügung, gestaltet Radiosendungen und ist mit den bisher gemachten Erfahrungen eine wichtige Anlaufstelle für all jene, die sich mit Alltagsgeschichte in Praxis oder Theorie beschäftigen wollen.

***

DONAUINSELFEST
SP-Wien
Löwelstr. 18
1010 Wien
Tel. 0222/ 63 27 31-237

Mehrtägige SP-Gegenveranstaltung zum VP-Stadtfest, alljährlich im Mai auf der Donauinsel mit umfangreichem Unterhaltungs-, Sport- und Kulturprogramm und Aktivitäten für Kinder und Jugendliche.

***

ERWACHSENENBILDUNG
-> BILDUNGSHEIME
-> RING ÖSTERREICHISCHER BILDUNGSWERKE
-> VERBAND ÖSTERREICHISCHER BILDUNGSWERKE
-> ARBEITSGEMEINSCHAFT EVANGELISCHER BILDUNGSWERKE
-> ARBEISGEMEINSCHAFT KATHOLISCHER BILDUNGSWERKE
-> VERBAND ÖSTERREICHISCHER VOLKSHOCHSCHULEN

***

FILM

-> HANDBUCH DER KUNSTFÖRDERUNG

ALPINALE
Postfach 158
6700 Bludenz

Von der Internationalen Alpenländischen Film- und Autorenakademie organisiertes Festival für Spiel-, Trick- und Experimentalfilm. Als Preis wird das "Goldene Einhorn" vergeben.

AKTION FILM ÖSTERREICH
Neubaug. 25
1070 Wien
Tel. 0222/ 93 24 37
93 04 46
Dr. Dorothea Winkler

Die AFÖ, ein Verein, der über neun Landesorganisationen in ganz Österreich vertreten ist, befaßt sich mit folgenden Aufgaben:
- Förderung der Medienpädagogik mit dem Schwerpunkt Film
- Hebung des Niveaus des österreichischen Filmwesens
- Information der Öffentlichkeit über Initiativen, Aktivitäten und Produkte im Bereich des Films und verwandter Medien

Mitglieder (200.- S Jahresbeitrag) erhalten eine Reihe von Vergün-

stigungen und Serviceleistungen:
- Programmberatung
- AKM-Abgeltung (für alle Mitglieder, sofern die Filme bei der AFÖ bestellt sind)
- Kopienversicherung etc.

Die AFÖ ist spezialisiert auf Kinder- und Jugendfilm und organisiert jedes Jahr ein Kinderfilmfestival; die vierteljährlich erscheinende Zeitschrift FILMFOLDER berichtet über Veranstaltungen und bringt aktuelle Informationen.

AKTION DER GUTE FILM
Landesstelle Steiermark
Karmeliterplatz 2
8011 Graz

AKTION FILM KÄRNTEN
Abteilung 6
Mießtalerstr. 3
9020 Klagenfurt
Tel. 0463/ 536-30609

AKTION FILM BURGENLAND
Osterwiese 1a
7000 Eisenstadt
Tel. 02682/ 2818

AKTION FILM SALZBURG
Fürstenallee 45
5020 Salzburg
Tel. 0662/ 84 54 96

AFÖ-Niederösterreich
Arbeitsgemeinschaft für Jugend und Massenmedien
Herreng. 19/2
1010 Wien
Tel. 0222/ 63 57 22-3267

AFÖ-Oberösterreich
Amt der OÖ-Landesregierung
Jugendbetreuung
Waltherstr. 24
4020 Linz

AFÖ-Tirol
Amt der Tiroler Landesregierung
Abteilung für Jugend und Familie
Michael-Geismayr-Str. 1
6020 Innsbruck
Tel. 05222/ 37 5 61-28

AFÖ-Vorarlberg
Landesjugendreferat Vorarlberg
Tschavollstr. 4
6800 Feldkirch
Tel. 05522/ 22 98 65

AFÖ-Wien
Verein Wiener Jugendkreis
Friedrich-Schmidt-Platz 5
1080 Wien
Tel. 0222/ 42 8 00

AUSTRIAN FILM COMMISSION
Katja Helmer
Burgg. 28-32
1070 Wien
Tel. 0222/ 93 47 24

AUSTRIAN FILMMAKERS COOPERATIVE
Hans Scheugl
Döblinger Hauptstr. 13a/8
1190 Wien
Tel. 0222/ 31 40 832

BUNDESMINISTERIUM FÜR UNTERRICHT, KUNST UND SPORT
Film-, Video- und Fotoabteilung
Minoritenplatz 5
1010 Wien
Tel. 0222/ 6620-2314
Dr. Timmermann

CINEASIA
-> Teil 1, W

FILMLADEN
Mariahilferstr. 58/7
1070 Wien
Tel. 0222/ 93 43 62

Alternativer Filmverleih, der auf kritische Spielfilme und Dokumentarfilme spezialisiert ist. Der FILMLADEN stellt auf Wunsch auch Filmreihen zu einzelnen Themen zusammen und liefert das notwendige Begleit- und Diskussionsmaterial. Bespielt seit 1986 das VOTIVKINO. (-> Teil 1, W)

FILMLOGBUCH
Hrsg. von der Österreichischen Gesellschaft für Mediendiskurs und Analyse (MDA)
Mariahilferstraße 58/3
1070 Wien

Monatlich erscheinende Zeitschrift mit ausführlichen Informationen und Kritiken zum Thema "Film im In- und Ausland". Ein Hoffnungsstrahl im öden Feld der österreichischen Filmkritik.

GESELLSCHAFT DER FILMFREUNDE ÖSTERREICHS
Rauhensteing. 5
1010 Wien
Tel. 0222/ 52 08 702

GESELLSCHAFT FÜR FILMTHEORIE
Mariahilfer Straße 58/3
1070 Wien
Tel. 0222/ 96 38 503

HOCHSCHULE FÜR MUSIK UND DARSTELLENDE KUNST
Abteilung Film und Fernsehen
Metternichg. 12
1030 Wien
Tel. 0222/ 73 52 12-0

Robert Schöfer (Leiter)

Gegründet wurde der Studiengang 1952/53 als zweijähriger Abendkurs, derzeit beträgt die Studiendauer fünf Jahre und endet mit einem Diplom. Innerhalb der Ausbildung müssen die Studierenden neben Unterricht in Theorie und Praxis auch eine Reihe von 16mm-Filmen herstellen.

HOCHSCHULE FÜR ANGEWANDTE KUNST TRICKFILMSTUDIO
Stubenring 3
1010 Wien
Tel. 0222/ 72 21 91

Maria Lassnig/ Hubert Sielecki

1982 entstand Österreichs erstes Lehrstudio für künstlerischen Trickfilm, in dem Studierende der Malerei (Meisterklasse Maria Lassnig) auch Filme herstellen können. Im Herbst 1984 hat Hubert Sielecki mit seinen Schülern eine Österreich-Sektion der ASIFA (internationaler Dachverband der Trickfilmer) gegründet.

KATHOLISCHE FILMKOMMISSION FÜR ÖSTERREICH
Singerstr. 7/4
1010 Wien
Tel. 0222/ 51 21 058

MEDIENWERKSTATT WIEN
-> Teil 1, W

ÖSTERR. FILMFÖRDERUNGSFOND
Plunkerg. 3-5
1150 Wien
Tel. 0222/ 92 50 01
Gerhard Schedl

Der ÖSTERREICHISCHE FILMFÖRDERUNGSFONDS ist zuständig für die Förderung von Projekten (Herstellungsförderung), Drehbüchern (Konzeptförderung) und von Verleih und Vertrieb (Verwertungsförderung). Gefördert werden Erwachsenen- und Kinderfilme (Mindestdauer: 59 Minuten) mit unverzinslichen Darlehen bzw. nicht rückzahlbaren Zuschüssen.

ÖSTERREICHISCHES FILMARCHIV
Rauhensteing. 5
1010 Wien

Mit Bibliothek und umfangreichem Filmarchiv eine wichtige Anlaufstelle für alle filmhistorischen Informationen. Von Mai bis Oktober werden im Alten Schloß in Laxenburg an den Wochenenden Vorführungen meist historischer Filme organisiert.

ÖSTERREICHISCHES FILMBÜRO
Columbusg. 2
1100 Wien
Tel. 0222/ 64 01 26
Reinhard Pyrker
-> Teil 1, W

ÖSTERREICHISCHES FILMMUSEUM
Augustinerstr. 1
1010 Wien
Tel. 0222/ 52 62 06
Peter Konlechner

Besteht seit 1964 und ist neben dem -> ÖSTERREICHISCHEN FILMARCHIV die wichtigste filmhistorische Dokumentations- und Sammelstelle Österreichs. Der Kinobetrieb in der Albertina ist spezialisiert auf Retrospektiven (alle Filme in Originalfassung) wichtiger Regisseure oder Schauspieler. Es gibt eine Bibliothek, einen Filmindex auf Mikrofilm, Filmprogramme und Plakate.

VIENNALE
Uraniastr. 1
1010 Wien
Tel. 0222/ 75 32 84 od. 85
Helmuth Dimko/ Veronika Haschka

Österreichs größtes internationales Filmfestival - gegründet von Edwin Zbonek, seit 1987 unter der Leitung Helmuth Dimkos - mit dem Ziel, die neuesten und interessantesten Filmproduktionen aus dem In- und Ausland vorzustellen.

***

FLUGBLÄTTER

Für das Verteilen von Flugblättern auf öffentlichen Plätzen ist keine Bewilligung erforderlich. Mögliche Schwierigkeiten ergeben sich lediglich in Zusammenhang mit der Straßenverkehrsordnung (Beeinträchtigung des Verkehrs).
-> IMPRESSUM

***

FRIEDEN

Ohne Frieden hat es sich wohl ausorganisiert mit "Kultur", aber nicht nur deshalb sei auf die einzelnen Koordinationsstellen der ÖSTERREICHISCHEN FRIEDENSBEWEGUNG in dieser Broschüre verwiesen - viele der kulturell Aktiven arbeiten auch für die Friedenssicherung; zudem kommt bei diversen Veranstaltung der friedliebenden Menschen (Feste, Demos, Solidaritätskonzerte) immer wieder kritische Kultur zu Wort.

KOODINATIONSBÜRO DER ÖSTERREICHISCHEN FRIEDENSBEWEGUNG und INFORMATIONSSTELLE
Kenyong. 18
1070 Wien
Tel. 0222/ 93 19 494

NIEDERÖSTERR. FRIEDENSBEWEGUNG
Kenyong. 18
1070 Wien
Tel. 0222/ 93 19 494

TIROLER FRIEDENSPLATTFORM
Michael Linser
Luis-Zeugg-Str. 14
6020 Innsbruck
Tel. 05222/ 85 83 42

KLAGENFURTER FRIEDENSINITIATIVE/
MIROVNA INICIATIVA
Postfach 96
9021 Klagenfurt/Celovec

SALZBURGER PERSONENKOMITEE FÜR FRIEDEN UND ABRÜSTUNG
Bürgerspitalg. 2
5020 Salzburg
Tel. 0662/ 84 36 57

BURGENLÄNDISCHE FRIEDENSINTIATIVE
Europahaus Eisenstadt
7000 Eisenstadt
Tel. 02682/ 2848

GRAZER FRIEDENSINITIATIVE
Postfach 405
8010 Graz

OBERÖSTERREICHISCHE FRIEDENSBEWEGUNG
Postfach 505
4020 Linz
Tel. 0732/ 27 10 94

VILLACHER FRIEDENSKOMITEE
Paulapromenade 1
9500 Villach

ÖSTERREICHISCHES INSTITUT FÜR FRIEDENSFORSCHUNG UND FRIEDENSERZIEHUNG
Burg Schlaining
7461 Stadtschlaining
Tel. 03355/ 2498
Dr. Gerald Mader (Präsident)

***

"GRABE WO DU STEHST"

Diese Aktion stützt sich vor allem auf den gewerkschaftlichen Bildungsbegriff: Kultur ist nicht nur Theater, Musik und Literatur, sondern auch die Welt der Arbeit. "Der Begriff 'Grabe wo Du stehst' kommt aus Schweden. Er verdankt sein Entstehen einem Zufall: Der Journalist Sven Lindquist wollte eine Geschichte der schwedischen Zementindustrie schreiben. Als er beim Materialsammeln auf Schwierigkeiten stieß,...forderte er die Arbeiterinnen und Arbeiter der Fabriken auf, doch selbst die Geschichte ihres Arbeitsplatzes zu erforschen...Heute beschäftigen sich in Schweden rund 1600 Gruppen mit der Geschichte des kleinen Mannes." (Aus der Broschüre "Grabe wo du stehst" des -> ÖGB). Erste ähnliche Aktionen in Österreich gab es in Linz-Kleinmünchen, später auch in anderen Orten Oberösterreichs, deren bisher augenfälligstes Ergebnis die Oberösterreichische Landesausstellung 1987 "Arbeit/Mensch/Maschine" im Wehrgraben in Steyr war. In Steyr soll auch das erste Museum für "Industrielle Arbeitswelt" in Österreich entstehen. Die vom -> ÖGB herausgegebene Zeitschrift "DIE SCHAUFEL" bringt aktuelle Berichte und Informationen zu Projekten der "Grabe wo du stehst"-Aktionen. Wichtige Kontaktadressen für Aktionen zur "Grabe wo du stehst"-Bewegung:

VEREIN "MUSEUM ARBEITSWELT"
Günterstr. 1
4020 Linz
Tel. 0732/ 23 61 061
Andrea Tippe

ÖGB-BILDUNGSREFERAT
Volksgartenstr. 40
4020 Linz
Tel. 0732/ 53 3 67-13
Erich Gumpelmaier

INSTITUT FÜR WIRTSCHAFTS- UND SOZIALGESCHICHTE
Johannes-Kepler-Universität
Altenberger Str. 69
4020 Linz
Tel. 0732/ 23 23 81-847
Univ.-Prof. Dr. Rudolf Kropf

INSTITUT FÜR NEUERE GESCHICHTE UND ZEITGESCHICHTE
Johannes-Kepler-Universität
Altenberger Str. 69
4020 Linz
Tel. 0732/ 23 23 81-843
Univ.-Prof. Dr. Josef Weidenholzer

KAMMER FÜR ARBEITER UND ANGESTELLTE FÜR OBERÖSTERREICH
Volksgartenstraße 40
4020 Linz
Tel. 0732/ 66 73 11-2187
Bruno Gabriel

VOLKSHOCHSCHULE LINZ
Coulinstraße 18
4020 Linz
Tel. 0732/ 54 0 66-23
Mag. Hubert Humer

***

HANDBUCH DER KUNSTFÖRDERUNG

Herausgegeben vom BMUKS, kostenlos erhältlich (-> MINISTERIEN). In 3 Bänden wird eine Gesamtübersicht

über alle Förderungsmaßnahmen amtlicher Stellen in den Bereichen
- Komposition
- Bildende Kunst und Architektur
- Film, Foto, Video

gegeben: Wettbewerbe, Preise, Stipendien, Ankäufe ...

***

Künstlerische HOCHSCHULEN:

AKADEMIE DER BILDENDEN KÜNSTE
Schillerplatz 3
1010 Wien
Tel. 0222/ 588 16-0

HOCHSCHULE FÜR ANGEWANDTE KUNST
Oskar-Kokoschka-Platz 2
1010 Wien
Tel. 0222/ 72 21 91

HOCHSCHULE FÜR MUSIK UND DARSTELLENDE KUNST
Lothringerstr. 18
1030 Wien
Tel. 0222/ 588 06-0

HOCHSCHULE FÜR MUSIK UND DARSTELLENDE KUNST "MOZARTEUM"
Mirabellplatz 1
5020 Salzburg
Tel. 0662/ 75 5 34, 75 6 46

EXPOSITUR INNSBRUCK:
ABTEILUNG MUSIKERZIEHUNG
Marktgraben 2
6020 Innsbruck
Tel. 05222/ 28 4 57

HOCHSCHULE FÜR MUSIK UND DARSTELLENDE KUNST IN GRAZ

EXPOSITUR OBERSCHÜTZEN
7432 Oberschützen 48
Tel. 03353/ 6693

HOCHSCHULE FÜR KÜNSTLERISCHE UND INDUSTRIELLE GESTALTUNG IN LINZ
Hauptplatz 8
4020 Linz
Tel. 0732/ 27 34 85

***

HOCHSCHÜLERSCHAFT
-> ÖH

***

IAK - INSTITUT FÜR ALLTAGSKULTUR
Haydnstr. 2
5020 Salzburg
Tel. 0662/ 79 84 73 od. 70 66 25
Dr. Raimund Gutmann

1979 gegründet mit dem Ziel, österreichweit die sozialen und kulturellen Lebensäußerungen der Menschen theoretisch und empirisch-praktisch zu untersuchen. Grundlagenforschung, interdisziplinäre Forschungsprojekte, Informations- und Öffentlichkeitsarbeit, Beratung und Betreuung von Initiativen und eine Dokumentationsstelle für Sozialkultur und Kulturpolitik sind die zentralen Arbeitsbereiche. Daneben gibt es eine Abteilung für "Video-aktiv" und den Eigenverlag "Grauwerte".
Z: "IAK-letter, Werkstattberichte des IAK" (4)

***

IKM - INSTITUT FÜR KULTURELLES MANAGEMENT
Karlsplatz 2/2/9
1010 Wien
Tel. 0222/ 79 20 61

Das IKM ist der Hochschule für Musik und Darstellende Kunst in Wien angeschlossen. Es bietet einen zweijährigen Lehrgang "Kunstmanagement" an, der als Post-Graduate-Studium konzipiert ist, aber grundsätzlich auch allen Personen, die schon im Bereich Kunst arbeiten, offensteht. "Zielsetzung des Lehrgangs ist es, durch eine fundierte theoretische und praktische Ausbildung in den wichtigsten Bereichen künstlerischen Wirkens einerseits, durch eine umfassende Vermittlung von Kenntnissen und Techniken des Managements andererseits dem ständig steigenden Bedarf an

qualifizierten Führungspersönlichkeiten für Kunstbetriebe und kulturelle Einrichtungen gerecht zu werden" (Information 87).
Pro Jahrgang werden 20 Teilnehmer aufgenommen (Aufnahmsprüfung); Abschluß mit einer Seminararbeit (schriftlich oder auf ein künstlerisches Projekt bezogen). Insgesamt müssen etwa 100 Semesterwochenstunden aufgewendet werden.

***

IMPRESSUM

In Österreich sind alle Druckwerke, die in die Öffentlichkeit gelangen, impressumspflichtig. Folgende Angaben sind erforderlich:

- Bei Flugblättern, Plakaten: Medieninhaber (Verleger), Hersteller, Verlagsort, Herstellungsort
- Bei Zeitungen, Zeitschriften zusätzlich: Herausgeber mit Anschrift, Redaktionsanschrift

Periodische Druckwerke müssen zudem beim erstmaligen Erscheinen bzw. in der ersten Ausgabe eines Kalenderjahres eine sogenannte Offenlegung enthalten:

- Erklärung über die grundlegende Richtung des Mediums
- Bei Vereinen Vorstand, Geschäftsführer

***

INSTITUT FÜR ARBEITSMARKTBETREUUNG

DI Bernhard Schneider
Stadpl. 42
3950 Gmünd
Tel. 02852/ 3878

Zusammenschluß der Arbeitsmarktbetreuer, die in einigen Krisenregionen Österreichs eine flexible und mobile Beratung als Alternative bzw. Ergänzung zum Arbeitsamt bieten und auch beim Aufbau neuartiger Projekte wichtige Informationen liefern können. Nach dem Auslaufen bzw. der Reduktion der Förderungsmaßnahmen des Sozialministeriums (Aktion 8000, Akademiker- bzw. Absolvententraining) sind die Rahmenbedingungen für die Arbeitsmarktbetreuung allerdings sehr schwierig geworden. Als Reaktion auf die Änderung der Sozialpolitik hat sich inzwischen das AKTIONSKOMITEE GEGEN ARBEITS-LOSIGKEIT UND SOZIALABBAU gebildet, in dem Vertreter von Sozialprojekten, Initiativen und politischen Gruppen vereinigt sind.

***

IWK - INSTITUT FÜR WISSENSCHAFT UND KUNST

Bergg. 17
1090 Wien
Tel. 0222/ 34 42 43

***

JUGENDSCHUTZ

Im Zusammenhang mit Kulturveranstaltungen kann die Kenntnis der Jugendschutzgesetze recht wichtig sein. Jugendschutz ist in Österreich Landessache und daher in den einzelnen Bundesländern unterschiedlich geregelt.
Für Jugendliche gelten beim Besuch von öffentlichen Kulturveranstaltungen (Filme, Theater, Konzerte) folgende Bestimmungen:

Filmaufführungen müssen für die jeweilige Altersstufe zugelassen sein.

Zeitliche Begrenzung in

VORARLBERG:

- Bis 16 Jahre: bis 23h erlaubt, in Begleitung Erwachsener bis 24 Uhr
- Ab 16 Jahre: Film- & Theateraufführungen bis 24 Uhr, sonstige Veranstaltungen: in Begleitung bis 2h.

TIROL:
Bis 24h erlaubt

SALZBURG:
- Kino & Theater: Beginn darf nicht nach 20.30h sein
- Konzerte usw.: Bis 23 Uhr für Jugendliche bis 16

KÄRNTEN:
Ab 24h nur mit Begleitperson

OBERÖSTERREICH:
Kino: Der Film muß programmgemäß vor 24h enden.
Konzerte, Theater usw.: Die Veranstaltung muß programmgemäß vor 24h Uhr enden, sofern keine Aufsichtsperson dabei ist.

STEIERMARK:
Wie in OBERÖSTERREICH

NIEDERÖSTERREICH:
Nach 24h nur mit Billigung der Erziehungsberechtigten.

BURGENLAND:
Ende programmgemäß vor 24h. Theater: Mit Begleitperson auch nach 24h.

WIEN:
Nach 24h nur mit Begleitperson oder Billigung der Erziehungsberechtigten.

***

JEUNESSE
Bösendorferstr. 12
1010 Wien
Tel. 0222/ 65 63 56

Dipl. Ing. Roland Geyer

Die JEUNESSE besteht in Österreich seit 1949 und ist eine der größten Musikorganisationen des Landes. Besonders in den Bundesländern sind die über 20 Zweigstellen der JEUNESSE wichtige Partner und Anlaufstellen für das Veranstalten von Konzerten aller Art. Die für eine Region zuständige Kontaktperson kann im Wiener Büro erfragt werden.

***

KATHOLISCHE BILDUNGSWERKE
-> ARBEITSGEMEINSCHAFT KATHOLISCHER BILDUNGSWERKE

***

KAMMER FÜR ARBEITER UND ANGESTELLTE

Die ARBEITERKAMMER beschäftigt sich auch mit Fragen der Kultur und Bildung, sie tritt zum einen Teil selbst als Veranstalter in Erscheinung, spielt zum anderen Teil eine Rolle als Vermittler und Förderer. In Oberösterreich etwa organisiert die KAMMER FÜR ARBEITER UND ANGESTELLTE gemeinsam mit dem ÖGB unter dem Titel "Kulturkontakte" Auftritte von Künstlern in kleinen Landgemeinden.
-> RECHTSHILFE
-> GRABE, WO DU STEHST

***

KLBV
Dorotheerg. 7
1010 Wien

Der VERBAND DER KONZERTLOKALBESITZER hat mit der AKM einen Vertrag geschlossen, seine Mitglieder zahlen den "Begünstigungstarif" (-> AKM).

Sekretariate des KLBV in den Bundesländern:

Vorarlberg

Hubert Salzgeber
Kammer der gewerbl. Wirtschaft
Sektion Fremdenverkehr
Wichnerg. 9
6800 Feldkirch
Tel. 05522/ 22 5 11

Tirol

Dipl.Vw. Dr. Norbert Beyer
Kammer der gewerbl. Wirtschaft
Fachgruppe der Beherbergungsbetriebe
Meinhardstr. 12/2
6021 Innsbruck
Tel. 05222/ 35 6 51

Salzburg

Dr. Irmbert Ettlmayr
Kammer der gewerbl. Wirtschaft
Fachgruppe der Beherbergungsbetriebe
Julius-Raab-Platz 1
5020 Salzburg
Tel. 0662/ 71 5 71-0

Kärnten

Dkfm. Walter Polak
Kammer der gewerbl. Wirtschaft
Fachgruppe Gastronomie
Bahnhofstr. 40
9020 Klagenfurt
Tel. 0463/ 57 5 55

Oberösterreich

Dr. Gerhard Mayr
Kammer der gewerbl. Wirtschaft
Sektion Fremdenverkehr
Hessenplatz 9
4020 Linz
Tel. 0732/ 27 84 44

Steiermark

Dr. Harald Linbacher
Kammer der gewerbl. Wirtschaft
Fachgruppe Gastronomie
Körblergasse 111-113
8021 Graz
Tel. 0316/ 601

Niederösterreich

Dr. Wolfgang Prosl
Kammer der gewerbl. Wirtschaft
Fachgruppe Gastronomie
Herrengasse 10
1014 Wien
Tel. 0222/ 63 66 91

Burgenland

Mag. Dr. Horst Graschitz
Kammer der gewerbl. Wirtschaft
Sektion Fremdenverkehr
Ing.-Julius-Raab-Str. 1
7000 Eisenstadt
Tel. 02682/ 2580 od. 2586

***

KULTURABTEILUNGEN DER BUNDESLÄNDER

AMT DER BURGENLÄNDISCHEN LANDESREGIERUNG
Abt. XII/1: Allgemeine Kulturangelegenheiten
Schloß Esterhazy
7001 Eisenstadt
Tel. 02682/ 600

AMT DER KÄRNTNER LANDESREGIERUNG
Abteilung Kultur
Völkermarkter Ring 29
9020 Klagenfurt
Tel. 0463/ 536-30501

AMT DER NIEDERÖSTERREICHISCHEN LANDESREGIERUNG
Abt. III/2: Kulturelle und museale Angelegenheiten
Herreng. 9
1014 Wien
Tel. 0222/ 63 57 11

AMT DER OBERÖSTERREICHISCHEN LANDESREGIERUNG
Kulturabteilung
Spittelwiese 4/2
4020 Linz
Tel. 0732/ 2720-0

AMT DER SALZBURGER LANDESREGIERUNG
Kulturabteilung
Sebastian-Stiefg. 2
5010 Salzburg
Tel. 06222/ 8042-0

AMT DER STEIRISCHEN LANDESREGIERUNG - Rechtsabteilung 6
Karmeliterplatz 2
8011 Graz
Tel. 0316/ 7031-0

AMT DER TIROLER LANDESREGIERUNG
Kulturabteilung
Maria-Theresien-Str. 43
6020 Innsbruck
Tel. 05222/ 28 7 01

AMT DER VORARLBERGER LANDES-REGIERUNG
Abt. II: Jugend und Kultur
Neues Landhaus
Montfortstr. 4
6901 Bregenz
Tel. 05574/ 511

KULTURAMT DER STADT WIEN
Friedrich-Schmidt-Platz 5
1082 Wien
Tel. 0222/ 42 804

***

<u>KULTURÄMTER IN DEN HAUPTSTÄDTEN</u>

KULTURAMT DER STADT WIEN
Friedrich-Schmidt-Platz 5
1082 Wien
Tel. 0222/ 42 804

KULTURAMT DER STADT KLAGENFURT
Theaterplatz 3
9010 Klagenfurt
Tel. 0463/ 537-227

KULTURAMT DER STADT LINZ
Museumstr. 15
4020 Linz
Tel. 0732/ 27 38 91-0

MAGISTRAT DER LANDESHAUPTSTADT SALZBURG-Abteilung II/
Kultur- und Schulverwaltung
Auerspergstraße 7
5024 Salzburg
Tel. 0662/ 73 8 66-0

MAGISTRAT DER LANDESHAUPTSTADT GRAZ - Kulturamt
Elisabethstr. 30
8011 Graz
Tel. 0316/ 76 6 01-0

MAGISTRAT DER LANDESHAUPTSTADT INNSBRUCK
MA II/Kultur-, Kunst- und Museumspflege, Schulwesen
Herzog-Friedrich-Str. 21
6020 Innsbruck
Tel. 05222/ 26 7 71

***

<u>KULTURENTWICKLUNGSPLAN</u> DER LANDESHAUPTSTADT SALZBURG
Hubert-Sattler-G. 5
5020 Salzburg
Tel. 0662/ 8072-3396
3397

Herwig Pöschl (Projektleitung)

Der erste KULTURSTÄTTENPLAN SALZBURGS gibt einen Überblick über die neuen Kulturstätten, welche auf Initiative der Stadt Salzburg und der Bundesregierung seit 1984 errichtet wurden. Die Auswahl ist subjektiv im Hinblick auf neue Wege getroffen, wie sie im Rahmen der Ausstellung "700 Jahre Salzburger Stadtrecht" dargestellt werden, und erhebt keinen Anspruch auf Vollständigkeit. Der KULTURSTÄTTENPLAN soll auch eine Einladung zur Teilnahme am vielfältigen Kulturleben der Stadt sein und beim Entdecken neuer Kulturangebote helfen.

***

<u>KULTURFÖRDERUNGSGESETZE</u>

In 6 Bundesländern gibt es ein Gesetz, das die Kulturförderung regelt:

V (LGBl.Nr.4/1974 vom 16.1.1974)
T (LGBl.Nr.35/1979 vom 8.6.1979)
S (LGBl.Nr.51/1980 vom 24.6.1980)
St (LGBl.Nr. 87 vom 29.11.1985)
N (LGBl.Nr.5301-0 vom 23.9.1983)
B (LGBl.Nr.9/1980 vom 13.3.1981)

Alle Gesetzestexte sind außerdem im -> HANDBUCH DER KUNSTFÖRDERUNG vollständig abgedruckt.

***

KULTURZENTREN IM BURGENLAND

Seit Mitte der Siebzigerjahre sind im Burgenland eine Reihe von Kulturzentren entstanden - mit der löblichen Absicht, die Infrastruktur des ländlichen Raumes zu verbessern. Heute sind diese Zentren in Österreich einzigartige Relikte des sozialdemokratischen Missionswillens, "Kultur ins Volk" zu bringen (ähnlich den französischen "Maisons de la Culture" in den Sechzigerjahren), und fallen mehr durch ihre Größe als durch ihre Aktivität auf. Veranstaltern im Burgenland bieten einige von ihnen jedoch Räume für öffentliche Auftritte, die Zentren in Mattersburg, Oberschützen und in Eisenstadt fungieren mitunter selbst als Veranstalter.

KULTURZENTRUM MATTERSBURG
Wulkalände 2
7210 Mattersburg
Tel. 02626/ 2096

KULTURZENTRUM EISENSTADT
Schubertplatz 6
7000 Eisenstadt
Tel. 02682/ 4680

KULTURZENTRUM OBERSCHÜTZEN
7432 Oberschützen
Tel. 03353/ 6680

KULTURZENTRUM JENNERSDORF
8380 Jennersdorf
(verwaltet von Güssing)

KULTURZENTRUM GÜSSING
Schulstr. 6
7540 Güssing
Tel. 03322/ 2797

***

LITERATUR

Wer Auskünfte und Informationen zum literarischen Leben in Österreich braucht oder als Schreibender Rat und Unterstützung sucht, kann sich an die IG-AUTOREN und die GRAZER AUTORENVERSAMMLUNG wenden. Zwei Verzeichnisse der IG-AUTOREN geben zudem Auskunft über alle wichtigen Literatur-Adressen in Österreich:

* LITERARISCHES LEBEN IN ÖSTERREICH, Wien 1985
* KONGRESS DER BÜCHER. Katalog österreichischer Klein- und Autorenverlage.

ALTE SCHMIEDE
-> Teil 1, W

DOKUMENTATIONSSTELLE FÜR NEUERE ÖSTERREICHISCHE LITERATUR
Gumpendorferstr. 15/13
1060 Wien
Tel. 0222/ 58 61 249
Heinz Lunzer

In einer umfangreichen Bibliothek und einem Dokumentationsarchiv wird die österreichische Literatur des 20. Jahrhunderts, besonders der Zeit nach 1945, dokumentiert. Fotoarchiv und Schallarchiv ergänzen die Sammlung. Geöffnet ist Mo - Fr von 9 - 17h; das Archiv ist öffentlich zugänglich.

GAV - GRAZER AUTORENVERSAMMLUNG
Schwertg. 2/13
1010 Wien
Tel. 0222/ 63 01 32

"Vertretung der ideellen und materiellen Interessen der in der GAV zusammengeschlossenen Autoren, einerseits durch umfangreiche Veranstaltungstätigkeit, andererseits durch Initiativen, die auf eine Verbesserung der Arbeitsbedingungen der Autoren ausgerichtet sind" (Literarisches Leben in Österreich). Die GAV organisiert häufig literarische Veranstaltungen (Lesungen, Diskussionen, Symposien etc.) in Wien und in den Bundesländern und verfügt über eine umfangreiche Bibliothek.

IDI - INTERNATIONALES DIALEKT-INSTITUT
Maynollogasse 3/13
1180 Wien
Tel. 0222/ 48 55 13

Von Dr. Hans Haid aufgebaute Bibliothek, gleichzeitig Dokumentationsarchiv zu Themenbereichen wie Mundart, Dialekt, Volkslied, Heimat u.a., wobei der kritische und gegenwartsbezogenen Zugang zum Brauchtum und seiner Überlieferung im Vordergrund steht. Darüberhinaus organisiert das IDI einschlägige Seminare und Tagungen, auch auf internationaler Ebene.

INTERESSENGEMEINSCHAFT ÖSTERR. AUTOREN (IG AUTOREN)
Gumpendorferstr. 15/13
1060 Wien
Tel. 0222/ 587 86 59

Gerhard Ruiss/ Johannes A. Vyoral

"Ziel ist die Förderung und Wahrung der beruflichen, rechtlichen und sozialen Interessen der österreichischen Schriftsteller, insbesondere durch Vertretung gegenüber Vertragspartnern und Behörden; Rechtsberatung und Rechtsschutz in vertraglichen Angelegenheiten und allen Fällen von Zensur; Initiativen auf dem Gebiet des Steuer-, Sozial- und Urheberrechts; informelle Veranstaltungen und Information von Autoren und der Öffentlichkeit dienende Untersuchungen und Veröffentlichungen; Schaffung von Weiterbildungsmöglichkeiten und geeigneten Unterstützungsmaßnahmen für schriftstellerische Arbeit; Zusammenarbeit mit anderen Schriftsteller- und Urheberorganisationen des In- und Auslands sowie sonstige Maßnahmen, die der Verbesserung der materiellen und ideellen Situation österreichischer Schriftsteller dienen" (Literarisches Leben in Österreich). Programmschwerpunkte sind jährliche Enqueten im STUDENTENCAFE (-> Teil 1, W) und sonstige öffentliche Veranstaltungen zur Untersuchung und Darstellung der Arbeitsbedingungen und Leistungen österreichischer Schriftsteller sowie zumindest jedes zweite Jahr "Regionalversammlungen" in allen Bundesländern zur Diskussion aktueller beruflicher Fragen.
Die Zeitschrift AUTORENSOLIDARITÄT erscheint als Informationsschrift der IG unregelmäßig zu diversen Themenschwerpunkten.

LVG - LITERARISCHE VERWERTUNGSGESELLSCHAFT/ LITERAR-MECHANA
Linke Wienzeile 18
1060 Wien
Tel. 0222/ 57 21 61 od. 57 22 49

LVG und LITERAR-MECHANA vertreten alle urheberrechtlichen Agenden auf literarischem Gebiet in jedem Bereich (Radio, Fernsehen, Kabel-TV, Bibliotheken, Fotokopievergütung etc.). Der SOZIALFONDS FÜR SCHRIFTSTELLER UND LITERARISCHE ÜBERSETZER setzt sich für eine geregelte Altersversorgung von literarisch Tätigen ein. Gemeinsam mit -> AKM und AUSTRO-MECHANA (-> AKM) wird die ÖSTERREICHISCHE AUTOREN-ZEITUNG herausgegeben.

ÖSTERREICHISCHE GESELLSCHAFT FÜR LITERATUR
Palais Wilcek
Herreng. 5
1010 Wien
Tel. 0222/ 63 81 59

Die Gesellschaft beschäftigt sich vor allem mit der Förderung österreichischer Literatur im In- und Ausland und mit der Pflege internationaler kultureller Kontakte.

ÖSTERREICHISCHER PEN-CLUB
Bankgasse 8
1010 Wien
Tel. 0222/ 63 44 59

Österreich-Sektion des Internationalen Pen-Clubs mit Zweigstellen in fast allen Bundesländern.

ÖSTERREICHISCHER SCHRIFTSTELLER-VERBAND
Kettenbrückeng. 11/1
1050 Wien
Tel. 0222/ 56 41 51

VEREIN LITERATURZEITSCHRIFTEN UND AUTORENVERLAGE
Franz Krahberger
Brüsselg. 24
1160 Wien
Tel. 0222/ 95 99 86

"Literatur und Kunstzeitschriften repräsentieren einen wesentlichen Bereich des zeitgenössischen Literatur- und Kunstschaffens des Landes. Sie stellen erste Öffentlichkeit her und dokumentieren die kulturelle Entwicklung und Entfaltung des geistigen Lebens der Avantguarde...Sie bedürfen der Förderung und Unterstützung interessierter Kreise, um ihre Arbeit zu garantieren. Dringend nötig ist die Verbesserung der Produktionsbedingungen und der Distributionswege." (Literatur primär). Der Verein unterstützt diese Ziele mit Ausstellungen, Öffentlichkeitsarbeit und Publikationen, etwa mit dem Heft LITERATUR PRIMÄR, das die Mitglieder-Zeitschriften vorstellt und beschreibt.

***

MASSENSENDUNGEN

Massensendungen sind inhaltlich gleiche, offen und unverpackt aufzugebende Briefsendungen.

Bestimmungen für den Versand:
- Mindestaufgabe 300 Stück. Wenn 300 Stück bezahlt werden, können auch weniger aufgegeben werden (unter Umständen immer noch billiger als Drucksachen).
- Der Vermerk "Postgebühr bar bezahlt" muß angebracht sein.
- Nach Postleitzahlen geordnet, gebunden und mit Bundzettel versehen
  Ortsbund: Gleiche Postleitzahl
  Leitstrecke: Gleich bis auf Einerstelle
  Leitgebiet: Tausender- und Hunderterstelle gleich
  Leitzone: Tausenderstelle gleich
  (Für Wien gibt es keine Leitstrecken- bzw. Leitgebietsbunde, sondern nur Ortsbunde)
  Mindestens 10 Stück pro Bund
- Ein Musterexemplar und eine Liste mit bundweiser Stückangabe ist beizubringen.

GEBÜHREN

MASSENSENDUNGEN ohne Anschrift:

Gewicht	S
- 10 g	0.55
- 20 g	0.70
- 30 g	0.75
- 50 g	0.85
- 70 g	1.05
- 100 g	1.20
- 150 g	1.65
- 200 g	2.20
- 250 g	2.75

mit persönlicher Anschrift in
a - Ortsbunden
b - Leitstreckenbunden
c - Leitzonenbunden

	a	b	c
ST*	1.80	2.10	2.30
- 50 g	2.10	2.40	2.50
- 100 g	2.60	2.90	3.10
- 250 g	3.70	4.-	4.20
- 500 g	6.60	7.30	7.80
- 1000 g	13.00	14.-	14.50
- 2000 g	19.50	21.30	22.-

* Standardsendungen

***

MINISTERIEN

BUNDESMINISTERIUM FÜR UNTERRICHT, KUNST UND SPORT
Minoritenplatz 5
1014 Wien
Tel. 0222/ 6620-0
Sektion IV/ Kunstangelegenheiten
Sektion V/ Erwachsenenbildung

BUNDESMINISTERIUM FÜR AUSWÄRTIGE ANGELEGENHEITEN
Bankgasse 9
1010 Wien
Tel. 0222/ 6615-0

BUNDESMINISTERIUM FÜR WISSENSCHAFT UND FORSCHUNG
Minoritenplatz 5
1014 Wien
Tel. 0222/ 6620-0

BUNDESMINISTERIUM FÜR SOZIALE VERWALTUNG
Stubenring 1
1010 Wien
Tel. 0222/ 75 00-0

BUNDESMINISTERIUM FÜR JUSTIZ
Museumstr. 7
1070 Wien
Tel. 0222/ 96 22-0

BUNDESMINISTERIUM FÜR FINANZEN
Himmelpfortg. 4-8
1010 Wien
Tel. 0222/ 514 33-0

BUNDESKANZLERAMT
Ballhausplatz 2
1014 Wien
Tel. 0222/ 6615-0

***

MUSIK

Wer sich vor allem mit klassischer Musik beschäftigt, dem sei ein wichtiges Nachschlage- und Adressbuch ans Herz gelgt:

* Harald Goertz: MUSIKHANDBUCH FÜR ÖSTERREICH. Struktur und Organisation in 2500 Stichworten - Namen, Adressen, Information. Doblinger, Wien 1986.
* Das BMUKS hat ein -> HANDBUCH DER KUNSTFÖRDERUNG: KOMPOSITION herausgegeben.
* Für den klassischen Bereich zudem empfehlenswert: ÖSTERREICHISCHE MUSIKZEITSCHRIFT, Hegelg. 13, 1010 Wien. Tel. 0222/ 52 68 69.

Für Jazz, Pop, Rock, Folk u.a. sind die Zeitschriften

* JAZZ LIVE (Redaktion: Idagasse 16, 2560 Berndorf, Tel. 02672/ 7973) und
* TSCHIN BUMM, Fachblatt für Musiker, Studiotechnik, professionelles Video (Redaktion: 1150 Wien, Winckelmannstr. 4/4, Tel. 0222/ 85 87 56)

wichtige Informationsquellen.

INSTITUT FÜR JAZZFORSCHUNG
HOCHSCHULE FÜR MUSIK UND DARSTELLENDE KUNST IN GRAZ
Leonhardstr. 15
8010 Graz
Tel. 0316/ 32 0 53, 32 0 54

MUSIKSCHULEN

Die Musikschulen, die in den Bundesländern auch als "Musikschulwerk" bezeichnet werden, dienen der musikalischen Betreuung der Bevölkerung, insbesondere der Jugend, und spielen besonders ausserhalb der großen Städte eine wichtige Rolle. Die einzelnen Schulen werden von den Ländern oder den Gemeinden erhalten.

-> AKM
-> AUSTRO MECHANA
-> HOCHSCHULEN

***

ÖAR - ÖSTERREICHISCHE ARBEITSGEMEINSCHAFT FÜR EIGENSTÄNDIGE REGIONALENTWICKLUNG
Amalienstr. 68
1130 Wien
Tel. 0222/ 82 94 21

Seit 1980 sind in mehreren benachteiligten Regionen Österreichs Initiativen gesetzt worden, die besser als die gängige Regionalpolitik die vorhandenen Entwicklungsmöglichkeiten nützen, die auf die Fähigkeiten der Menschen vertrauen (BWI -> Teil 1, N; VEROM bzw. FREI -> Teil 1, O; AGRION -> Teil 1, St). Neun dieser sogenannten Regionalvereine und der BERGLANDAKTIONSFOND haben sich 1983 zur ÖAR zusammengeschlossen. Zur ehrenamtlichen Vereinsstruktur ist gleichzeitig eine zweite, professionelle Struktur hinzugekommen: Die Regionalbetreuung. Etwa 20 Regionalbetreuer helfen bei der Entwicklung und Durchführung von Wirtschafts- und Selbsthilfeprojekten (Landwirtschaft, Gewerbe, Fremdenverkehr, Energieerzeugung). Seit 1980 wurden mehr als 100 derartige Projekte durchgeführt und dadurch Einkommen und Arbeitsplätze von rund 1500 Menschen gesichert.

BWI - Waldviertler Bildungs- und Wirtschaftsinitiative
Obmann: Alois Lehenbauer
Neuer Markt 18
3910 Zwettl
Tel. 02822/ 3115

VEROM - Verein zur eigenständigen Regionalentwicklung im Oberen Mühlviertel
Robert Bräuer
Spitalg. 4
4170 Haslach
Tel. 07289/ 71 0 11

FREI - Verein zur eigenständigen Regionalentwicklung im Unteren Mühlviertel
Fritz Lehner
4252 Liebenau 15
Tel. 07953/ 241

EIVE - Verein zur Förderung einer eigenständigen Regionalentwicklung Eisenwurzen
Obmann: Bert Pree
Rooseveltstr. 10
4400 Steyr
Tel. 07252/ 65 7 76

StAR - Steirische Arbeitsgemeinschaft für eigenständige Regionalentwicklung
Obmann: Dipl.Ing. R. Hummelbrunner
Baumgasse 10
8045 Graz
Tel. 0316/ 67 12 873

AGRION - Arbeitsgemeinschaft regionaler Initiativen Oststeiermark/Nord
Obmann: Othmar Handler
8190 Birkfeld 1
Tel. 03174/ 3645

ARBEITSGEMEINSCHAFT EIGENSTÄNDIGER INITIATIVEN SÜDLICHE OSTSTEIERMARK
Kontakt: Walter Loidl
Roseggerstr. 13
8330 Feldbach
Tel. 03152/ 4936

VEREIN FÜR EIGENSTÄNDIGE REGIONALENTWICKLUNG IM LECHTAL
Kontakt: Dipl.Ing. Josef Walch
Kienberg 38
6655 Steeg

ENTWICKLUNGSINITIATIVE OBERES GAIL- UND LESACHTAL
Obmann: Josef Guggenberger
Niedergail 2
9653 Liesing
Tel. 04716/ 272

***

ÖGB - ÖSTERREICHISCHER GEWERKSCHAFTSBUND
Hohenstaufeng. 10-12
1010 Wien
Tel. 0222/ 63 37 11-0
63 86 86-0
533 34 41

-> RECHTSHILFE
-> GRABE, WO DU STEHST

***

ÖH - ÖSTERREICHISCHE HOCHSCHÜLERSCHAFT

Die offizielle Studentenvertretung deckt mit ihrer Arbeit auch den kulturellen Bereich ab. An einigen Hochschulen spielen die Kulturreferate auch eine Rolle als Kulturveranstalter (z.B. TU Wien, Uni Linz usw.), an anderen fehlt das nötige Kleingeld, das Interesse oder die Infrastruktur. Nachstehend Adressen und Telefonnummern der ÖH an den österreichischen Universitäten:

Universität Wien
Universitätsstr. 7
1010 Wien
Tel. 0222/ 4300-2630

Technische Universität Wien
Karlsplatz 13
1040 Wien
Tel. 0222/ 58 8 01-3053

Universität für Bodenkultur Wien
Gregor-Mendel-Str. 33
1180 Wien
Tel. 0222/ 34 76 41

Wirtschaftsuniversität Wien
Augasse 2-6
1090 Wien
Tel. 0222/ 34 05 25-0

Veterinärmedizinische Universität Wien
Linke Bahng. 11
1030 Wien
Tel. 0222/ 75 74 39

Akademie der bildenden Künste
Schillerplatz 3
1010 Wien
Tel. 0222/ 58 8 16

Hochschule für angewandte Kunst
Kopalplatz 2
1010 Wien
Tel. 0222/ 72 21 91

Hochschule für Musik und darstellende Kunst in Wien
Sailerstätte 26
1010 Wien
Tel. 0222/ 52 33 89

Universität Linz
Altenberger Str. 69
4040 Linz
Tel. 0732/ 23 13 81

Hochschule für künstlerische und industrielle Gestaltung
Hauptplatz 8
4020 Linz
Tel. 0732/ 27 34 85

Universität Salzburg
Residenzplatz 1
5020 Salzburg
Tel. 0662/ 8044-6001

Hochschule für Musik und darstellende Kunst "Mozarteum"
Mirabellplatz 1
5020 Salzburg
Tel. 0662/ 75 5 34

Montanuniversität Leoben
Franz-Josef-Str. 18
8700 Leoben
Tel. 03842/ 45 2 72

Universität Graz
Schubertstr. 2-4
8010 Graz
Tel. 0316/ 31 4 90

Technische Universität Graz
Rechbauerstr. 12
8010 Graz
Tel. 0316/ 74 0 13

Hochschule für Musik und darstellende Kunst
Leonhardstr. 15
8010 Graz
Tel. 0316/ 32 0 53

Universität Innsbruck
Josef-Hirn-Str. 7
6020 Innsbruck
Tel. 05222/ 20 7 59

Universität der Bildungswissenschaften Klagenfurt
Universitätsstr. 64
9020 Klagenfurt
Tel. 0463/ 23 7 30

***

ÖIE - ÖSTERREICHISCHER INFORMATIONSDIENST FÜR ENTWICKLUNGSPOLITIK
Tuchlauben 8/6/16
1010 Wien
Tel. 0222/ 63 37 55-0

Bedeutende Kontaktstelle und Informationsquelle für alle, die sich mit Entwicklungspolitik und der Problematik der Dritten Welt beschäftigen. Der ÖIE ist Herausgeber der EPN - ENTWICKLUNGSPOLITISCHE NACHRICHTEN.

***

ÖKOLOGIE

ÖSTERREICHISCHES ÖKOLOGIEINSTITUT für angewandte Umweltforschung
Neubaug. 64-66/3/7
1070 Wien
Tel. 0222/ 93 61 05-0 (93 61 76-0)

Wichtige Anlaufstelle für alle Fragen in den Bereichen Ökologie und Umweltschutz.

GREENPEACE ÖSTERREICH
Mariahilfer Gürtel 32
1060 Wien

Seit der Versenkung ihres Schiffes durch den französischen Geheimdienst in aller Welt bekannte Umweltschutzorganisation. GREENPEACE setzt spektakuläre Aktionen, leistet aber ebenso wichtige kontinuierliche Kleinarbeit, um den auch in Österreich sehr zahlreichen Umweltverbrechern auf die Spur zu kommen (Umweltkoffer zur Prüfung von Schadstoffbelastungen, Informationsbus mit Prüflabor).

***

ÖKS - ÖSTERREICHISCHER KULTURSERVICE
Taborstr. 13
1020 Wien
Tel. 0222/ 24 35 07

Der ÖSTERREICHISCHE KULTURSERVICE, eine Initiative des BUNDESMINISTERIUMS FÜR UNTERRICHT, KUNST UND SPORT, betreut Schulen, die "Dialogveranstaltungen" mit Wissenschaftlern, Künstlern, Journalisten, Sportlern usw. durchführen wollen. Der Begriff "Dialogveranstaltung" meint dabei Gedankenaustausch zwischen Kulturschaffenden und Schülern; Theaterbesuche und ähnliches fallen also nicht darunter. Der ÖKS unterstützt auf Wunsch inhaltlich, organisatorisch und bei Anmeldung auch finanziell, die Initiative muß jedoch in jedem Fall von einem Lehrer bzw. einer Schule ausgehen. Richtsätze für die Förderung:

je Dialogveranstaltung max.	1000.-
Tageshöchstsatz	3000.-
Tourneen/mehrtägige Veranstaltungen	
Tageshöchstsatz	3000.-
je Folgetag	1000.-
Jahreshöchstsatz je Kulturschaffendem bzw. Schule	20000.-

Sonderregelungen für Ensembles (nach Rücksprache mit dem ÖKS)

Bei höheren Forderungen von Kulturschaffenden ist mit Selbstbehalt zu rechnen bzw. müssen Sponsoren gefunden werden.

Wenn vereinbart, ersetzt der ÖKS auch die Bahnfahrt 2. Klasse sowie die Nächtigungskosten für den Kulturschaffenden bis zu 500.- S.

VORAUSSETZUNGEN für die Förderung:

- Anmeldung (telefonisch, schriftlich oder persönlich) vor der Veranstaltung beim ÖKS
- Die Abrechnung ist spätestens einen Monat nach der Veranstaltung zu übermitteln, unter Vorlage einer Bestätigung, daß die Veranstaltung stattgefunden hat, einer Honorarnote des Kulturschaffenden und einem kurzem Bericht des Lehrers über die Resonanz.

***

<u>ORF</u> - ÖSTERREICHISCHER RUNDFUNK

FERNSEHEN:
Würzburgg. 30
1130 Wien
Tel. 0222/ 82 91-0
82 36 71 (Kundendienst)
RADIO:
Argentinierstr. 30a
1040 Wien
Tel. 0222/ 65 95-0

Landesstudios:

LANDESSTUDIO BURGENLAND
Buchgraben 51
7001 Eisenstadt
Tel. 02682/ 4661

LANDESSTUDIO KÄRNTEN
Sponheimerstr. 13
9010 Klagenfurt
Tel. 0463/ 55 6 70

LANDESSTUDIO NIEDERÖSTERREICH
Argentinierstr. 30a
1040 Wien
Tel. 0222/ 6595-0

LANDESSTUDIO OBERÖSTERREICH
Franckstr. 2a
4010 Linz
Tel. 0732/ 53 4 81-0

LANDESSTUDIO SALZBURG
Nonntaler Hauptstr. 49d
5010 Salzburg
Tel. 0662/ 84 35 11

LANDESSTUDIO STEIERMARK
Marburgerstr. 20
8042 Graz
Tel. 0316/ 41 1 80

LANDESSTUDIO TIROL
Rennweg 14
6010 Innsbruck
Tel. 05222/ 37 6 31

LANDESSTUDIO VORARLBERG
Höchster Str. 38
6851 Dornbirn
Tel. 05572/ 64 6 81-0

LANDESSTUDIO WIEN
Argentinierstr. 30a
1040 Wien
Tel. 0222/ 6595-0

***

<u>ÖSTERREICHISCHER BUNDESTHEATERVERBAND</u>
Goetheg. 1
1010 Wien
Tel. 0222/ 51 444-0

***

<u>ÖSTERRICHISCHES VOLKSLIEDWERK</u>
Zentralarchiv
Fuhrmannsgasse 18/5
1080 Wien
Tel. 0222/ 42 01 40

Leitung: Dr. Gerlinde Haid

Das ÖSTERREICHISCHE VOLKSLIEDWERK wurde 1904 zum Zweck der Aufsammlung und Edition der Volksmusik in Österreich gegründet. Während das Editionsprojekt durch den Ersten Weltkrieg unterbrochen und nie mehr fortgeführt wurde, stellen die seit damals kontinuierlich aufgebauten Archive handschriftliche Volksmusiksammlungen von unschätzbarem Wert und beachtlicher Quantität dar. Alle Sammlungen sind öffentlich zugänglich. Der Aufgabenbereich umfaßt Sammlung, Archivierung, Erforschung und Pflege von Volkslied, Volksmusik, Spruchgut, Märchen, Sage, Volkspoesie, Volksschauspiel u.a. in Östereich, insbesondere die Führung des Archivs und der Fachbibliothek, die Veröffentlichung der Bestände, die Herausgabe von einschlägigen Druckschriften, die Durchführung von Veranstaltungen (etwa beim "Steirischen Herbst"), die Pflege internationaler Kontakte. Geöffnet Di 9 - 13h, Do 15 - 19h und nach Voranmeldung.

***

PLAKATE

müssen ein -> IMPRESSUM aufweisen. Das Anschlagen von Plakaten ist laut Mediengesetz frei, jedoch kann diese Freiheit durch Bezirkshauptmannschaft bzw. Bundespolizeibehörde per Verordnung eingeschränkt werden. In der Praxis lassen diese Verordnungen meist nur ein Plakatieren auf Flächen zu, die speziell dafür vorgesehen sind, was besonders in Städten wegen der Vielzahl von Veranstaltungen und der geringen Zahl von Plakatierflächen zu einer sehr unbefriedigenden Situation geführt hat.

***

POPODROM

Das POPODROM ist der wohl bekannteste Bandwettwerb in Österreich und wichtiges Sprungbrett für Nachwuchsgruppen. Auskünfte:

JUGEND IN WIEN
Friedrich-Schmidt-Platz 5
1082 Wien
Tel. 0222/ 42 800-3958

***

POSTGEBÜHREN (Stand 87)

BRIEFSENDUNGEN (Inland):

	Briefe	Drucksachen
- 20 g*	5.-	4.-
- 100 g	7.50	5.50
- 250 g	10.-	8.50
- 500 g	13.50	11.50
- 1000 g	22.-	18.-
- 2000 g	31.-	26.-

Postkarten: 4.-

BRIEFSENDUNGEN (Ausland):

a - Briefe
b - Drucksachen
c - Päckchen

	a	b	c
- 20 g*	6.-**	5.-	10.-
- 50 g	12.-	7.-	10.-
- 100 g	20.-	10.-	10.-
- 250 g	40.-	17.-	17.-
- 500 g	80.-	30.-	30.-
- 1000 g	130.-	50.-	50.-
- 2000 g	220.-	70.-	70.-

* Standardsendungen

** nach CEPT-Ländern (Andorra, Belgien, BRD, Dänemark, Finnland, Frankreich, Griechenland, Großbritannien und Nordirland, Irland, Island, Italien, Jugoslawien, Liechtenstein, Luxemburg, Malta, Monaco, Niederlande, Norwegen, Portugal, San Marino, Schweden, Schweiz, Spanien, Türkei, Vatikan, Zypern), Tschechoslowakei und Ungarn. Nach allen anderen Ländern beträgt die Gebühr S 8.-

Postkarten: 5.- nach CEPT-Ländern, Tschechoslowakei und Ungarn, ansonsten 6.-

Einschreibgebühr
- je Briefsendung: 17.-
- Gesamteinschreibgebühr bei Aufgabe eines Drucksachenbeutels: 85.-

Eilgebühr
- je Briefsendung: 20.-
- für einen Drucksachenbeutel: 100.-

-> MASSENSENDUNGEN
-> ZEITUNGSVERSAND

***

PRESSE

Für eine effektive Öffentlichkeitsarbeit sind die Kontakte zu den Tages- und Wochenzeitungen, sowie zu den lokalen Programmzeitschriften eine wichtige Grundlage. In der Folge finden sich die Redaktionen und Lokalredaktionen der wichtigsten

Tageszeitungen in Wien und den Bundesländern. Kleinere lokale Blätter sind nicht berücksichtigt.

KÄRNTEN

KÄRNTNER TAGESZEITUNG
Viktringer Ring 28
9020 Klagenfurt
Tel. 0463/ 55 1 66

NEUE VOLKSZEITUNG
Völkermarkter Ring 25
9020 Klagenfurt
Tel. 0463/ 54 4 40

KLEINE ZEITUNG
Funderstr. 1a
9020 Klagenfurt
Tel. 0463/ 55 5 65

KÄRNTNER KRONE
Morogasse 16
9020 Klagenfurt
Tel. 0463/ 51 23 30

KURIER
Crusitzstraße 28
9500 Villach
Tel. 04242/ 21 1 86

DIE PRESSE
Karawankenblickstr. 267
9020 Klagenfurt
Tel. 0463/ 25 4 71

VOLKSWILLE
Südbahngürtel 24
9020 Klagenfurt
Tel. 0463/ 32 2 10

DELO
Linseng. 27
9020 Klagenfurt
Tel. 0463/ 50 28 32

APA
Maximilianstr. 4/10/53
9020 Klagenfurt
Tel. 0463/ 21 7 10

SLOVENSKI VESTNIK
St. Ruprechter Str. 19/4
9020 Klagenfurt
Tel. 0463/ 51 43 00-31

NAS TEDNIK
Viktringer Ring 26
9020 Klagenfurt
Tel. 0463/ 51 25 28

OBERÖSTERREICH

FALTER
Industriestr. 31
4051 St. Martin/Linz
Tel. 0732/ 82 6 03

LINZER RUNDSCHAU
Konrad-Vogel-Str. 2a
4020 Linz
Tel. 0732/ 71 4 47

NEUE KRONEN ZEITUNG
Ledererg. 34
4020 Linz
Tel. 0732/ 78 4 84

NEUE ZEIT
Melicharstr. 8
4020 Linz
Tel. 0732/ 52 1 56

NEUES VOLKSBLATT
Landstr. 41
4020 Linz
Tel. 0732/ 79 2 41

OBERÖSTERREICHISCHE NACHRICHTEN
Promenade 25
4020 Linz
Tel. 0732/ 78 4 11

SALZBURGER NACHRICHTEN
Gesellenhausstr. 21
4020 Linz
Tel. 0732/ 61 6 47

OBERÖSTERREICHISCHES TAGBLATT
Anastasius-Grün-Str. 6
4020 Linz
Tel. 0732/ 55 2 11

SALZBURG

SALZBURGER NACHRICHTEN
Bergstr. 14
5021 Salzburg
Tel. 0662/ 77 5 91

SALZBURGER NEUE KRONEN ZEITUNG
Sinnhubstr. 6b
5020 Salzburg
Tel. 0662/ 27 5 21

SALZBURGER TAGBLATT
Linzer Bundesstr. 12
5021 Salzburg
Tel. 0662/ 72 4 91

SALZBURGER VOLKSZEITUNG
Elisabethkai 58-60
5027 Salzburg
Tel. 0662/ 79 4 91

STEIERMARK

FALTER
Klosterwiesg. 60
8010 Graz
Tel. 0316/ 71 85 73

KLEINE ZEITUNG
Schönaug. 64
8011 Graz
Tel. 0316/ 77 5 61

NEUE KRONEN ZEITUNG
Lendplatz 31
8010 Graz
Tel. 0316/ 91 55 22

NEUE ZEIT
Stempferg. 3-7
8011 Graz
Tel. 0316/ 28 0 80

TIROL

TIROLER TAGESZEITUNG
Ing.-Etzel-Str. 30
6021 Innsbruck
Tel. 05222/ 37 5 37-0

NEUE TIROLER ZEITUNG
Südtiroler Platz 8/1
6020 Innsbruck
Tel. 05222/ 26 8 64

VORARLBERG

NEUE VORARLBERGER TAGESZEITUNG
Kornmarktstr. 18
6901 Bregenz
Tel. 05574/ 24 6 01

VORARLBERGER NACHRICHTEN
Kirchstr. 35
6901 Bregenz
Tel. 05574/ 24 5 50

WIEN

DIE PRESSE
Parkring 12 a
1010 Wien
Tel. 0222/ 514 14-0

FALTER
Marc-Aurel-Str. 9
1010 Wien
Tel. 0222/ 533 46 37-0

KURIER
Lindengasse 52
1070 Wien
Tel. 0222/ 9621-0

NEUE KRONENZEITUNG
Muthgasse 2
1190 Wien
Tel. 0222/ 3601-0

NEUE FREIE ZEITUNG (NFZ)
Kärntner Str. 28
1010 Wien
Tel. 0222/ 512 94 52

SALZBURGER NACHRICHTEN
Rotenturmstr. 25
1010 Wien
Tel. 0222/ 63 77 71 od. 72

WIENER ZEITUNG
Rennweg 16
1030 Wien
Tel. 0222/ 78 76 31-0

VOLKSSTIMME
Hochstädtplatz 3
1200 Wien
Tel. 0222/ 33 56 01

NEUE AZ
Viehmarktg. 4
1030 Wien
Tel. 0222/ 7902-0

VORARLBERGER NACHRICHTEN
Krottenbachstr. 106/4/5
1190 Wien

Tel. 0222/ 36 34 50 od. 36 86 89

PROFIL
Marc-Aurel-Str. 10-12
1010 Wien
Tel. 0222/ 66 16 70-0

WOCHENPRESSE
Seidengasse 3-5
1070 Wien
Tel. 0222/ 93 75 34

SONSTIGE

ARBEITSGEMEINSCHAFT ALTERNATIVPRESSE
Onno-Klopp-Gasse 8
1140 Wien
Tel. 0222/ 82 37 664

ÖGB - GEWERKSCHAFT KUNST, MEDIEN, FREIE BERUFE, SEKTION JOURNALISTEN
Bankgasse 8
1010 Wien
Tel. 0222/ 63 63 98

PRESSECLUB CONCORDIA
Vereinigung österreichischer Schriftsteller und Journalisten
Bankgasse 8
1010 Wien
Tel. 0222/ 63 85 73

***

RECHTSHILFE

Wie einige Fälle der jüngsten Vergangenheit zeigen, können Kulturinitiativen recht leicht in Rechtsstreitigkeiten verwickelt werden: z.B. DENK-MAL (-> Teil 1, V), JUGENDTREFF ST. JOHANN (-> Teil 1, T) oder die Vorfälle, die letztlich zur Schließung des AKT in Innsbruck geführt haben. In solchen Situationen ist es natürlich wichtig, zu wissen, wo man kostenlos erste Rechtsauskünfte erhalten kann. Folgende Stellen bieten ein derartiges Service an:
-> HOCHSCHÜLERSCHAFT
-> KAMMER FÜR ARBEITER UND ANGESTELLTE
-> ÖGB
- Rechtsanwaltskammern

Beim Justizministerium kann man außerdem ein Rechtshilfeverzeichnis beziehen (-> MINISTERIEN).

***

RING ÖSTERREICHISCHER BILDUNGSWERKE

Heinrichsg. 4/2/8
1010 Wien
Tel. 0222/ 63 88 83
Angela Bergauer (Generalsekretär)

In Österreich gibt es über 2400 BILDUNGSWERKE, katholische, evangelische und konfessionell ungebundene, die gerade in ländlichen Regionen oft wichtige Bildungs- und Kulturträger sind. Als Dachverband fungiert der RING ÖSTERREICHISCHER BILDUNGSWERKE, der sich unter anderem der Mitarbeiterfortbildung, der wissenschaflichen Forschung und der Öffentlichkeitsarbeit widmet.

-> ARBEITSGEMEINSCHAFT EVANGELISCHER BILDUNGSWERKE
-> ARBEITSGEMEINSCHAFT KATHOLISCHER BILDUNGSWERKE
-> VERBAND ÖSTERREICHISCHER BILDUNGSWERKE

***

SALZBURGER KULTURDIENST

Amt der Salzburger Landesregierung
Kulturabteilung
Sebastian-Stief-Gasse 2
5020 Salzburg
Tel. 0662/ 8042-2086 DW

Regina Lechner

Gibt vierteljährlich eine Programmvorschau der kulturellen Aktivitäten im Land Salzburg heraus und unterstützt dadurch die Salzburger Initiativen bei ihrer Öffentlichkeitsarbeit.

***

SOZIALPROJEKTE
-> BUNDESDACHVERBAND DER SOZIALPROJEKTE ÖSTERREICHS

***

STADTFEST
Verein Pro Wien
Falkestraße 3
Tel. 0222/ 52 76 11-15

Von der VP-Wien 1977 gegründetes Fest Ende April in der Wiener Innenstadt mit zahlreichen kulturellen Einzelveranstaltungen, Konzerten, Theater, Kabarett, Straßentheater etc.

***

STEUER

Vergnügungssteuer: Jede Veranstaltung ist anmeldepflichtig und unterliegt der Lustbarkeitsabgabenordnung. Anmeldung bis 2 Tage vorher, Befreiung von der Vergnügungssteuer bei Veranstaltungen mit ausschließlich religiösem, politischem, weltanschaulichem oder wissenschaftlichem Charakter bzw. bei Veranstaltungen, die der Volksbildung oder der Jugendpflege dienen. Nähere Auskünfte bei Gemeinde, Magistrat bzw. Steueramt.

Umsatzsteuer: Vereine sind in der Regel nicht umsatzsteuerpflichtig, können allerdings auch keine Vorsteuer abziehen.

Beim Finanzministerium (-> MINISTERIEN) ist eine Broschüre über "Vereine und Steuern" erhältlich, knifflige Fragen sollten mit Hilfe eines Steuerberaters geklärt werden.

***

TABAKMUSEUM
Mariahilferstr. 2
1070 Wien
Tel. 0222/ 96 17 16
Dr. Rupp

Im TABAKMUSEUM bietet die Austria Tabak AG Musikern, bildenden Künstlern, Literaten, Theater- und Kabarettgruppen die Gelegenheit, kostenlos aufzutreten. Voraussetzung ist die Vorlage eines entsprechenden Projekts. Die Künstler erhalten keine Gagen vom TABAKMUSEUM selbst, sondern nur die Eintrittsgelder des Abends. Allerdings übernimmt Austria Tabak die Kosten für Aussendungen (Druck und Versand).

***

THEATER

FREIE GRUPPEN:

Der Bestand an freien Gruppen, die in Österreich Theater produzieren, ist mittlerweile - Gott sei Dank - so groß, aber auch so fluktuierend, daß wir uns außerstande gesehen haben, eine einigermaßen umfassende und korrekte Darstellung dieser "Szene" im Rahmen unseres Buches zu gestalten. Wer Informationen zu einzelnen Gruppen möchte, Adressen oder nähere Hinweise benötigt, kann sich an

Wolfgang Freitag
Straßmeyerg. 54
1220 Wien
Tel. 0222/ 231 96 24

wenden.

***

TONAU - Vereinigung Österreichischer Musikgruppen
Postfach 500
1150 Wien
Tel. 0222/ 92 51 31

1982 gründeten 5 junge Wiener Musikgruppen den Verein TONAU und organisierten erste gemeinsame Veranstaltungen. Seit 2 Jahren prägt der Kampf um ein Wiener Rockhaus die Aktivitäten. Aus dem ursprünglichen Zusammenschluß von Musikern ist mittlerweile ein professionell geführtes Unternehmen geworden, mit etwa 30 eigenen Veranstaltungen pro Jahr, professionellem Mitgliederservice (Management, PR), einem eigenen Schallplatten-Label und einer eigenen Zeitschrift (JUKE BOX).

***

TRANS EUROP HALLES

ist eine internationale Vereinigung unabhängiger Kulturzentren. Sie entstand 1983 anläßlich eines Treffens von Vertretern autonomer Kulturzentren in Brüssel. In den vergangenen Jahren wurde der Informationsaustausch intensiviert, wurden einige gemeinsame Projekte erarbeitet. Auskünfte über TRANS EUROP HALLES im WUK (-> Teil 1, W), das selbst dieser Vereinigung angehört.

***

UMWELTBERATUNG

Ein neues Modell wird seit einiger Zeit im Waldviertel und im Mostviertel erprobt: Vom ÖSTERREICHISCHEN ÖKOLOGIEINSTITUT (-> ÖKOLOGIE) ausgebildete Umweltberater bieten Privathaushalten, Gemeinden, Schulen usw. Hilfestellung bei umweltfreundlichem Handeln an (Chemie im Haushalt, Abfall, Wasserreinhaltung und -einsparung, Energie, ökologisch vernünftige Lebensweise). Die Umweltberatung führt auf Anfrage kostenlose Beratungsgespräche durch, sie veranstaltet Kurse und Vorträge zu Umweltfragen und stellt auch ihre Bibliothek zur Verfügung.

UMWELTBERATUNG WALDVIERTEL
Neuer Markt 18
3910 Zwettl
Tel. 02822/ 3769

UMWELTBERATUNG MOSTVIERTEL
Preinsbacherstr. 16
3300 Amstetten
Tel. 07472/ 61 4 86

***

VERBAND DER VOLKSHOCHSCHULEN
Rudolfspl. 8
1010 Wien
Tel. 0222/ 63 02 45, 63 02 46

Rund 260 Volkshochschulen in ganz Österreich, getragen von eigenen Vereinen, Gemeinden oder der Kammer für Arbeiter und Angestellte, leisten einen Beitrag zur Volksbildung, einige als traditionelle Abendvolkshochschule, andere in ganztägigem Betrieb in eigenen Räumlichkeiten oder Häusern, einige mit vielen ehrenamtlichen Mitarbeitern, andere vorwiegend mit hauptamtlichen.

VERBAND DER VOLKSHOCHSCHULEN VORARLBERGS
Widnau 4
6800 Feldkirch
Tel. 05522/ 26 6 56

LANDESVERBAND TIROLER VOLKSHOCHSCHULEN
Hofburg, Rennweg 1
6020 Innsbruck
Tel. 05222/ 25 0 04 od. 28 8 82

LANDESVERBAND SALZBURG
Faberstr. 16
5020 Salzburg
Tel. 0662/ 76 1 51 od. 76 1 52

LANDESVERBAND KÄRNTNER VOLKSHOCHSCHULEN
Bahnhofpl. 3/1/106
9020 Klagenfurt
Tel. 0463/ 57 0 70-271 bis 274

LANDESVERBAND OBERÖSTERREICHISCHER VOLKSHOCHSCHULEN
Volksgartenstr. 40
4020 Linz
Tel. 0732/ 66 73 11-2132 od. 2138
52 6 35

LANDESVERBAND DER STEIRISCHEN VOLKSHOCHSCHULEN
Hans-Resel-G. 8-10
8020 Graz
Tel. 0316/ 91 26 10

LANDESVERBAND WIEN
Hollerg. 22-26
1150 Wien
Tel. 0222/ 83 56 10

***

<u>VERBAND ÖSTERREICHISCHER BILDUNGSWERKE</u>
Heinrichsg. 4/2/8
1010 Wien
Tel. 0222/ 63 65 47
Dr. Gernot Stimmer (Bundessekretär)

Die BILDUNGSWERKE behandeln in Vortragsreihen, Seminaren und Arbeitskreisen eine breite Palette an politischen, gesellschaftlichen und kulturellen Themen und Problemen. Fragen der Raumplanung, des Umweltschutzes, der Weiterbildung werden genauso behandelt wie Probleme zu Familie, Erziehung und Partnerschaft. Das Programm wird durch Einzelveranstaltungen, Ausstellungen, Führungen und Bildungsreisen ergänzt.

ARBEITSGEMEINSCHAFT VORARLBERGER BILDUNGSWERKE
Montfortstr. 12
6900 Bregenz
Tel. 05574/ 24 54 10-394

TIROLER VOLKSBILDUNGSWERK
Vill 1
6080 Igls
Tel. 05222/ 7311 od. 7563

SALZBURGER BILDUNGSWERK
Gstätteng. 15/2
5020 Salzburg
Tel. 0662/ 42 6 28

KÄRNTNER BILDUNGSWERK
Mießtalerstr. 6
9020 Klagenfurt
Tel. 0463/ 72 4 38

OBERÖSTERREICHISCHES VOLKSBILDUNGSWERK
Landeskulturzentrum Ursulinenhof
Landstr. 31
4020 Linz

STEIRISCHES VOLKSBILDUNGSWERK
Parkstr. 1
8010 Graz
Tel. 0316/ 61 4 35

NIEDERÖSTERREICHISCHES BILDUNGS- UND HEIMATWERK
Strauchg. 3/2
1010 Wien
Tel. 0222/ 63 36 01-234

VOLKSBILDUNGSWERK FÜR DAS BURGENLAND
Haydngasse 11
Tel. 02682/ 2282

WIENER VOLKSBILDUNGSWERK
Bergg. 17/1/8
1090 Wien
Tel. 0222/ 34 01 55 od. 34 01 56

***

<u>VEREIN</u>

Falls sich eine Kulturinitiative überhaupt offiziell konstituieren will, ist der "Verein" die wohl naheliegendste und meist auch dafür geeignetste Rechtsform. Vorteile gegenüber einer losen Struktur ergeben sich vor allem dann, wenn man um Subventionen ansuchen will. Die Vereinsgründung erfolgt durch einen oder mehrere Proponenten. Neben dem Antrag auf Zulassung müssen auch Statuten zur Prüfung durch die Vereinsbehörde eingereicht werden. Für den Fall, daß diese keine Widersprüche zu geltenden Gesetzen enthalten, erfolgt ein "Nichtuntersagungsbescheid", womit der Verein zugelassen ist. Musterstatuten sind bei Gerichtsdrucksortenstellen erhältlich. Da die eingereichten Statuten pro Blatt zu vergebühren sind, empfiehlt es sich, den Text zu verkleinern oder beidseitig zu kopieren.

***

<u>VOLKSSTIMMEFEST</u> WIEN
KPÖ

Hochstädtplatz 3
1200 Wien
Tel. 0222/ 33 45 01

Fest auf der Jesuitenwiese im Wiener Prater am ersten Wochenende im September mit umfangreichem Kulturprogramm. Besonderer Schwerpunkt ist die Vorstellung der Ostblockländer (kulturell und kulinarisch).

***

VOLKSGRUPPEN/MINDERHEITEN

Wer Informationen über die Volksgruppen in Österreich braucht oder im Zuge seiner kulturellen Aktivitäten mit ihnen zusammenarbeiten will, kann sich an die einzelnen kulturellen Volksgruppenverbände wenden:

KRŠČANSKA KULTURNA ZVEZA
CHRISTLICHER KULTURVERBAND
Viktringer Ring 26
9020 Klagenfurt/Celovec
Tel. 0463/ 51 25 28

Nužej Tolmajer, Franc Tomažič

SLOVENSKA PROSVETNA ZVEZA
SLOWENISCHER KULTURVERBAND
Tarviserstr. 16
9020 Klagenfurt/Celovec
Tel. 0463/ 51 43 00

Janko Malle

NARODNI SVET KOROSKIH SLOVENCEV
RAT DER KÄRNTNER SLOWENEN
Viktringer Ring 26
9020 Klagenfurt/Celovec

ZVESA SLOVENSKIH ORGANIZACIJ
ZENTRALVERBAND SLOWENISCHER ORGANISATIONEN IN KÄRNTEN
Tarviserstr. 16
9020 Klagenfurt/Celovec

HRVATSKO KULTURNO DRUŠTVO U GRADIŠĆU
KROATISCHER KULTURVEREIN IM BURGENLAND
Dr. Lorenz Karallstr. 23
7000 Eisenstadt

HRVATSKO GRADIŠĆANSKO KULTURNO DRUŠTVO U BEČU
KROATISCH-BURGENLÄNDISCHER KULTURVEREIN IN WIEN
Schwindg. 14
1040 Wien

BURGENLANDI MAGYAR KULTUREGYSÜLET
BURGENLÄNDISCH-UNGARISCHER KULTURVEREIN
Steinamangerstr. 25
7400 Oberwart/ Ferlsöör

MENŠINOVA RADA ĆESKE A SLOVENSKE VETVE V RAKOUSKU
MINDERHEITSRAT DER TSCHECHISCHEN UND SLOWAKISCHEN VOLKSGRUPPE IN ÖSTERREICH
Margaretenplatz 4
1050 Wien

ÖSTERREICHISCHES VOLKSGRUPPENZENTRUM
Teinfaltstr. 4
1010 Wien

***

ZEITSCHRIFTENFÖRDERUNG

Das BUNDESKANZLERAMT vergibt gemäß Bundesgesetz über die Förderung politischer Bildungsarbeit und Publizistik 1984 Förderungsmittel für periodische Druckschriften. Diese müssen folgende Voraussetzungen erfüllen:
- In Österreich verlegt und hergestellt, wenigstens ein österreichischer Herausgeber beteiligt
- Erscheinungsweise mindestens 4 x jährlich, höchstens 40 x jährlich. Nicht mehr als 50% der Auflage wird gratis abgegeben.

- Behandelt ausschließlich oder vorwiegend Fragen der Politik, der Kultur, der Weltanschauung (Religion) oder der damit verbundenen wissenschaftlichen Disziplinen "auf hohem Niveau"
- Verbreitung in mehr als einem Bundesland in einem zur Gesamtauflage angemessenen Umfang.
- Für Vereins- und Organisationsmitteilungen werden nicht mehr als 20% des redaktionellen Umfanges verwendet.
- Erscheint seit mindestens einem Jahr regelmäßig. Trifft das nicht zu, muß der Verleger ein Konzept vorlegen, aus dem das Zutreffen der vorgenannten Voraussetzungen hervorgeht.
- Förderung im Hinblick auf die wirtschaftliche Lage der Druckschrift notwendig.

Ansuchen um Zuteilung von Förderungsmitteln sind bis Ende März für das laufende Jahr einzureichen. Antragsformulare, Auskünfte:

BUNDESKANZLERAMT
Abteilung V/4
Ballhausplatz 2
1014 Wien
Tel. 0222/ 6615-2789
Dr. Springer

***

ZEITUNGSVERSAND

Der Postzeitungsversand ist nach dem Postgesetz (Anlage 1, BGBl.Nr. 597/1983) geregelt. Für den Versand einer Zeitung zum Zeitungstarif ist beim Verlagspostamt per schriftlichem Antrag um Zulassung anzusuchen (Formulare beim Postamt).

Voraussetzungen für die Zulassung sind:
- Mindestens vierteljährliche Erscheinungsweise, im Inland gedruckt, verlegt und herausgegeben
- Die Zeitung muß unter dem selben Titel in fortlaufender Numerierung erscheinen und "der Information über das Tagesgeschehen dienen" bzw. dazu bestimmt sein, "über Angelegenheiten der Religion, der Kultur, der Kunst, der Politik, der Wissenschaft, der Wirtschaft, des Sportes oder des Vereinswesens in presseüblicher Weise zu berichten".
- Sie darf nicht kostenlos abgegeben werden. Ausnahmen: Amtsblätter und Zeitungen von Vereinen, die vorwiegend an die Vereinsmitglieder verschickt werden.
- Sie darf "nicht zum Zweck der geschäftlichen Werbung, Ankündigung, Empfehlung herausgegeben werden oder solchen Zwecken unmittelbar oder mittelbar dienen".

Mindeststückzahl: 300

Maße: mindestens 14 x 9 cm, höchstens 40 x 30 cm.

Gebühr:
unter 30 g: S 0.20 /Stück
über 30 g: S 6.- /kg

***

ZIVILDIENST

ARGE ZIVILDIENST
Schottengasse 3a
1010 Wien
Tel. 0222/ 63 80 563

N o t i z e n :

zeitschrift für brauchbare texte und bilder

WESPENNEST

WIENER VORLESUNGEN ZUR LITERATUR

Die ersten 1 1/3 Trimester Nr. 63

Hubert Fichte,
Marie-Therese Kerschbaumer,
Bodo Hell, Gerhard Wolf

136 Seiten öS 100,–

Die Fortsetzung, mit Michael Hamburger, Michael Scharang, Ferdinand Schmatz u.a., bringt WESPENNEST Nr. 66, März 87

2 OU 3 CHOSES EN PLUS. Literatur in Frankreich

Nr. 64 Hrsgg. von Patricia Lebouc und Franz Weninger

Michel Braudeau, Daniele Sallenave, Claude Simon, Bernard Marie Koltes, J.M.G. Le Clezio, Armand Gatti, Helene Cixous, Lothar Baier, Louis Aragon, Regis Debray, Topor, Patrick Besson, Elie Wiesel, Michel Deutsch, Alain Gerber, Jean-Louis Terrade, Bernard Bloch, Bertrand Visage, Rafael Pividal, Daniel Lemahieu, Dominique Fernandez, Patrick Modiano, Guillevic, Jean Pierre Chabrol, Simone Balazard u.a.

122 Seiten öS 100,–

Abonnement (4 Hefte): öS 220,– (Ausland plus Porto).
Bestellungen an Johann Strauß-Gasse 26/17, A-1040 Wien.

KOPF GEGEN BETON
Georg Bydlinski, Erzählungen
112 S., öS 120.-

KARST
Friedrich Hahn, drei Texte
88 S., öS 165.-

ANGST HAT KEINE FLÜGEL
Texte für den Frieden
48 S., öS 80.-

MÖDLINGER LESEBUCH
Annäherungen an eine Kleinstadt
128 S., öS 120.-

edition **umbruch**

A-2340 Mödling Giannonigasse 27/ 2

R E G I S T E R
der im 1. Teil beschriebenen Kulturinitiativen

Nähere Bezeichnungen der Initiative (Rechtsform, Inhalt), wie z.B. "Kulturverein", "Jugendzentrum" usw. werden nur dann als zum Namen gehörig angesehen,

- wenn sie nur durch einen Ortsnamen ergänzt werden (z.B. ist das JUGENDZENTRUM EGGENBURG unter J zu finden, das Jugendzentrum BETWEEN hingegen unter B)
- wenn sie unmittelbarer, unverzichtbarer Bestandteil des Namens sind (z.B. JUGENDZENTRUM IN DER PÖLZBÜHNE)

Vorangestellte Artikel zählen in der Regel zum Namen: DAS PODIUM, DER STACHEL usw.

A

B

C

D

E

F

G

H

I

L

M

U

V

W

Z

0

1

VERWENDETE LITERATUR

STADTBUCH WIEN 1983. Falter Verlag, Wien 1983.

STICHWORT: WIEN. Ein Wegweiser für Stadtbenützer. Falter Verlag, Wien 1986.

LITERARISCHES LEBEN IN ÖSTERREICH - ein Handbuch. Hrsg. von der Interessensgemeinschaft österreichischer Autoren. Wien (IG-Autoren) 1985.

KONGRESS DER BÜCHER. Katalog österreichischer Klein- und Autorenverlage. Hrsg. von der IG Autoren. Wien 1987.

Bernd Hartmann: HANDBUCH DER KUNSTFÖRDERUNG: FILM, FOTO, VIDEO. Hrsg. vom BMUKS, Wien 1986.

Bernd Hartmann: HANDBUCH DER KUNSTFÖRDERUNG: BILDENDE KUNST UND ARCHITEKTUR. Hrsg. vom BMUKS, Wien 1986.

Elena Ostleitner: HANDBUCH DER KUNSTFÖRDERUNG: KOMPOSITION. Hrsg. vom BMUKS, Wien 1986.

Franz Schimanko: LINZER VERANSTALTUNGSFIBEL. Ein Leitfaden für kulturelle Betätigung erarbeitet im Rahmen des Linzer Kulturversuchs. Hrsg. von der Kulturverwaltung der Stadt Linz. Linz o.J.

EIN LEITFADEN ZUR DURCHFÜHRUNG KULTURELLER VERANSTALTUNGEN. Hrsg. vom Landes-Jugendsekreatriat beim Amte der Kärntner Landesregierung. Klagenfurt o.J.

Harald Goertz: MUSIKHANDBUCH FÜR ÖSTERREICH. Struktur und Organisation in 2500 Stichworten - Namen, Adressen, Information. Doblinger, Wien 1983.

Wolfgang Förster, Winfried Steiner: Bürgerinitiativen Brevier. Orac, Wien 1987.

Kataloge der Österreichischen Filmtage in Wels 1984, 1985 und 1986. Hrsg. vom Österreichischen Filmbüro. Wien 1984, 1985 und 1986.

FALTER. Wochenzeitschrift für Kultur und Politik. Wien.

IMPULS. 1. Salzburger Veranstaltungs- und Kulturmagazin. Salzburg.

TAMTAM. Veranstaltungszeitung für Tirol. Nr. 2/Juli-August 1987. Innsbruck.

KULTUR. Zeitschrift für Kultur und Gesellschaft. Hrsg. von Spielboden Dornbirn und Kulturkreis Feldkirch. Dornbirn 1987.

PÖLLINGER BRIEFE. Mitteilungen der Arge Region Kultur. Reinprechtspölla.

LITERATUR PRIMÄR. Hrsg. vom Verein Literaturzeitschriften und Autorenverlage. Wien. o.J.

GAISMAIR KALENDER 1987. Hrsg. von der Michael Gaismair Ges. Innsbruck 1987.

Wir danken für Informationen und Hinweise Robert Holzbauer vom Institut für Zeitgeschichte, Franc Tomažič vom Christlichen Kulturverband in Klagenfurt, der Arge Region Kultur, Jörg-Martin Willnauer, Gerald Ganglbauer, Martin Krusche, Gerald Koller, Werner Fürst und allen anderen, die uns weitergeholfen haben.

Hinweise, Beschwerden, Ergänzungen und
Anfragen zum Inhalt des Buches an:

Martin Pichelhofer
Liechtensteinstr. 2/12
2345 Brunn/G.
Tel. 02236/ 32 45 05

BESTELLUNGEN

Versand edition umbruch
Wilhelm Böhm
Brühler Straße 26
2340 Mödling

D I E   H E R A U S G E B E R :

Beate Scholz, geb. 1960, Studium der Theaterwissenschaft und Germanistik, Dissertation über alternative Kulturarbeit in Großbritannien, Mitarbeit bei der Viennale, Dramaturgieassistenz am Burgtheater. Seit August 87 Post Graduate Studium in den USA.

Martin Pichelhofer, geb. 1958, akademisch geprüfter Psychologe, nunmehr seit mehr als 2 Jahren in der Kulturarbeit tätig, daneben Wissenschaftler, Gitarrelehrer.

D E R   V E R L A G :

Der Autorenverlag edition umbruch wurde von Georg Bydlinski, Franz M. Rinner, Sylvia Unterrader, und Hannes Vogler gegründet. Künstlerisch beraten von Franz R. Strobl und unterstützt von Wilhelm Böhm und seinem Computer wollen wir Büchern und Themen eine Chance geben, die klein genug sind, um von den Print-Riesen übergangen zu werden, aber groß genug, um den Leser(inne)n nicht vorenthalten zu werden. In diesem Sinne entstand auch dieses Handbuch.